二手车鉴定评估

主　审　张晓龙
主　编　李亚莉
副主编　翟宇昊　李亚敏　汪振凤
编　者　（按姓氏笔画排序）

　　　马丰威　王　硕　王　超　王建国　卢秋宏
　　　代丽丽　刘海云　许　飞　孙文程　李莹莹
　　　李颜龙　杨玉宝　张　硕　张仲颖　高永祥
　　　常俊涛　程德宝

复旦大学出版社

本书是黑龙江省高等学校课程思政示范课程、高等学校在全国性公开课程平台"智慧树"慕课"二手车鉴定评估"的配套教材
https://coursehome.zhihuishu.com/courseHome/1000001848#teachTeam

微信扫描二维码可按章节顺序观看视频等电子素材

前　言

在两会精神的指引下,我们迎来了汽车产业的新发展格局。二手车市场作为其中的重要一环,其规范化、专业化发展日益受到重视。新质生产力的崛起,为二手车鉴定评估领域带来了前所未有的机遇与挑战。本教材的编写,旨在满足新时代对二手车鉴定评估人才的需求,推动二手车市场的健康发展。

教材紧跟时代步伐,深入贯彻两会精神,关注二手车市场的最新动态,把握汽车出海的战略机遇,系统介绍了二手车鉴定评估的理论知识和实践技能;同时,结合新质生产力的特点,探讨了二手车市场的未来发展趋势和新技术应用。教材是与黑龙江省汽车维修与检测行业协会、北京智车无忧科技有限公司、哈尔滨金垲汽车流通交易市场有限公司共同开发,通过本教材的学习,学生将能够全面了解二手车全产业链的运作机制和鉴定评估的核心技术,为未来的职业发展奠定坚实基础。

在教材创新方面,采用了一问一答、活页式教材的形式,使得教材内容可以根据市场变化和技术发展灵活更新。这种创新形式不仅保持了教材的时效性,也提高了学生的学习兴趣和参与度。教材与"1＋X"职业技能等级证书汽车营销评估与金融保险服务技术模块内容相融合,以二手车鉴定评估为核心,拓展了相关领域的知识和技能,形成了多元化、立体化的教学体系。参照人力资源和社会保障部汽车经纪人职业资格标准,将二手车鉴定评估与汽车经纪人的职业素养和技能要求相结合,旨在帮助学生提升职业素养,增强就业竞争力。本教材还是智慧树网站慕课的配套教材。学习者可以通过慕课平台观看视频课程、参与在线讨论、完成实践作业等,实现线上线下学习的有机结合。这种教学模式不仅提高了学习效果,也为学生提供了更加便捷、高效的学习方式。教学案例均来自企业真实工作任务,通过对这些案例的分析和讨论,学生可以更加深入地了解二手车市场的实际情况和鉴定评估的实际操作。配套作业工单的设计也是本教材的一大特色。这些作业工单紧密结合教材内容和企业实际需求,旨在帮助学生将所学知识应用于实际工作情境中,提升他们的实际操作能力和问题解决能力。

本教材注重思政元素的融入,坚持立德树人的方针。在传授专业知识的同时,引导学生树立正确的价值观、职业观和社会责任感,培养他们的创新精神和实践能力,以适应新时代对二手车鉴定评估人才的需求。

本书由黑龙江林业职业技术学院李亚莉任主编统筹规划,由黑龙江农业职业技术学院张晓龙教授主审,北京智车无忧科技有限公司翟宇昊、阿勒泰职业技术学院李亚敏和黑龙江农业工程职业学院汪振凤任副主编。参与编写的人员还有黑龙江农业工程职业学院代丽丽,黑龙江农业职业技术学院张硕,黑龙江林业职业技术学院王超、李莹莹、常俊涛、马丰威、孙文程,阿勒泰职业技术学院王建国,黑龙江商业职业学院卢秋宏,湖北工业职业技术学院张仲颖,上海闵行职业技术学院程德宝,武汉交通职业学院刘海云,黑龙江生态工程职业学院杨玉宝,黑龙江旅游职业技术学院王硕,亳州工业学校许飞,淮安市高级职业技术学校高永祥,黑龙江农垦职业学院李颜龙。

本书可作为应用型本科和高职高专汽车专业的教学用书,也可供成人高校、中专相应专业选用,也可供有关工程技术人员参考。本书是智慧树网站慕课的配套教材,欢迎读者通过慕课平台观看视频课程、参与在线讨论、完成实践作业。

目　　录

项目一　二手车鉴定评估前期准备 ·· 1-1
  任务1　二手车市场认知 ··· 1-2
  任务2　二手车评估准备 ··· 1-20

项目二　合法性鉴定 ·· 2-1
  任务1　接受委托 ··· 2-2
  任务2　合法性鉴定 ··· 2-9

项目三　事故车鉴定 ·· 3-1
  任务1　碰撞事故车鉴定 ··· 3-2
  任务2　泡水车鉴定 ··· 3-29
  任务3　火烧车鉴定 ··· 3-41

项目四　技术状况鉴定 ·· 4-1
  任务1　静态检查 ·· 4-2
  任务2　动态检查 ·· 4-45
  任务3　新能源二手车鉴定 ··· 4-57

项目五　车辆价值评估 ·· 5-1
  任务1　现行市价法 ··· 5-2
  任务2　重置成本法 ··· 5-11
  任务3　收益现值法 ··· 5-27
  任务4　清算价格法 ··· 5-33

项目六　撰写二手车鉴定评估报告 ·· 6-1
　　任务 1　撰写二手车鉴定评估报告 ··· 6-2

附录 ·· 001

参考文献 ··· 027

项目一
【二手车鉴定评估】
二手车鉴定评估前期准备

项目说明

二手车业务是汽车产业链中重要的组成部分,二手车鉴定评估是二手车交易的重要环节。二手车鉴定评估前需要了解二手车市场,掌握二手车及二手车鉴定评估涉及的相关知识。本项目主要讨论二手车市场数据收集、数据分析、二手车鉴定评估所需的车辆基本知识及评估相关概念。

学习导航

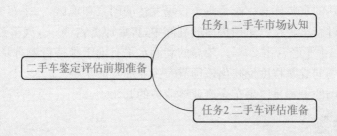

任务1 二手车市场认知

学习目标

知识目标
1. 了解国内外二手车市场现状;
2. 了解二手车市场的发展趋势和存在的主要问题;
3. 掌握二手车市场数据收集和分析的方法。

能力目标
1. 具有收集二手车市场数据的能力;
2. 能够分析二手车市场数据;
3. 能根据二手车市场数据讲解二手车市场情况。

思政目标

通过二手车市场调研过程,搜集我国近年二手车市场数据及二手车市场的规范、制度、标准,激发学生的民族意识和爱国精神,树立良好的职业道德标准,建立职业信心,组建个人职业素养体系。

情境导入

二手车业务是汽车产业链中重要的组成部分。二手车市场的繁荣程度是一个国家汽车流通是否发达成熟的重要标志。越是汽车市场发达的国家和地区,二手车交易越活跃,二手车的销量往往超过新车。在汽车销售商的利润中,售后服务占50%,汽车销售占10%,零部件销售占10%,二手车经营占20%。较高的利润水平有助于维持行业自身的持续发展。一个国家二手车市场的成熟程度反映出该国汽车工业的发展水平。

对二手车市场的了解是二手车全产业链业务的开始。

任务描述

岁末年初,鹏程二手车总部向下属连锁车行经理及欲加盟客户做一次宣讲,目的是让连锁车行经理及欲加盟客户能充分掌握上一年度全国二手车市场发展,预判明年二手车市场发展。请你收集、分析二手车市场数据,完成报告并宣讲。

任务准备

问题1 什么是二手车?

二手车的英文是 used car,意为使用过的汽车,在中国也称为旧机动车。在 GB 30323—2013《二手车鉴定评估技术规范》中,二手车指从办理完毕注册登记手续到达到国家强制报废标准之前交易并转移所有权的汽车。在 T/CADA 18—2021《乘用车鉴定评估技术规范》中,二手车指从办理完毕注册登记手续到报废之前交易并转移所有权的机动车。在二手车定义中有3个关键词,一是注册登记,这就要求二手车必须在车辆管理部门注册登记过,即必须是正在使用的车辆,是一辆能合法上路的车辆;二是报废,要求二手车必须是未报废的车辆;三是交易并转移所有权,要求所有人必须同意交易,并交换所有权。同时满足以上3个条件的二手车才是合格的二手车。

问题2 为什么会出现二手车?

1. 消费者喜新厌旧

一般而言,不论是普通的轿车还是昂贵的轿车,只要上市销售,市场上就一定会有相应的二手车出现。主机厂不断推出新车型,轿车的外观和性能不断提升,民众经济能力不断提升,便利的金融服务以及超前的消费观念,使汽车消费市场开始盛行喜新厌旧的消费态度。21世纪以来,我国人均收入逐年增长,很多城市已经有了规模较大的高收入阶层,他们的平均收入已经达到了汽车消费标准,成为稳定的换车群体,推动着我国换车消费逐年升温。

2. 车主收支失衡

无论是国内还是国外,许多车主都是通过银行贷款购车的。由于各种原因,如车辆的档次较高、车价较高,每月还贷超出车主的实际承受能力,使车主难以还贷;又如车主买车时,只考虑到买车的钱,未考虑到使用过程中各项规费及维护保养等费用支出,使用中,发现超出自己的支付能力。这样车主手中的车就可能成为欲出售的二手车。

3. 企业、政府部门或个人的产权变动

在企业或公司合并、合资、合作、兼并、联营、企业分设、企业出售、股份经营、租赁、破产时,也有可能产生欲出售的车辆,这些欲出售的机动车辆也是二手车的重要来源。此外,国家为政府部门配备的公务用车数量较大,均为中、高档车。由于各种原因,需要更换的时候,这些公务用车也进入二手车市场,但多半以拍卖的方式出售。

当个人遇到资金困难时,需要将爱车抵押或典当来融资。若抵押人不能履行合同的义务,抵押权人有权将抵押车辆根据合同的有关条款,在法律允许的范围内,将抵押车辆变卖,从变卖的价款中优先受偿。而这些欲变卖的车辆,也是二手车的一个来源。

问题3 消费者为什么要选择二手车?

随着人们换车频率的加快,现在的二手车已经不再是"旧货""廉价"的代名词。我国消费者选择二手车的主要原因可以概括为以下几点。

1. 性价比高

价格便宜是二手车热卖的一个原因。经济学家指出,一件商品一旦有了所有权,就几乎注定了沉没成本。还没开的新车只要有了交易的手续,再转让就会打折。因此,在经济学意义上,买一辆二手车,就是"打捞"并合法占有原车主丢失的沉没成本。对于一些消费者来说,经济不宽裕而又想拥有一辆车,买二手车不失为权宜之计。还有一个原因就是车子的价值问题。同样是用车,新车使用几年后也面临更换的问题,而且价格较高。相比较新车,二手车使用的寿命也很长,价格却便宜很多。对于一些消费者而言,买一辆二手车是个不错的选择。如果买一辆相对保值的二手车,开一两年再卖出去,只要不出事故,车主基本上不会亏钱,相当划算。这样根据自己的经济情况实实在在地消费,还可以把资金用在更重要的投资上。

2. 练习驾艺

消费者市场调查显示,部分二手车车主的购车意图是练习驾艺。买辆二手车,即使偶尔的一些碰撞、刮擦等小事故,也不至于像损伤新车那样难过。另外,二手车已经经过充分磨合,保质期内暴露出来的一些技术瑕疵都已修理。因此,二手车更适合新手驾驶。

3. 选择余地大

二手车交易市场上集中的汽车品牌和车型较多,消费者的选择余地较大。例如,一些停产的经济车型,尤其是客货两用、经济实惠、营运成本低的微型面包车,消费者也可以在二手车市场上找到。

4. 怀旧心理

绝大多数人喜欢买比较新的二手车,但其中不乏"另类",有些人喜欢去二手车市场逛,但对新款车不感兴趣。相反,一些款式比较老的二手车,尤其是绝版的老车,才能引起他们的兴趣。他们可能不是老爷车收藏的爱好者,但他们确实对一些有十几年车龄的老款车情有独钟。

问题4　什么是二手车市场?

二手车交易是指买卖双方在自愿的条件下,进行二手车商品的交换和产权更换。二手车市场是所有机动车商品二次流通的场所,它有着商品经营者和中介服务商双重属性。二手车市场是调剂机动车二次买卖的重要载体。作为二手车交易的主要场所,能提供二手车置换、拍卖、过户、转籍、评估、收购、销售、寄售、上牌、保险等与二手车交易的相关服务。此外,二手车交易市场有着重要的责任和使命,市场上应该坚决打击走私车、抢盗车、拼装车和证照不全的车辆,根据国家相关法律法规,依法惩处上述类型的车辆。

国内常见的二手车市场的形式有二手车基地、二手车交易市场、二手车经营公司、二手车转换公司、二手车收购公司、二手车批发公司、二手车销售公司、二手车拍卖公司、二手车第三方检测服务公司、二手车经纪公司等。

二手车市场具有以下的特点:

1. 具有服务性

二手车市场是二手车交易的场所,为买卖二手车提供了载体。除此之外,现代二手车市场还提供检测评估、跟车验车、售后服务、资金融通等多种服务。

2. 具有流通性

二手车市场是二手车辆物质和资金融通的场所,现在的二手车市场还涉及新旧车辆的置换、旧车更新等流通环节。

3. 拥有资源配置性

二手车市场可以有效调节富余缺失,使资源得到优化配置,避免浪费,实现供求各取所需。

4. 规范交易性

作为交易的载体还需要有交易的规范性,担负积极引导市场健康良性发展的责任。此外,还有按照国家法律法规的要求,打击违法交易行为,管理市场交易者的责任。

问题5　近年来二手车有哪些相关的政策变化?

2017年9月14日,中华人民共和国商务部发布了商务部令,在《二手车流通管理办法》

中,删去了第9条、第10条、第11条。主要删除了设立二手车鉴定评估机构应当具备的条件,比如是独立的中介机构,有固定的经营场所和从事经营活动的必要设施,有3名以上从事二手车鉴定评估业务的专业人员(包括本办法实施之前取得国家职业资格证书的旧机动车鉴定估价师)。还删除了设立二手车鉴定评估机构的办理程序和外商投资设立二手车交易市场、经销企业、经纪机构、鉴定评估机构办理程序的相应条款。

2021年8月30日,中华人民共和国商务部发布《商务部、公安部、税务总局加快推进二手车异地交易登记跨省通办》的通知,明确要求自2021年9月1日起开展小型非营运二手车异地交易登记第一批推广应用,推广应用城市共计218个。与前期20个试点城市相比,二手车交易登记跨省通办城市数量大幅增加,二手车异地交易更加便利。

2022年1月25日,在国务院新闻办举行的2021年商务运行情况新闻发布会上,商务部表示会修订二手车流通管理办法等规定,扩大二手车流通。

2022年7月7日,商务部、国家发展和改革委员会、工信部等17部门印发《关于搞活汽车流通扩大汽车消费若干措施的通知》(简称《措施》),包含6方面、12条最新举措,着眼破除一些长期制约汽车流通发展的体制障碍,巩固汽车消费回稳态势,促进汽车市场转型升级,加快实现高质量发展。主要内容包含:①支持新能源汽车购买使用;②加快活跃二手车市场;③促进汽车更新消费;④推动汽车平行进口持续健康发展;⑤优化汽车使用环境;⑥丰富汽车金融服务。

2022年9月9日,中华人民共和国商务部发布了《商务部办公厅、公安部办公厅关于完善二手车市场主体备案和车辆交易登记管理的通知》,主要内容包含:①完善二手车市场主体备案管理;②规范经销小客车登记签注管理;③便利二手小客车转让登记办理;④规范临时行驶车号牌管理;⑤加强二手车有关经营行为监管。

2023年9月28日,商务部外贸司针对《二手车出口有关事项的公告(征求意见稿)》(以下简称《公告》),面向社会公开征求意见。其中,详细说明了二手车出口企业申报条件、申报程序及材料、出口许可证申领流程、部门责任、企业责任等。而二手车出口公开征求意见被业界认为是在经过4年试点之后,国家准备全面放开二手车出口业务的前奏。其中的很多提法,是在之前试点的基础上不断摸索和政企沟通磨合之后形成的最新成果。《公告》实施后将为二手车出口行业规范发展、规模化发展奠定基础。

问题6 国外二手车市场的发展现状如何?

国外二手车市场的历史可以追溯到20世纪初,随着汽车成为日常生活中越来越新的一部分,人们开始对购买和出售二手车感兴趣。在20世纪20年代和30年代,由于汽车的普及和市场需求的增加,许多二手车经销商开始在国外兴起。随着时间的推移,二手车市场逐渐成为一个庞大的产业,吸引了越来越多的企业和投资者,这推动了二手车市场的崛起,国外二手车市场的发展阶段如下:

(1) 1920年代~1930年代:二手车行业出现　由于国外经济的繁荣,人们开始购买更多的汽车,导致二手车供应量的增加。许多汽车经销商开始将旧车以更低的价格出售给二手车经销商,这些经销商随后将这些车辆维修和翻新,并以更高的价格出售给消费者。

(2) 1940年代~1950年代:战争和繁荣　第二次世界大战期间,国外汽车工业转向,为军方生产军用车辆。战后,经济的繁荣使得更多的人开始购买汽车,并带动二手车市场发展。许多汽车经销商开始向二手车市场转型,增加了二手车交易的投入。

(3) 1960年代~1970年代:中产阶级兴起 多国政府开始推出一些针对汽车行业的法规和新规,为消费者提供更多保障。随着中产阶级不断壮大,人们开始更多地购买汽车和其他消费品。二手车市场也受益于这种趋势,许多人开始购买旧车并改造,或者出售旧车以获取更多的资金购买新车。

(4) 1980年代~1990年代:线上交易兴起 随着互联网技术的发展和应用,线上二手车交易平台开始出现,这标志着二手车行业进入了新时代。这些平台提供了更方便、更快捷、更安全的交易方式。消费者可以通过平台浏览更多的二手车信息,并与卖家在线交流,更容易找到适合自己的二手车。

(5) 2000年代~2023年代:商业模式百花齐放 2000年代初,一些创新的二手车销售企业脱颖而出,重新定义了二手车市场。随着消费者购车行为的改变和市场需求的变化,越来越多的汽车制造商和经销商也参与到二手车市场中来。2008年,由于全球金融危机的影响,国外经济进入衰退期,这给二手车行业带来了一定的影响。许多人开始购买二手车,替代购买新车,促使二手车销量在危机期间保持稳定,并逐渐增长。此外,许多经销商和金融机构在危机中遭受重创,一些企业被迫破产或关闭,这使得二手车行业中的一些大型公司得以在市场上获得更大的份额。2010年代初,随着社交媒体和移动设备的普及,二手车交易平台开始向移动端拓展。这使得消费者可以随时随地浏览二手车信息,并且可以通过在线平台直接购买二手车,而无需到实体店面。

1. 国外二手车市场发展的特点

(1) 二手车销量和利润大于新车 目前,美国、德国、瑞士和日本等国二手车的销售分别是新车销售的3.5倍、2倍、2倍和1.4倍。美国二手车利润占利润总额的45%,瑞士二手车的利润在15%~20%,而新车的利润只有8.9%左右。大交易量和高利润的原因是经营二手车的主体多元化、交易方式多样化和交易手续简便化。随着各国经济的发展,二手车作为一般商品进入市场,其销售渠道多,产生了品牌专卖、大型超市、连锁经营、二手车专营和二手车拍卖等并存的多元化经营体制,营造了非常便利的消费环境。

(2) 二手车享受售后服务 在国外,二手车实行规范化的售后服务标准。各国通过法规、市场协会管理以及品牌汽车企业来确定经营者的资质资格,规范其交易行为。发达国家通过技术质量认证,保证售出的二手车质量,同时使购买二手车的客户在一定时期内享受与新车销售相同的售后待遇。

(3) 有较科学、较完善和较权威的二手车评估体系 二手车鉴定评估是由第三方鉴定评估机构和鉴定评估公司来实施。例如,瑞士较科学的二手车评估系统,即优诺泰斯评估系统,由二手车协会制定。二手车必须由这一套较科学的评估系统来评估。二手车销售价格首先要经过技术检测部门的测定,列出测试清单,然后作出估价。销售商根据二手车的估价和原销售价格,最终确定二手车实际售价。

(4) 按照购进与销售之间的差价征税 北美、欧洲绝大部分国家和地区是按照购进与销售之间的差价征税,英国按照差价毛率征收,中国台湾地区也是按照差价征收5%的增值税。

(5) 信息化 经济发达的国家信息化程度高,如美国、英国、德国和日本等。品牌专卖店基本是新车与二手车同店销售,在互联网上拍卖二手车,利用先进的信息网络实现二手车各种信息的查询,极大地方便了二手车的交易。

2. 美国二手车市场的发展

美国是最大的汽车市场,纵观其二手车市场的运行规律,也经历了从小而散到规模化,从规模化到信息化,从信息化到互联网化的逐步演进发展过程。随着美国经济的发展,二手车的销量不断攀升并作为一般商品进入市场。其销售多渠道化,形成了品牌专卖、大型超市、连锁经营、二手车专营、二手车拍卖等并存的多元化经营体制;其交易方式多样化,如直接销售、代销、租赁、拍卖、置换等;尽可能减少交易环节,使交易手续灵活简便,为消费者营造了方便的消费环境。美国推行了车辆认证和车辆历史档案的质量保障体系,保障二手车交易手续简便化。发展至今,美国已经具有比较完善的二手车链条,如图1-1-1所示。上游有批量车源(Hertz),中间有拍卖公司(Manheim),下游有完善的不同模式零售商(Autonation、Carmax、Beepi);围绕链条有报价的蓝皮书(Kelley Blue Book),有延保公司(美延),有金融公司(Dealertrack)等。

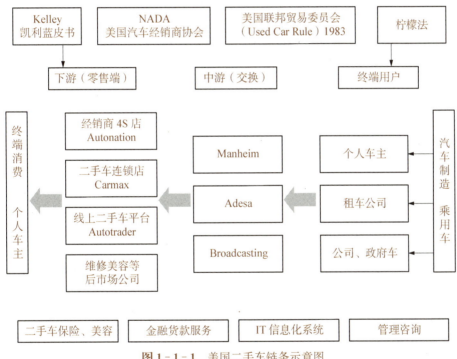

图1-1-1 美国二手车链条示意图

自2016年开始,美国二手车的年销量就稳定在新车销量的3倍左右,平均每辆二手车价格大约为1.65万美元,每年的二手车市场空间有6000亿~7000亿美元。造成这种现象的原因主要如下:

(1)新车利润率逐年下降 几乎所有的汽车经销商都开始经营二手车业务。一辆新车的毛利率是5%~6%,而一辆二手车的毛利率是10%~12%,旧车的毛利率是新车的2倍。

(2)汽车文化趋于理性 美国消费者对二手车认知和消费理念走向成熟。

(3)二手车市场发展成熟 二手车市场有序,体制健全,得到消费者普遍认可。

(4)二手车认证体系完善 征信机制获得消费者认可。

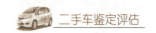

整个美国二手车市场主要经营主体分为3种:授权汽车经销商4S店、二手车专卖店,以及个人交易。以汽车经销商4S店为主,占市场份额的37%,二手车连锁店份额为34%,剩下的则是个人及其他交易。

3. 日本二手车市场的发展

日本有20多个大型二手车市场,近200个大型二手车拍卖场,绝大多数二手车交易都是通过二手车经销商完成的,拍卖也促成了二手车在经销商之间的流通。日本的二手车市场成熟、规范、可靠,交易简单、透明。二手车技术标准都是日本国民非常认可的。在日本,被测试的二手车详细标示了汽车的状况。如果作假,会被公开并受到严厉的处罚。日本规定,从2004年1月起,车检时要将里程表计数记载在车检证上。该措施能有效防止里程表造假,以及不按期更换配件引发安全事故。

此外,虽然日本的认证和计价标准不同,但同一款车的最后成交价几乎一样。在汽车拍卖时,全国各地的经销商都享受平等待遇,消费者平等,地区之间几乎没有差别,有更多的选择。根据不同车型和条件,有一定的保修时间和保修费。

在日本互联网二手车交易中,有影响力的交易平台主要有 USS、GULLIVER、AUCNET、CARCHS、VT HOLDINGS、NEXTAGE、Goo-NET、CARVIEW 等。

东京CAA二手车公司的现场拍卖大厅有很多个终端,每个终端可以有两个人同时参加拍卖。二手车以基本价起拍,由于经销商比较专业,二手车一般不会被拍出天价,因而单车交易速度特别快,通常20s内就会结束,每天有上千的交易量。如果价格没有达到卖主的期望,控制中心的工作人员就会将该车"流拍"。

远程拍卖出现以后,在家里或经销店就可以参加竞拍。同样,未加盟二手车公司的经销商不能使用终端设备参加拍卖。加盟二手车经销商的主要利润来源是各经销商的加盟费、车辆检测证明的检测费、成交车辆的手续费等。拍卖结束后,可以在两个经销商之间交付车辆。负责组织的拍卖二手车公司只是一个分销渠道,最后将成交车辆的信息发送给买车的经销商,B2B交易就完成了。日本二手车质量有保证,而且价格低廉,根据不同车型和条件有一定的行驶里程要求和保修条款。在一系列连锁店中,品牌服务发挥了巨大的作用。专营店实行统一的身份、统一的服务标准、统一的经营管理,制定规范的操作程序,提高了劳动效率。

日本在1966年成立了财团法人日本评估协会。日本评估协会规定,要想获得二手车的评估资格,首先必须是二手车的销售店,向评估协会申请实施评估业务,经过评估协会审查合格,发放《评估业务确认书》,并制作"评估业务实施店"的标牌,挂在店内。

有资格的店还应该有通过评估协会组织的技能考试的专业评估师。这种评估师分大型评估师和小型评估师两类。评估师的资格有效期为3年,可以通过进修晋升。

经营二手车及旧货包括网上交易,必须得到当地都道府县警察机关的许可,并且要求在经营场所张挂标志。管理人员需要有3年以上经营二手车的经验,能够辨别非法物品,有能力核实二手的来源。如果怀疑二手车来历有问题,要及时向公安部门报告。交易必须有记录而且要保管3年。如果在经营场所以外交易,须经"行商"资格登记并获得批准。

在销售二手车的商店里以及广告媒体上,必须明确说明的内容有车名、主要规格、第一次上牌照的时间、售价、已经行驶的千米数、公用车还是私用车、私车验车的有效期、有无维修记录本、有无保修证以及保修期限、定期保养的情况、有无维修记录。广告必须有彩色照片。此外,不允许调整行驶里程数以及隐瞒修理事实等。

机动车旧了,出路有两个,一个是出售,另一个是废弃。前者就是二手车交易,后者是机动车的报废。在日本,每年淘汰机动车400万～500万辆,多数是依照国土交通省的规定履行合法报废手续。

4. 德国二手车市场的发展

从1886年卡尔·本茨发明第一辆汽车以来,德国的汽车工业已经走过130多年的发展历程。德国消费者购买二手车主要有授权经销商、独立维修企业或二手车商、私人交易3个渠道,德国有Mobile.de和Scout 24两大互联网二手车信息平台。几乎所有的汽车经销商都与这两个平台合作,在平台上展示二手车。平台和汽车经销商合作模式是年费套餐形式。

德国汽车与我国一样,也有牌照和两份证明文件。车牌上有一个注册标志和下一个年度检验时间标记。车辆文件有车辆行驶证和车辆登记证书。若汽车经销商的目的是将二手车变更为转售汽车,那么在再次出售之前不需要执照,取消由卖方转售个人买家这个过程。在卖方销售二手车后,需持销售合同,将牌照交给交通管制部门注销,同时销毁车辆驾驶证,并在车辆登记证书上登记注销记录。购车人达成销售协议后,领取车辆,同时取得车辆登记证书。如果购车人不能同时拥有车辆和车辆登记证书,就不是车辆的合法拥有者。车辆登记证书记录车辆的所有权历史,因此记录的名称越多,二手车的价格越低。

德国车必须有第三方责任保险凭证和购买证明,因此车辆牌照和保险是紧密联系的。德国消费者在更换汽车之前,须亲自前往当地政府交通管理部门,取消现有车辆的许可。机动车驾驶证的取消意味着车辆保险取消。由于经销商购买的二手车是无证车辆,为了方便汽车制造商和经销商的经营需要,德国实施了汽车企业的"红牌"系统,仅限于汽车公司的商业使用,避免额外的车辆登记。

使用"红牌"的企业必须严格填写交通管理部门提供的交通记录,在路上行驶时需要携带驾驶记录表。"红牌"申请不受任何限制,但企业需要证明申请有正当理由。交通管制署会根据适当的申请数目签发。一般来说,每个经销商至少需要一个红色的牌照。申请一张"红牌"的费用约为200欧元;该公司必须在红牌上投保约400欧元/年,税金约191.7欧元/(年·卡)。"红牌"不得转让给第三方,仅供交通管理部门审批。此外,当许可证用于个人而非公司时,保险会失效。在道路上驾驶没有有效证件的车辆不是行政罚款,而是刑事犯罪。

经销商在经营二手车或销售金融工具时,最大限度地关注汽车经营者的利益。二手车业务能否盈利,第一个关键问题是确定车辆的价格。需要考虑的主要因素包括车辆库存周期的贬值、车辆的准备、保修、维护和交易程序等成本,还有固定成本、企业财务成本、销售佣金和企业利润率等。

租赁车是高质量批量二手车的主要来源。确定租赁汽车价格的主要因素有车辆历史和上市价格、货币贬值曲线、汽车年龄、市场的临时变化。

对于经销商来说,以合理的价格收购优质二手车是决定二手车业务能否盈利的关键。此外,如何证明二手车对消费者的真实性,提升二手车消费者信心也是经销商必须考虑的环节。作为官方车辆检验机构,TUV负责所有德国车辆的年检(PTI)。

为了解决车辆定期检查和二手车检测问题,德国在2002年1月1日颁布的《消费者保护法》中对二手车交易(B2C)进行了如下规定:二手车经销商必须出售没有性能缺陷的汽车,即个人消费者有权购买没有性能缺陷的二手车。二手车经销商必须从购买之日起为客户提供12个月的保修。

总的来说,国外二手车市场经历了近百年的发展和变革,市场规模不断扩大,市场竞争越来越激烈。随着数字化和智能化的快速发展,在线平台和电商渠道正逐步成为市场主流,未来市场将继续呈现多样化、数字化和专业化的发展趋势。随着商业模式、技术的进一步革新和市场竞争的加剧,未来国外二手车市场将面临数字化转型、环保及新兴市场需求的机遇和供应链瓶颈、消费者信任度和新能源汽车冲击的挑战。

问题 7 国内二手车市场现状如何?

1. 中国二手车市场发展历程

中国二手车市场的发展历史相对较短。在改革开放之前,中国的汽车产业还处于起步阶段,二手车市场几乎不存在。随着改革开放的不断深入,中国的汽车产业开始逐渐发展壮大。在21世纪初,中国的汽车产业进入了高速发展时期,汽车的使用寿命也开始逐渐缩短。同时,汽车的价格也开始逐渐下降,这使得更多的人可以购买汽车。随着汽车的普及,二手车市场也开始逐渐兴起,中国的二手车发展阶段如下。

(1) 1990~1998年:萌芽阶段 中国的二手车交易市场起步于1990年,随着20世纪90年代初中国市场经济在各行各业的普及,以个人经营模式为主的二手车经销商顺势而生。但是,由于二手车市场缺乏政策法规,交易缺乏监管,不合法的交易行为频发,消费者的权益无法得到保障。倒车卖车的二手车经营行为造成20世纪90年代中国二手车交易秩序混乱、诚信度差等特点,消费者对二手车交易市场缺乏信任信心。直至今日,受此时代特色影响,消费者对二手车交易依然心存疑虑。

(2) 1998~2011年:发展阶段 1998年,中国贸易部颁布《旧机动车交易管理办法》,自此中国二手车交易市场获得政府认可,正式登上历史舞台;以交易中心为代表,中国二手车交易市场进入了迅速发展阶段。2005年,商务部、公安部等主管部门联合发布了《二手车流通管理办法》。此时,二手车交易已经转变为市场化的态势。虽然以私人经营为主,但是交易形式已由私下交易转变为二手车市场内交易,市场规模进一步扩大。但此阶段的二手车交易市场分布较为分散,各地区均有自己的经销商品牌。由于发展成熟程度不均,二手车质量参差不齐。

(3) 2011~2017年:市场整合阶段 随着互联网技术的升级,"互联网+二手车"的商业模式得到了资本青睐。二手车电商行业的头部企业在2011年浮出水面,二手车交易市场进入了全新的发展阶段。面对二手车电商的冲击,传统二手车经销商意识到流量可以带来更多价值,传统经销商与二手车电商深度合作局面成为现今主流。知名的二手车交易企业纷纷开展线上业务、创新业务、延伸产业链,在充分利用自身资源优势、二手车交易传统优势的同时,选择和二手车电商交易平台合作共赢。

(4) 2017年以来:快速扩张阶段 2017年,中国二手车交易突破1 200万辆,同比增长近20%,创下历史新高。如此惊人的增长速度得益于二手车电商市场快速扩张、二手车限迁政策全面解除,以及汽车金融普及。2017年全年,二手车电商融资额超过200亿元,BAT、滴滴等巨头纷纷布局二手车交易行业,知名二手车电商竞争格局也已逐步清晰。随着移动生活的进一步普及和人们对二手车消费观念的改变,中国二手车交易市场将更加快速地扩张。

2. 中国二手车市场现状分析

在后 WTO 时代,中国的汽车流通行业与国际市场接轨,二手车行业的发展超出了我们的判断和想象。从集中交易模式逐渐转变为多元化经营模式,通过多种渠道不断提高服务质量,以适应不断变化的市场。国家有关部委的一系列政策有利于我国二手车市场的发展,根据二手车交易统计数据,中国二手车市场进入了新的阶段。

2005 年,我国颁布实施二手车流通管理措施后,降低了二手车市场准入门槛,出现经纪、拍卖、配送、置换、个人交易等多种经营方式并存的现状,随之出现了以下问题。

(1) 发展不稳定 二手车交易中存在严重的信息不对称,市场流通机制不完善,交易体系不够成熟,给双方交易带来麻烦。

(2) 服务简单 尚未形成品牌管理,多数二手车经营企业还是个体经营,服务比较单一,缺少完善的评估体系及服务体系,没有专业化的二手车经营与交易,缺乏有品牌影响力的二手车经营企业。

(3) 缺乏诚信监管 消费者面临质量欺诈、价格欺诈和购买非法车辆的风险。国内二手车交易缺乏诚信,车辆技术与性能的公示也不透明,经常出现商家调整里程表、翻新等问题,特别是事故车辆在使用时没有保障。客户并不都是懂技术的专业人员,所以大多数人在购买二手车时非常谨慎,害怕上当受骗。

(4) 二手车评估缺乏规范 汽车转让(包括车辆所有权和车辆使用权转让)时,如果交易不完善,将给双方带来麻烦。购车没过户,发生交通违章或重大事故时,原车主承担主要责任。若保险未转让,保险公司可能拒绝赔付。

(5) 缺乏二手车专业人员 现在二手车市场的从业人员技术水平参差不齐,没有统一的执业资格认定,部分专业人员缺乏职业素养和职业道德。

3. 中国二手车市场政策变化及影响

新车市场发展到一定程度后增速会放缓,取而代之的是二手车市场迅猛发展。近年来,我国二手车市场以每年 20%～30% 的速度递增。特别是局部市场二手车交易甚至出现了井喷态势,如北京、广东、上海、浙江等省市二手车交易量增长甚至超过了新车,而且品牌二手车业务取得重要进展。二手车市场的快速增长表明我国二手车消费开始进入新阶段,即由单一的集贸式交易市场向品牌专卖、拍卖、经纪公司等多种经营模式共存的格局转变。品牌二手车的出现为二手车市场增添了新的特点,主要体现在如下几个方面。

(1) 丰富了二手车交易模式。买卖二手车不再只是通过二手车交易市场一个渠道来完成。

(2) 4S 店依靠品牌的优势和强大的售后服务能力,能够提供与新车一样的质量保证,打消了消费者的疑虑,让消费者买得放心,用着舒心。

(3) 4S 店执行生产企业严格的认证标准,明示车辆质量信息,明码标价,改变市场信息不透明的问题。

(4) 新旧置换给二手车市场提供了丰富的经营资源,为二手车市场快速发展增添强劲动力。

4. 中国二手车市场未来发展趋势

2022 年,全球二手车市场规模达到 53 131.52 亿元(人民币),中国二手车市场规模达到

840.18亿元。随着国家对二手车市场的重视，各项政策得到了完善，以及市场自身的自我调整，二手车市场发展将会越来越正规。随着国内汽车保有量的不断增加，二手车交易必将得到更加长足的发展。未来我国二手车市场的发展趋势主要体现在以下3个方面。

（1）利好政策激发消费潜力　拉动汽车消费不仅能强力拉动消费总量，促进就业，而且能带动许多产业共同发展。在消费者对性价比越发重视的当下，二手车有望成为汽车消费市场的重要引擎，限迁政策松绑、单独签注等政策组合拳将驱动二手车交易迎来新发展。

（2）二手车行业洗牌　我国二手车行业"小、散、弱"情况突出。当前我国二手车经营企业主体结构仍以单体经销为主，占比超过80%。受限于经营者的资金规模，整体市场运营缺乏规范；经销商局限于本地市场，难以形成品牌影响力。二手车新政策落地或将加速行业洗牌。

（3）线上销售成为新增长点　线上直播间打破了时间、地域限制，提高了社会个体用户的经济参与度，降低了获客成本；直播能更直观地向用户展示车况，触及消费者的核心诉求。直播常态化已成为行业共识。随着二手车全面流通和异地交易活跃，直播售车有望助推二手车市场实现新供需平衡，成为二手车市场新的增长点。

问题8　中国二手车市场数据如何收集？分析什么？

1. 数据收集来源

二手车相关数据绝大多数来源于国家统计局、中国汽车流通协会、中国汽车工业协会。

2. 数据分析方法

数据分析方法有4种，二手车市场数据分析使用前3种。

（1）趋势分析　一般用于核心指标的长期跟踪。当数据很多，需从数据中更快、更便捷地发现信息，可以借助图形，即借助Excel或者其他画图工具画出分析图。

趋势分析经常做成简单的数据趋势图，研究数据有哪些趋势上的变化，有没有周期性，有没有拐点，并分析背后的原因，是内部原因还是外部原因。趋势分析最好的产出是比值，有环比、同比、定基比。比如2023年4月份比3月份二手车销量增长了多少，这就是环比。环比体现了最近变化的趋势，但有季节性的影响。为了消除季节性的影响，推出了同比，比如，2023年4月份比2022年的4月份二手车销量增长了多少。定基比就是固定某个基点，比如将2023年1月份的数据作为基点，2023年5月份的数据和2023年1月份的数据做对比。

（2）对比分析　分为横向和纵向两种，对比分析是既有横向对比，又有纵向对比。

① 横向对比：横向对比就是跟自己比。最常见的数据指标就是跟目标值比，来回答有没有完成目标；跟上个月比，来回答环比增长了多少。

② 纵向对比：简单来说就是跟他人比。跟竞争对手比，来回答在市场中的份额和地位是怎样的。数据只有对比，才能产生意义。

（3）交叉分析　主要作用就是从多个维度细分数据。就是对数据从多个维度进行交叉展现，进行多角度的结合分析。交叉分析的主要作用就是从多个维度细分数据，发现最为相关的维度来探索数据变化的原因。

（4）象限分析　可依据数据的不同，将各比较主体划分到4个象限中。

3. 数据分析举例

2023年1~12月,全国二手车市场累计交易量为1841.33万辆,同比增长14.88%,与上年同期相比增加了238.5万辆,累计交易金额为11 795.32亿元。

(1) 2022~2023年全国二手车月度交易量变化趋势　如图1-1-2所示,市场特点是淡季不淡,旺季不旺。从月度趋势来看,6~8月份本是淡季,交易量也呈现了震荡向上的趋势。"金9银10"是旺季的开端,但交易量并未达到市场预期。12月份是全年的交易高峰,单月交易量达到166.1万辆,与11月相比仅增长了9 400台,不似往年的明显年末翘尾现象。总体来看,2023年是二手车新政全面落地的第一年,制约因素清除,堵点打通,政策效应正在显现,二手车市场进入全新发展阶段。虽然12月份的二手车市场依然存在很大的压力,但2023年交易规模的扩大、新型消费特征的转变以及跨区域流通持续向好,都证明了中国的二手车市场拥有较强的发展韧性。二手车市场更是有利于盘活汽车存量,拉动新车消费增量,促进汽车梯次消费的重要环节。

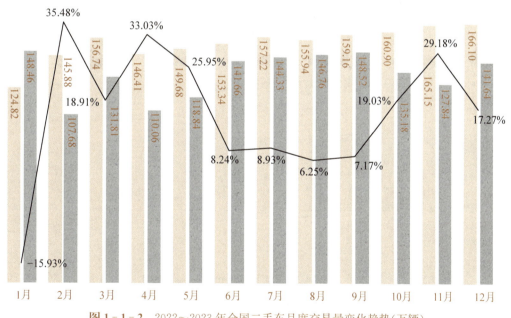

图1-1-2　2022~2023年全国二手车月度交易量变化趋势(万辆)

(2) 2023年1~12月二手车细分车型交易情况　如图1-1-3所示,2023年1~12月,二手车累计交易量为1841.33万辆,同比增长14.88%。基本型乘用车累计交易1 089.67万辆,同比增长14.42%;SUV共交易237.84万辆,同比增长16.68%;MPV共交易114.14万辆,同比增长17.77%;交叉型乘用车共交易36.07万辆,同比增长2.85%。商用车情况:载货车共交易了149.72万辆,同比增长15.53%;客车107.26万辆,同比增长3.11%。整体来看2023年乘用车和商用车市场较去年都有显著的增长。基本型乘用车、MPV、SUV以及载货车型较同期都有两位数的增速。

(3) 2023年1~12月二手车各级别轿车销量情况　如图1-1-4所示,2023年1~12

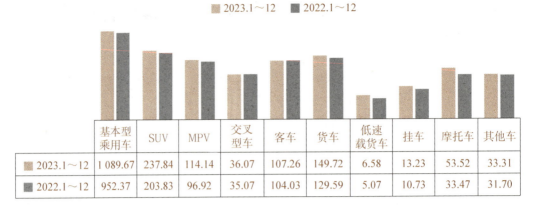

图 1-1-3 2022～2023 年全国二手车各细分车型交易情况(万辆)

月,A 级轿车占比为 49.28%,同比下降了 0.48%;B 级轿车占 23.18%,下降了 0.02%;A00 级轿车占 4.36%,下降了 0.08%;A0 级轿车占 13.34%,同比增长了 0.06%;C 级轿车占 7.7%,增长了 0.39%;D 级轿车占 2.15%,较去年同期增长了 0.13%。1～12 月份,A00 级、A 级、B 级车型同比有小幅的下降,A0 级、C 级、D 级车型有所增长。

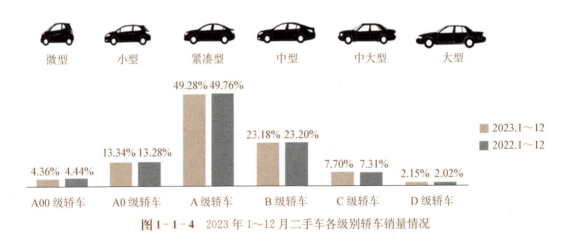

图 1-1-4 2023 年 1～12 月二手车各级别轿车销量情况

(4) 2023 年 1～12 月二手车交易车辆使用年限情况 如图 1-1-5 所示,二手车使用年限在 3～6 年的交易量最多,占比为 43.54%,较上年同期增长 3.34%;使用年限在 3 年内车型占比为 27.97%,较上年同期下降 2.04%;车龄在 7～10 年的车型占比为 20.24%,较上年同期增长 0.57%;车龄 10 年以上的车型占比为 8.25%,较上年同期下降 1.87%。2023 年,车龄在 3～6 年的市场份额较上年出现较为明显的增长,3 年以内和 10 年以上的份额出现较为明显的下降。

(5) 2023 年 1～12 月二手车交易价格区间情况 如图 1-1-6 所示,二手车交易价格在 3 万元以内、12～15 万元、15～30 万元、30 万元以上的较上年同期有所增长,其余各价格区间均有所下降。3 万元以内占 32.83%,同比增长了 0.23%;12～15 万元的占 4.77%,增长了 0.75%;15～30 万元的占 9.29%,增长了 0.08%;30 万元以上的占 2.95%,增长了 0.07%。3～5 万、5～8 万、8～12 万元区间较上年同期分别下降了 0.78%、0.15%、0.21%。

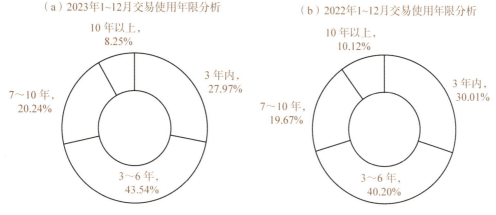

图 1-1-5　2023 年 1—12 月二手车交易车辆使用年限情况

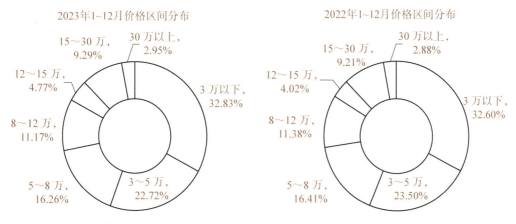

图 1-1-6　2023 年 1~12 月二手车交易价格区间分布情况(元)

从价格分布上看,1~12 月份的二手车交易价格较上年同期整体略有上移,15 万元以上的份额占到了整体的 17%,较上年同期增长了 0.9 个点。

(6) 2023 年 1~12 月六大区域情况　如图 1-1-7 所示,全国各区域交易量均有所增长。从区域增速来看,东北和华北地区同比增速最为明显,中南、西南、西北地区较上年均有两位数的增长。

华东地区整体较为平稳。华东地区交易量为 542 万辆,同比增长了 1%。上海表现比较突出,同比增长 21.7%;山东、江西均有所增长。江苏和上年基本持平;浙江、安徽较同期下降较为明显,降幅均超过了 10%。福建降幅相对较小。

中南地区交易量为 542.3 万辆,同比增长 18.6%。河南、湖南、广东、海南较上年都有明显的增长。其中,河南、湖南、广东增速超过了 20%。海南市场表现优异,同比增速超过 50%。湖北、广西较上年有小幅下降。

华北地区交易量为 249.3 万辆,同比增长 28.9%。华北地区整体较上年有较为明显的回升。各省份均有较明显的增长,尤其是天津、河北增长非常明显。山西、内蒙古同比增速均超过了 20%;北京较上年同期也有两位数的增长。

西南地区交易量为 296.5 万辆,同比增长 18.5%。重庆、四川、贵州、云南同比均有所增

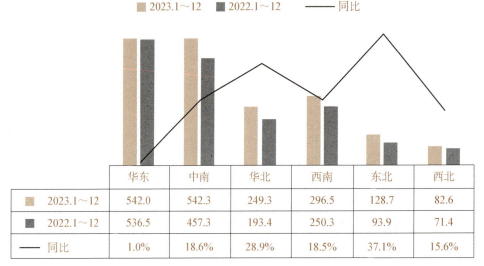

图 1-1-7 六大区域销量(万辆)

长,表现最好的是贵州和四川,同比增速均超过了 25%。重庆同比也有两位数的增长;云南涨幅相对较小;西藏较上年小幅下降。

东北地区交易量为 128.7 万辆,同比增长 37.1%。从同比增速来看,东北是表现最好的地区。黑龙江市场恢复较快,同比增长 75%;吉林较上年同期增长了 28%;辽宁增速超过了 15%。

西北地区共交易二手车 82.6 万辆,同比增长 15.6%。除青海较上年同期出现明显下降外,其他地区均有不同程度的增长。新疆表现优异,同比增长 60%。陕、甘、宁地区也均有两位数的增长。

(7) 2023 年全国二手车均价　如图 1-1-8 所示,12 月份,二手车交易均价为 6.55 万元,较 11 月增长了 0.07 万元,较上年同期增长了 0.62 万元。

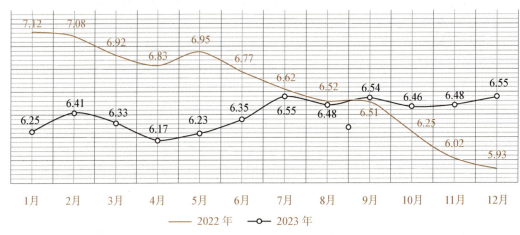

图 1-1-8　2023 年全国二手车均价情况(万元)

(8) 2023 年跨区域流通情况　如图 1-1-9 所示,二手车转籍总量达到 501.83 万辆,较去年增长了 25%,转籍率为 27.25%,增加了 2.2%。

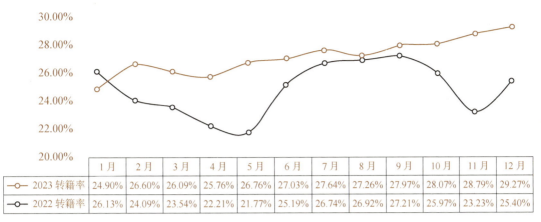

图 1-1-9 2023 年跨区域流通情况

问题9 如何根据二手车市场数据预判二手车市场的走向？

以 2023 年数据为例，预判 2024 年全国二手车市场走向（政策走向参考问题5）。

1. 政策趋势——车商合规化经营的态势将延续

2022 年，多项二手车行业新政发布并落地实施，2023 年是新政落地实施后的第一个完整年。从行业角度看，新政激发了市场活力，促进了二手车行业上下游流通，让广大车商开始合规化经营，也让广大消费者得到了更多实惠和便利性。但是，仍存在因政策切换带来的相关问题，如二手车经销发票在部分转入地无法过户，一些不合理的附加条件影响交易效率等问题。这些都需要政策法规的进一步完善来解决。随着政策效应的进一步显现，2024 年，车商合规化经营的态势将延续，合规化经营的空间也将更大。

2. 价格趋势——二手车价格将进一步走低

2024 年，二手车的价格将呈现走低的趋势。公安部发布的统计数据显示，截至 2023 年 12 月底，全国机动车保有量达 4.35 亿辆。其中，汽车 3.36 亿辆，新能源汽车 2041 万辆。首先，随着汽车保有量的增大，二手车的析出量也随之增大，二手车的价格将会走低。其次，由新车降价引发的市场波动传导到二手车市场，也会影响二手车价格。2023 年，车企之间的价格战几乎贯穿了全年，竞争进入白热化，而新车价格的不稳定也导致了二手车价格难以走高。再者，渠道车源的供给量也在增加，无论是各类租赁公司还是各大汽车出行平台，每年都有大量的车辆处置，推动了二手车价格的进一步下探。

3. 流转趋势——车源从稀缺到充分的过渡越发明显

中国汽车流通协会的数据显示，2023 年，国内二手车转籍率全年呈现平稳向上的态势，二手车流通更加活跃。2024 年的二手车流转，将从过去的车源稀缺转向车源充分，而且这个过渡将会越发明显。二手车析出量的增大，加上目前的二手车处置越来越方便，B端车商受多个利好政策影响，其二手车经营也比以往更规范。这些都有利于车辆的流转。2024 年，B2B 之间的流转和 C2C 之间的直接流转比例都会趋于下降，而越来越多的车辆流转会通过平台来实现。

任务实施

班级		组名		
组员及任务分工	姓名		学号	组内工作任务
接受任务	岁末年初,受鹏程二手车总部之邀,向其下属连锁车行经理及欲加盟客户做一次宣讲,目的是让连锁车行经理及欲加盟客户能充分掌握上一年度全国二手车市场情况,预判来年二手车市场情况。请你收集、分析＊＊＊二手车市场数据,完成报告并宣讲			

信息收集	1. 二手车的英文是_____或_____。
	2. 二手车交易市场是机动车商品二次流通的场所。它具有_____和商品经营者的双重属性。
	3. 不变动二手车产权是指_____未发生转移的经济行为。
	4. 二手车交易是指买主和卖主进行二手车商品交换和_____。
	5. 不属于常见的二手车交易市场形式的是( )。
	   A. 二手车经营公司 B. 二手车置换公司 C. 网络拍卖 D. 电话营销
	6. ( )是二手车鉴定评估机构和工作人员应遵守的一项最基本的道德规范。
	   A. 公平 B. 专业 C. 公正
	7. 有效市场的条件是( )。
	   A. 信息真实靠得住且市场活跃 B. 有市无价的市场
	   C. 信息是真实的 D. 市场是活跃的
	8. 属于国外二手车市场特点的是( )。
	   A. 二手车市场已经形成规模 B. 缺乏市场认可的评估体系
	   C. 售后体系不完善 D. 以上都不是			

任务计划	制订二手车市场数据收集、分析及完成报告的工作计划:			
任务实施	2023年＊＊＊二手车市场分析报告(举例框架,可更改) 一、引言 1. 概述二手车市场的重要性 2. 2023年全国二手车市场的总体发展趋势 3. 报告目的与结构概述 二、市场规模与增长情况 1. 2023年全国二手车交易量及同比增长情况 2. 累计交易金额及其同比增长情况 3. 各地区二手车市场发展的差异与特点 三、市场结构分析 1. 主要参与方及市场格局			

(续表)

(1) 二手车交易平台
(2) 汽车经销商
(3) 汽车金融公司
(4) 汽车回收拆解企业
(5) 汽车电商平台等
2. 各参与方的市场份额与竞争态势
3. 市场结构变化及原因分析
四、消费者行为分析
1. 消费者购车需求与偏好
2. 消费者购车渠道选择
3. 消费者购车决策影响因素
五、政策环境分析
1. 2023年二手车市场相关政策梳理
2. 政策对二手车市场的影响分析
3. 未来政策走向预测及其对市场的潜在影响
六、市场挑战与问题
1. 市场竞争激烈与差异化问题
2. 市场不规范与非法交易问题
3. 售后服务与消费者权益保护问题
七、市场机遇与趋势
1. 技术与数据创新推动市场发展
2. 二手车品质提升与品牌化经营
3. 新能源汽车二手车市场潜力
八、结论与展望
1. 总结2023年全国二手车市场的主要特点与发展趋势
2. 对未来市场的预测与展望
3. 提出相关建议与措施，促进二手车市场的健康发展

评价标准	评分标准	好	一般	有待改良
	实训准备（10分）	小组分工明确，能够事先精心准备任务内容	能够做必要的准备，但不够充分	分工不够明确，事先无准备
	知识运用（10分）	能够熟练、自如地运用所学知识，分析且分析卓有成效	小组讨论认真，所学知识运用得不是很准确，个别组员不积极	不能运用所学知识分析实际问题
	成果质量（10分）	能够准确检查，描述正确	能够准确检查，描述基本正确	未在规定时间完成检查
	学习态度（10分）	热情高，干劲足，态度认真，能够出色地完成任务	有一定热情，基本能够完成任务	敷衍了事，不能完成任务
任务评价	教师评语：(根据工作单填写情况、语言表达、态度及沟通技巧等方面，按等级制给出成绩) 实训记录成绩：　　　　　　　　　　　　　　　教师签字： 　　　　　　　　　　　　　　　　　　　　　　日　　期：			

任务 2　二手车评估准备

学习目标

知识目标
1. 掌握汽车 VIN 码的识读；
2. 掌握汽车报废标准；
3. 掌握二手车鉴定评估要素。

能力目标
1. 具有根据车辆 VIN 码判断车辆配置的能力；
2. 能够独立判定二手车报废年限；
3. 能够说明二手车鉴定评估的要素。

思政目标
通过查验掌握车辆上的各种基础信息，养成踏实工作、认真负责的职业素养。

情境导入

欲完成二手车业务必须精准掌控车辆。二手车鉴定评估师必须具备车辆及评估的相关知识。本任务是评估人员必须掌握的车辆理论及鉴定评估理论，涉及车辆配置、寿命、鉴定评估的要素等内容，是鉴定评估的基础。

任务描述

鹏程车行来了一位客户，想出售自己的车辆。作为评估师，你需要第一时间掌握二手车数据及评估信息，做好准备，为客户讲解二手车评估的相关内容。

任务准备

问题 1　什么是车辆识别代号？

《道路车辆　车辆识别代号（VIN）》（GB 16735—2019）将**车辆识别代号**（vehicle identification number，VIN）定义为：为了识别某一辆车，由车辆制造厂为该车辆指定的一组字码。VIN 码是世界各汽车制造厂家为每一辆出厂的车辆预先设定的一组代码，由阿拉伯数字和大写拉丁字母组成，目的是为识别车辆的身份提供必要的特征信息，就像人的身份证一样，具有全球通用性、最大限度的信息承载性和可检索性，已成为全世界识别车辆唯一准确的"身份证"。VIN 中包含车辆的生产国别、制造厂家、生产年月、品牌名称、车辆类型、车型系列、车身型式、发动机型号、安全保护装置型号、检验数字、组装厂家名称和生产顺序号等信息，它将伴随车辆的注册、保险、年检、保养、修理直至回收报废。这些信息不论是对于汽车配件销售人员、汽车维修厂材料人员和维修技师、二手车鉴定评估专业人员、车辆保险人员，还是对于车辆交通管理人员，都是最基本和不可缺的。

> **知识链接**
>
> **《道路车辆 车辆识别代号(VIN)》(GB 16735—2019)规定**
>
> 车辆识别代号管理规则基本要求:
>
> ① 每一辆汽车、挂车、摩托车和轻便摩托车等都必须有 VIN。
>
> ② 在 30 年内生产的任何车辆的 VIN 不得相同。
>
> ③ VIN 应尽量位于车辆的前半部分、易于看到且能防止磨损或易于替换的部位。
>
> ④ 9 座或 9 座以下的车辆和最大总质量小于或等于 3.5 t 的载货汽车的 VIN 应位于仪表板上,在白天日光照射下,观察者不需移动任一部件即可从车外分辨出 VIN。我国轿车的 VIN 大多设置在仪表板的左侧、风挡玻璃下面。
>
> ⑤ VIN 应标示在车辆部件上(玻璃除外),该部件除修理以外是不可拆的;VIN 也可以标示在永久性固定在车辆上的车型标牌中。如果制造厂家愿意,允许在一辆车上同时采取以上两种标示方法。
>
> ⑥ VIN 的字码在任何情况下都应字迹清楚、坚固耐久和不易替换。
>
> ⑦ VIN 的字码高度:对于汽车及挂车,直接打刻的字码高度应大于或等于 7.0 mm,字码深度应大于或等于 0.3 mm(乘用车及总质量小于或等于 3 500 kg 的封闭式货车深度应大于或等于 0.2 mm);对于摩托车,直接打刻的字码高度应大于或等于 5.0 mm,字码深度应大于或等于 0.2 mm。打刻的车辆识别代号总长度应小于或等于 200 mm。
>
> ⑧ VIN 中仅能采用下列阿拉伯数字和大写拉丁字母:
>
> 1 2 3 4 5 6 7 8 9 0
>
> A B C D E F G H J K L M N P R S T U V W X Y Z
>
> 为避免与阿拉伯数字 1 和 0 混淆,不采用拉丁字母 I、O 和 Q。
>
> ⑨ VIN 在文件上标示时应写成一行,且无空格;打印在车辆上或车型标牌上时也应在一行。如果由于技术上的原因,VIN 必须写在两行上,两行之间不应有间隙,每行的开始与终止处应使用一个分隔符。分隔符必须不同于 VIN 所用的任何数字和字母,且不易与 VIN 中的数字和字母混淆。

问题 2 在车辆哪个位置可以找到车辆识别代号?

各大汽车厂 VIN 标牌位置不完全一样,VIN 打刻的具体位置在汽车使用手册中均有说明。VIN 一经打刻,便不允许更改、变动,这是二手车鉴定评估工作中的一项重要检查项目。国产轿车的 VIN 大多设置在仪表板左侧、风挡玻璃下面或发动机舱内流水槽的上部;某些大型车辆则在汽车车架上的前部右侧打刻。另外,在发动机舱内的铭牌、门柱、防火墙、左侧轮罩内转向柱、散热器支架、发动机前部的加工垫、发动机、车架(无车架的机动车辆为车身主要承载且不能拆卸的部件)等大部件上均打刻了 VIN。打刻的 VIN 应易见且易于拓印。质保和保养手册、车主手册、保险单、行驶证上也有 VIN 码。

VIN 标牌典型位置如图 1-2-1。

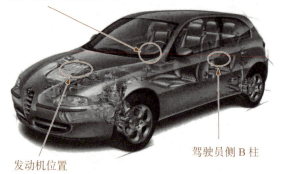

图 1-2-1 常见 VIN 位置

问题 3 如何识读车辆识别代号?

每一辆车的 VIN 均由 3 部分组成,即世界制造厂家识别代号(world manufacturer identifier,WMI)、车辆说明部分(vehicle descriptor section,VDS)、车辆指示部分(vehicle indicator section,VIS)。车辆的 VIN 均为 17 位,因此也常称为车辆 17 位码。由于车辆识别代号常被打刻(拓印)在车架或底盘的某个部位,因此也将 VIN 称作车架号(vehicle frame number)或底盘号(vehicle chassis number)。按照约定的 VIN 编码顺序,可从中解读出车辆的基本信息参数,如图 1-2-2 所示。

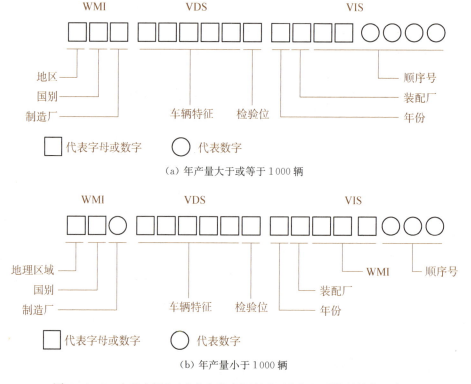

图 1-2-2 完整车辆和/或非完整车辆制造厂车辆识别代号结构示意图

1. 世界制造厂识别代号（WMI）

VIN 的第一部分，用以标识车辆的制造厂。此代号指定给某个车辆制造厂，能作为该厂的识别标志。世界制造厂识别代号与车辆识别代号的其余部分一起，足以保证 30 年之内在世界范围内制造的所有车辆的车辆识别代号具有唯一性。

（1）第 1 位　WMI 代号的第 1 位字码是由国际代理机构分配的、用以标明一个地理区域的字母或数字字码。根据预期的需求，可以为一个地理区域分配一个或多个字码，见表 1-2-1。

表 1-2-1　常见汽车生产的国别或地区代码

国家	代码	国家	代码	国家	代码
美国	1、4	中国	L	英国	S
加拿大	2	泰国	M	法国	V
墨西哥	3	日本	J	意大利	Z
巴西	9	韩国	K	瑞典	Y
澳大利亚	6	德国	W	瑞士	T

（2）第 2 位　由国际代理机构分配的，用以标明一个特定地理区域内的一个国家或地区的字母或数字。根据预期的需求，可以为一个国家或地区分配一个或多个字码。第 1 位和第 2 位字码的组合使用可以确保某个国家或地区的唯一识别，见表 1-2-2。

表 1-2-2　VIN 码第 1 位第 2 位合并组合含义

A～D	非洲	AA～AH 南非
J～R	亚洲	J=日本；KL～KR=韩国；L=中国；MA～ME=印度；MF～MK=印尼；ML～MR=泰国；PA～PE=菲律宾；PL～PR=马来西亚
S～Z	欧洲	SA～SM=英国；SN～ST，W=德国；SU～SZ=波兰；TA～TH=瑞士；TJ～TP=捷克；TR～TV=匈牙利；VA～VE=奥地利；VF～VR=法国；VS～VW=西班牙；XL=荷兰；VX～V2=南斯拉夫；X3～X0=俄罗斯；YA～YE=比利时；YF～YK=芬兰；YS～YW=瑞典；ZA～ZR=意大利
1～5	北美洲	1、4、5=美国；2=加拿大；3=墨西哥
6～7	大洋洲	6A～6W=澳大利亚；7A～7E=新西兰
8～0	南美洲	8A～8E=阿根廷；8F～8J=智利；8X～82=委内瑞拉；9A～9E，93～99=巴西；9F～9J=哥伦比亚

（3）第 3 位　由授权机构分配、用以标明特定车辆制造厂的字母或者数字字码。第 1 位、第 2 位和第 3 位字码的组合可以确保对车辆制造厂的唯一识别。表 1-2-3 为我国常见汽车生产厂代码。在此位置上使用数字 9 识别所有完整车辆和/或非完整车辆年产量小于 1000 辆的车辆。对于此类车辆制造厂，VIN 的第 12、13、14 位字码用以确保对车辆制造厂的唯一识别。需要注意的是，很多进口车型使用前 3 位合并显示产地及品牌信息的，不遵循

常规的 WMI 编码规则,例如 TRU/WAU:Audi(奥迪),1YV/JM1:Mazda(马自达),4US/WBA/WBS:BMW(宝马),WDB:Mercedes Benz(奔驰),2HM/KMH:Hyundai(现代),VF3:Peugeot(标致),SAJ:Jaguar(捷豹),WP0:Porsche(保时捷),SAL:Land Rover(路虎),YV1:Volvo(沃尔沃)。

表 1-2-3 我国常见汽车生产厂代码

序号	汽车厂	WMI 码	序号	汽车厂	WMI 码
1	一汽天津丰田	LTV	9	华晨宝马	LBV
2	一汽大众	LFV	10	长安汽车	LS4
3	上海通用	LSG	11	东风日产	LGB
4	上海大众	LSV	12	东风起亚	LJD
5	上海通用五菱	LZW	13	吉利	L6T
6	奇瑞	LVV	14	比亚迪	LGX
7	北京现代	LBE	15	广汽丰田	LVG
8	长安福特	LVS	16	广汽本田	LHG

2. 车辆说明部分(VDS)

车辆说明部分(VDS)是车辆识别代号的第二部分,用以说明车辆的一般特征信息,由 6 位字码组成(即 VIN 的第 4～9 位)。如果车辆制造厂不使用其中的一位或几位字码,应在该位置填入车辆制造厂选定的字母或数字占位。

VDS 第 1～5 位(即 VIN 的第 4～8 位)应描述车辆一般特征,其组成代码及排列次序由车辆制造厂决定。车辆一般特征包括但不限于:

① 车辆类型,例如乘用车、货车、客车、挂车、摩托车、轻便摩托车、非完整车辆等;

② 车辆结构特征,例如车身类型、驾驶室类型、货箱类型、驱动类型、轴数及布置方式等;

③ 车辆装置特征,例如约束系统类型、动力系统特征、变速器类型、悬架类型等;

④ 车辆技术特性参数,例如车辆质量参数、车辆尺寸参数、座位数等。

在 VDS 中描述的车辆特征至少应包括表 1-2-4 中规定的内容。

表 1-2-4 车辆特征描述

车辆类型	车辆特征
乘用车	车身类型、动力系统特征[a]
客车	车辆长度、动力系统特征[a]
货车(含牵引车、专用作业车)	车身类型、车辆最大设计总质量、动力系统特征[a]
挂车	车身类型、车辆最大设计总质量
摩托车和轻便摩托车	车辆类型、动力系统特征[a]

(续表)

车辆类型	车辆特征
非完整车辆	车身类型[b]、车辆最大设计总质量、动力系统特征[a]

a. 仅发动机驱动的车辆至少包括燃料类型、发动机排量和/或发动机最大净功率的描述;其他驱动类型的车辆,至少应包括驱动电机峰值功率(若车辆具有多个驱动电机,应为多个驱动电机峰值功率之和;对于其他驱动类型的摩托车应描述驱动电机额定功率)、发动机排量和/或发动机最大净功率(若有)的描述。

b. 车身类型分为承载式车身、驾驶室-底盘、无驾驶室-底盘等。

VDS 的最后一位(即 VIN 的第 9 位字码)为检验位,检验位由规定的方法计算,只能由 0~9 或 X 构成。

3. 车辆指示部分（VIS）

VIS 是车辆识别代号的最后部分,是车辆制造厂为区别不同车辆而指定的一组代码。这组代码连同 VDS 部分一起,足以保证每个车辆制造厂在 30 年之内生产的每个车辆的车辆识别代号具有唯一性。由 8 位字码组成(即 VIN 的第 10~17 位)。

VIS 的第 1 位字码(即 VIN 的第 10 位)代表年份。年份代码按规定使用(30 年循环一次)。车辆制造厂若在此位使用车型年份,应向授权机构备案每个车型年份的起止日期,并及时更新;同时,在每一辆车的机动车出厂合格证或产品一致性证书上注明使用了车型年份。年份是厂家规定的型年(model year),不一定是实际生产的年份,但一般与实际生产的年份之差不超过 1 年,字母 I、O、Q、U、Z,数字 0,在年代位为非法。车型年份与代表字母见表 1-2-5。

表 1-2-5　车型年份与代表字母对照表

车型年份	代表字母	车型年份	代表字母	车型年份	代表字母
2010	A	2020	L	2030	Y
2011	B	2021	M	2031	1
2012	C	2022	N	2032	2
2013	D	2023	P	2033	3
2014	E	2024	R	2034	4
2015	F	2025	S	2035	5
2016	G	2026	T	2036	6
2017	H	2027	V	2037	7
2018	J	2028	W	2038	8
2019	K	2029	X	2039	9

VIS 的第 2 位字码(即 VIN 的第 11 位)代表装配厂。

年产量大于或等于 1 000 辆的完整车辆和/或非完整车辆,VIS 的第 3~8 位字码(即 VIN 的第 12~17 位)用来表示生产顺序号。年产量小于 1 000 辆的完整车辆和/或非完整车辆,VIS 的第 3~5 位字码(即 VIN 的第 12~14 位)应与第一部分的 3 位字码一同表示一个车辆制造厂,VIS 的第 6~8 位字码(即 VIN 的第 15~17 位)用来表示生产顺序号。

> **知识链接**
>
> 举例：L F P H 5 A B A 2 W 8 0 0 4 3 2 1
> 　　　1 2 3 4 5 6 7 8 9 10 11 12 13 14 15 16 17
>
> 第1位为生产国别代码，L 表示中国；
> 第2位为制造厂商代码，F(first) 表示一汽；
> 第3位为车型类型代码，P(passenger) 表示轿车；
> 第4位为车辆品牌代码，H 表示红旗牌；
> 第5位为发动机排量代码，5 表示 2.1～2.5L；
> 第6位为发动机类型及驱动形式，A 表示汽油、前置、前驱；
> 第7位为车身型式代码，B 表示四门掀背式；
> 第8位为安全保护装置代码，A 表示手动安全带；
> 第9位为工厂检验位代码，用数字 0～9 或 X 表示；
> 第10位为生产年份代码，W 表示生产年份为 1998 年；
> 第11位为生产装配工厂，8 表示第一轿车厂；
> 第12～17位表示工厂生产顺序号代码。

问题4 如何查看 VIN 码有无改动痕迹？

在判别 VIN 码有无改动时，可以遵循看、摸、刮、敲、洗 5 种方法。

① 看发动机号和车架号是否有焊接、凿改的嫌疑。

② 手摸发动机号和车架号处，感觉号码周围是否有大的起伏和凸起，如有则是改动过。

③ 用铁片、螺丝刀等硬物刮发动机号或车架号部位。正常号码是先打在金属板上后喷漆处理，刮起来不易损坏，焊接的车号则是用腻子在金属板上堆出号码再喷漆。

④ 用橡皮锤敲几下号码周围，被焊接的车号很可能有不牢固的地方，会出现裂缝和脱落现象。

⑤ 如果发现车辆年头较长，但车架号部分的漆比较新，则可以用化油剂清洗车架号。新上的漆会脱落，车号被打磨的痕迹就能显现。

问题5 汽车报废标准是什么？

汽车报废分为两种情况，第一种是强制报废，第二种是引导报废。国家对车辆行驶上路的安全性和环保性是有严格要求的，对不同的车辆类型与用途，有着明确的强制报废年限。一旦车辆达到强制报废年限，将会被强制报废。除了汽车的强制报废年限，在车辆年审时，若出现不符合国家机动车安全技术标准、环保标准，或连续 3 个机动车检验周期未获得检验合格标志，均会要求强制报废。引导报废是达到限制后，建议车主选择报废的途径。

1. 强制报废条件

（1）具体强制报废规定：

① 经修理和调整仍不符合机动车安全技术国家标准对在用车要求的。

② 经修理和调整或者采用控制技术后，向大气排放污染物或者噪声仍不符合国家标准

对在用车要求的。

③ 在检验有效期届满后连续 3 个机动车检验周期内未取得机动车检验合格标志的。

④ 达到一定使用年限和行驶里程的。

(2) 报废标准中有两个规定的指标：使用年限和累计行驶里程。如果对汽车的使用年限和累计行驶里程都做了规定，那么，当其中的一个指标达到报废标准时，即认为该车辆已达到报废要求。

2. 报废标准

机动车使用年限及行驶里程参考值见表 1－2－6。

表 1－2－6　机动车使用年限及行驶里程参考值汇总表

车辆类型与用途				使用年限（年）	行驶里程参考值引导报废（万千米）
汽车	载客	营运	出租客运 小、微型	8	60
			出租客运 中型	10	50
			出租客运 大型	12	60
			租赁	15	60
			教练 小型	10	50
			教练 中型	12	50
			教练 大型	15	60
			公交客运	13	40
			其他 小、微型	10	60
			其他 中型	15	50
			其他 大型	15	80
			专用校车	15	40
		非营运	小、微型客车、大型轿车*	无	60
			中型客车	20	50
			大型客车	20	60
	载货		微型	12	50
			中、轻型	15	60
			重型	15	50
			危险品运输	10	40
			三轮汽车、装用单缸发动机的低速货车	9	无
			装用多缸发动机的低速货车	12	30
	专项作业		有载货功能	15	50
			无载货功能	30	50

(续表)

车辆类型与用途			使用年限（年）	行驶里程参考值引导报废（万千米）
挂车	半挂车	集装箱	20	无
		危险品运输	10	无
		其他	15	无
	全挂车		10	无
摩托车	正三轮		12	10
	其他		13	12
轮式专用机械车			无	50

*注意：私家车取消15年强制报废年限，施行的是"60万公里引导报废"的规定。

3. 报废汽车的处理

2001年6月公布推行的《报废汽车回收管理办法》规定：当汽车达到60万公里数等条件时应送到有资质的企业拆解报废。按照规定，送往拆解企业的报废车辆，除了极少数可以回收再利用的部件（以下简称回用件），剩下的部件都得当废铁处理。拆解企业给出的也是废铁的回收价，按重量计算，一辆小汽车的收购价一般在600～800元。《报废汽车回收管理办法》正在修订，有望取消报废汽车回收拆解企业总量控制的要求，允许拆解回用件进入市场流通，开展绿色汽车消费。鼓励把五大总成交给有资质的再制造企业进行再制造。

> **知识链接**
>
> **1. 报废汽车**
>
> 报废汽车是指已经达到国家《汽车报废标准》以及各地制定的有关报废规定、报废标准的；或虽未达到报废年限，但因交通事故或车辆超负荷使用造成发动机和底盘严重损坏，经检验不符合国家《机动车运行安全技术条件》规定的有关汽车安全、尾气排放要求的各种汽车、摩托车、农用运输车、拖拉机、轮式专用机械车等机动车辆。
>
> 国家实施汽车强制报废制度。依照《报废汽车回收管理办法》和《汽车贸易政策》的规定，报废汽车是一种特殊商品，报废汽车所有人应当将报废汽车及时交售给具有合法资格的报废汽车回收拆解企业，任何单位或个人不得将报废汽车出售、赠予或者以其他方式转让给非报废机动车回收企业的单位或者个人。国家鼓励老旧汽车报废更新，并制定了老旧汽车报废更新补贴资金管理办法，符合有关规定的报废汽车所有人可申请相应的资金补贴。
>
> 报废机动车回收企业严禁从事下列活动：
> ① 明知是盗窃、抢劫所得机动车而予以拆解、改装、拼装、倒卖；
> ② 回收没有公安交通管理部门出具的《机动车报废证明》的机动车；
> ③ 利用报废机动车拼装整车。

报废汽车的五大总成是指从报废汽车上拆解下的发动机,前、后桥,变速器,转向机和车架等。国家禁止报废汽车整车及其五大总成流入社会。报废汽车的五大总成应当作为废钢铁,交售给钢铁企业作为冶炼原料。报废机动车回收企业对按有关规定拆解的可出售的配件,必须在配件的醒目位置标明其为报废汽车回用件。

2. 拼装汽车

拼装汽车是指使用报废汽车的发动机,前、后桥,变速器,转向机,车架以及其他零部件组装的机动车辆。国家《报废汽车回收管理办法》第十五条规定,禁止任何单位或者个人利用报废汽车五大总成及其他零配件拼装汽车,禁止已报废汽车整车和非法拼装车上路行驶,禁止各种非法拼装车、组装车进入旧车交易市场交易或者以其他任何方式交易。

《中华人民共和国道路交通安全法》第十六条规定,任何单位或个人不得有下列行为:

① 拼装机动车或擅自改变机动车已登记的结构、构造或特征。
② 改变机动车型号、发动机号、车架号或车辆识别代号。
③ 伪造、变造或使用伪造、变造的机动车登记证书、号牌、行驶证、检验合格标志、保险标志。
④ 使用其他机动车的登记证书、号牌、行驶证、检验合格标志、保险标志。

车主打算变更车身颜色和车身车架,则需向车辆管理所提出申请并获批准。而变更发动机及车辆的使用性质,除需提出申请并获批准外,在变更后还需到车辆管理所办理变更登记手续。

3. 改装汽车

改装汽车有两种基本类型:一是厂家的改装,使用的是经国家鉴定合格的零配件,对原车重新设计、改装;二是消费者自己或委托汽车改装公司在已购买汽车(主要是轿车和越野汽车等)的基础上,做一些外形、内饰和性能的改装。二手车交易市场常讲的改装汽车是指后者。改装汽车与拼装汽车是两个不同的概念,前者是合法的,后者则属违法。由于使用了报废汽车的五大总成及其他零部件,拼装汽车质量得不到保证,不符合国家安全和环保技术检验标准,因此被禁止生产和交易。

一般来说,改装可分为外观、机械、影音等多方面的改装,人类生活进入e时代,汽车改装又增加了一项新内容——智能。《中华人民共和国机动车管理办法》明确规定,机动车不得擅自改装。在车身颜色方面,有3种颜色不能批准:红色(消防专用)、黄色(工程抢险专用)、上白下蓝(国家行政执法专用)。目前机械改装在国内尚未被允许。汽车改装在《中华人民共和国道路交通安全法》里的表述是车辆变更,车辆变更行为是受国家法律法规约束的,随意改装无法顺利通过年检。汽车改装中加装的配置,要另外投保才有效。当前,交管部门对汽车改装的限制依然比较严格,汽车排量、涡轮增压等涉及汽车技术参数部分绝对不能私自改装。汽车的型号、发动机型号、车架号不能改,不能破坏车身结构;改变颜色,更换发动机、车身或者车架的,必须交验汽车;更换发动机、车身或者车架的,还要提交机动车安全技术检验合格证明;车贴面积不能超过车身总面积的30%,超过了就必须去相关部门报批;车的外观不能大幅改动,要求与行驶证

上的照片基本保持一致。另外,交管部门对汽车照明灯功率做了强制性规定,前大灯瓦数不能超过60,如果太强,将通不过年检。

问题6 什么是二手车鉴定评估?

二手车鉴定评估是指由二手车鉴定评估机构或专业评估人员,根据特定的目的,遵循客观经济规律和公正的原则,按照法定的标准和程序,运用科学的方法,对二手车的现时价格进行评定和估算,其核心是估算二手车在某一时间点的价格。从评估过程上来讲,二手车鉴定评估就是对二手车进行手续检查、技术鉴定和价格评估的过程。

由定义可知,二手车鉴定评估主要由6个要素构成,包括评估主体、评估客体、评估目的、评估程序、评估标准和评估方法。其中,评估目的表明为什么要评估二手车,它直接决定估价标准和制约评估方法;评估主体是指二手车的鉴定者和评估的承担者;评估客体是指被鉴定和评估的车辆;评估标准是指评估采用的价格计量标准,是对评估价值的质的规定,它对评估方法的选择具有一定的约束;评估程序是指二手车评估必须遵循的规则程序;评估方法是确定二手车评估值的具体手段与途径,它既受价格计量标准的制约,又要根据实际可用资料来选择。

1. 二手车评估目的

二手车评估的目的是说明为什么要鉴定评估,评估的结果应能够正确地反映车辆的价值及其波动。它是二手车评估业务的基础。具体的目的主要有以下几种。

(1) 车辆交易　车辆交易即二手车的买卖是二手车业务中最常见的一种经济行为。买卖双方对交易价格的期望值是不同的。二手车鉴定估价人员对交易的二手车进行的鉴定估价作为第三方估价,是双方议价的基础,起到协助确定二手车交易成交额的作用,进而协助二手车交易的达成。评估师必须站在公正、独立的立场评估交易车辆,提供评估值,作为买卖双方成交的参考价格。

(2) 车辆置换　随着2005年《汽车贸易政策》的颁布,越来越多的品牌专卖店(4S店)展开以旧换新的转换业务,为使车辆转换顺利,必须对待转换的二手车进行鉴定评估并提供评估值。

(3) 企业资产变更　公司合作、合资、联营、分投、合并、兼并等经济活动牵涉资产所有权的转移。车辆作为固定资产的一部分,自然也存在产权变更的问题,必须评估其价值。

(4) 车辆拍卖　法院罚没车辆、企业清算车辆、海关获得的抵税和放弃车辆、个人或单位的抵债车辆、公车改革的公务用车均经过拍卖市场公开拍卖变现。拍卖前必须评估车辆,为拍卖师提供拍卖的底价。

(5) 抵押贷款　银行为了确保放贷安全,要求贷款人以一定的资产作为抵押,如以在用汽车为抵押物,给予贷款人与汽车价格相适应的贷款。这个抵押物到底值多少钱,也只有经过评估才能确定。因此,需要专业评估人员评估汽车的价格。汽车价格评估值的高低,对贷款人则决定其可申请贷款的额度;对放贷者而言,评估的准确性一定程度上影响着贷款回收的安全性。

(6) 保险　出险车主因车辆损坏从保险公司所获得的赔付额不得超出出险前的车辆价值,故有时必须评估出险前车辆。

（7）司法鉴定 当事人遇到涉及车辆的诉讼时，委托鉴定评估师评估车辆，有助于把握事实真相；法院判决时，可以依据评估结果宣判。这种评估亦由法院委托评估机构进行。此外，评估机构亦接受法院等司法部门或个人的委托鉴定，以及识别走私车、盗抢车、非法拼装车等非法车辆。

（8）修复价格评估 汽车修理厂应根据评估提供的查勘定损清单资料，确定更换部件的名称、数量、金额和修理部件的范围、工时定额及附加费，从而控制事故车辆总的修理费用，防止修理范围任意扩大。

2. 二手车鉴定评估的主体

二手车评估的主体是指二手车评估业务的承担者，即从事二手车评估的机构及专业评估人员。由于二手车评估直接涉及当事人双方的权益，是一项政策性和专业性都很强的工作，所以，无论是对专业评估机构，还是对专业评估人员都有较高的要求。

（1）对二手车评估机构的要求 按照我国1991年11月颁布的《国有资产评估管理办法》第九条的规定，资产评估公司、会计师事务所、审计事务所、财务咨询公司，必须获有省级以上国有资产评估资格证书，才能从事国有资产评估业务。依照原国家计委颁布的《价格评估机构管理办法》设立的价格评估机构有资格对流通中的二手车商品与事故车辆进行鉴定和评估。

依据我国保险监督委员会公布的《保险公估机构管理规定》设立的保险公估机构，也可经营汽车承保前的估价与出险后的估损等相关业务。

（2）对专业二手车评估人员的要求

① 二手车专业评估人员必须掌握一定的资产评估业务理论，熟悉并掌握国家颁布的与二手车交易有关的政策、法规、行业管理制度及有关的技术标准。

② 具有一定的二手车专业知识和实际的检测技能，能够借助必要的检测工具，对二手车的技术状况进行准确的判断和鉴定。

③ 具有较高的收集、分析和运用信息资料的能力及一定的评估技巧。

④ 具备经济预测、财务会计、市场金融、物价、法律等多方面的知识。

⑤ 具有良好的职业道德，遵纪守法，公正廉洁，保证二手车评估质量。

此外，二手车评估的从业人员还需要经过严格的职业资格考试或考核。

3. 二手车鉴定评估的客体

二手车鉴定评估的客体是指被评估的车辆。二手车鉴定评估的一个主要目的，就是在二手车的交易过程中准确地确定二手车价格，并以此作为买卖成交的参考底价。根据《二手车流通管理办法》规定，下列车辆禁止经销、买卖、拍卖和经纪：

① 已报废或者达到国家强制报废标准的车辆；

② 在抵押期间或者未经海关批准交易的海关监管车辆；

③ 在人民法院、人民检察院、行政执法部门依法查封、扣押期间的车辆；

④ 通过盗窃、抢劫、诈骗等违法犯罪手段获得的车辆；

⑤ 发动机号码、车辆识别代号或者车架号码与登记号码不相符，或者有凿改迹象的车辆；

⑥ 走私、非法拼（组）装的车辆；

⑦ 不具有机动车登记证书、机动车行驶证、有效的机动车安全技术检验合格标志、车辆

购置税完税证明、养路费缴付凭证、车船使用税缴付凭证、车辆保险单等证明、凭证的车辆；

⑧ 在本行政辖区以外的公安机关交通管理部门注册登记的车辆；

⑨ 国家法律、行政法规禁止经营的车辆。

二手车交易市场经营者和二手车经营主体发现车辆具有④、⑤、⑥情形之一的，应当及时报告公安机关、工商行政管理部门等执法机关。

对交易违法车辆的，二手车交易市场经营者和二手车经营主体应当承担连带赔偿责任和其他相应的法律责任。

此外，车辆上市交易前，必须先到公安交通管理机关申请临时检验，经检验合格，在其行驶证上签注检验合格记录后，方可交易。

4. 二手车鉴定评估标准

在评估过程中，必须选择一个恰当的评估标准，即评估计价时适用的价值类型。在二手车中，评估的标准有许多种，具体选用哪种，由评估的目的决定。目前二手车评估的标准主要有以下几种。

（1）现行市价标准　以类似被评估车辆在公开市场的交易价格为基础，根据被评估车辆的情况修正，从而确定被评估车辆当前价值的一种二手车评估计价标准。市场经济越发达、资讯越发达，市场上存在的类似车辆越多，也越适合使用现行市价标准。而且，市场中存在的类似车辆越多，应用现行市价标准得到的评估结果的准确度、可信度也越高。现行市价标准是二手车评估中最经常采用的计价标准之一。

（2）重置成本标准　在目前条件下，以按功能重新购置被评估车辆所需的成本来确定被评估车辆价值的一种计价标准。当二手车评估的目的是资产保全或投保时，用此标准比较合适。当市场不够发达，市场上与被评估车辆类似的车辆不多甚至没有而无法运用现行市价标准时，可以采用重置成本标准。

（3）收益现值标准　主要应用于营运车辆的评估，是根据被评估车辆未来将产生的预期收益，按适当的折现率折算成现值，从而评定被评估车辆的当前价值的一种计价标准。收益现值标准一般不用于普通非营运车辆的评估。

（4）清算价格标准　主要用于以企业破产、停业清算、资产抵押为目的的汽车评估。此类评估的一个非常重要的特点是资产需要快速变现。二手车评估的清算价格标准就是以被评估车辆能够实现快速变现的价值为依据，确定被评估车辆现时价值的一种计价标准。因为清算价值一般低于市场价值，所以清算价值标准的运用范围有严格的限制。

5. 二手车鉴定评估原则

二手车鉴定评估的基本原则是对二手车鉴定评估行为的规范。正确理解和把握二手车鉴定评估的原则，对于选择科学、合理的二手车鉴定评估方法，提高评估效率和质量具有十分重要的意义。二手车鉴定评估的原则分为<u>工作原则</u>和<u>经济原则</u>两大类。

（1）工作原则　是评估机构与评估工作人员在评估工作中应遵循的基本原则，包括合法性原则、公平性原则、独立性原则、客观性原则、科学性原则、专业性原则等。

① 合法性原则：二手车鉴定评估行为必须符合国家法律、法规，必须遵循国家对机动车户籍管理、报废标准、税费征收等政策要求，这是开展二手车鉴定评估的前提。

② 公平性原则：公平、公正、公开是二手车鉴定评估机构和工作人员应该遵守的一项最基本的道德规范。要求鉴定评估人员的思想、作风、态度公正无私，评估结果公道、合理，而

决不能偏向任何一方。

③ 独立性原则：要求二手车鉴定评估机构和工作人员依据国家的法规和规章制度及可靠的资料数据，对所评估的二手车价格独立地做出评估结论，且不受外界干扰和委托者的意图影响，保持独立公正；评估行为对于委托当事人应具有非利益关系。评估机构必须是独立的评估中介机构，评估人员必须与评估对象的利益涉及者没有任何利益关系。绝不能既从事交易服务经营，又从事交易评估。

④ 客观性原则：鉴定评估结果应以充分的事实为依据，在鉴定评估过程中的预测推理和逻辑判断等只能建立在市场和现实的基础资料以及现实的技术状态上。

⑤ 科学性原则：二手车鉴定评估机构和人员运用科学的方法、程序、技术标准和工作方案开展活动，即根据评估的基准日、特定目的，选择适用的方法和标准，遵循规定的程序操作。

⑥ 专业性原则：要求二手车鉴定评估工作尽量由专业的鉴定评估机构来承担。同时，还要求二手车鉴定评估行业内部存在专业技术竞争，以便为委托方提供广阔的选择空间，并要求鉴定评估人员接受国家专门的职业培训，经职业技能鉴定合格后由国家统一颁发执业证书，持证上岗。

（2）经济原则　指二手车鉴定评估过程中具体技术处理的原则。它是二手车鉴定评估原则的具体体现，是在总结二手车鉴定评估经验及市场能够接受的评估准则的基础上形成的。主要包括预期收益原则、替代原则、最佳效用原则。

① 预期收益原则：在对运营性车辆评估时，车辆的价值可以不按照其过去形成的成本或购置价格决定，但必须充分知道它在未来可能为投资者带来经济效益。车辆的市场价格，主要取决于其未来的有用性或获利能力。未来效用越大，评估值越高。预期收益原则要求必须合理预测车辆的未来获利能力及取得获利能力的有效期限。

② 替代原则：是商品交换的普遍规律，即价格最低的同质商品具有替代性。据此原理，二手车鉴定评估的替代原则是指，在评估中，面对几个相同或相似车辆的不同价格时，应取较低者为评估值，或者说评估值不应高于替代物的价格。这一原则要求评估人员从购买者角度进行二手车鉴定评估，因为评估值应是车辆潜在购买者愿意支付的价格。

③ 最佳效用原则：若一辆二手车同时具有多种用途，在公开市场评估时，应按照其最佳用途来评估车辆价值。这样既可保证车辆出售方的利益，又有利于车辆的合理使用。

6. 二手车鉴定评估程序

作为一个重要的专业领域，二手车鉴定评估情况复杂、作业量大，应分步骤、分阶段地实施。二手车鉴定评估作业流程如图 1-2-3 所示。

问题 7　二手车及二手车鉴定评估的特点是什么？

作为一类资产，二手车既是生产资料，也是消费资料。作为生产资料是用于生产或经营的车辆，其特征是有明显的价值转移，对产权所有者产生收益，如营运载货车、客车、工厂用于生产的叉车，工程上用于生产的挖掘机等。作为家庭的消费资料是一般家庭中仅次于房产的第二大财产，用于生活和生产服务，以交通代步为主，其特征是没有明显的价值转移，对所有者不产生经济收益，车辆价值随使用年限及使用里程数的增加而消费掉。二手车自身有 3 个特点：

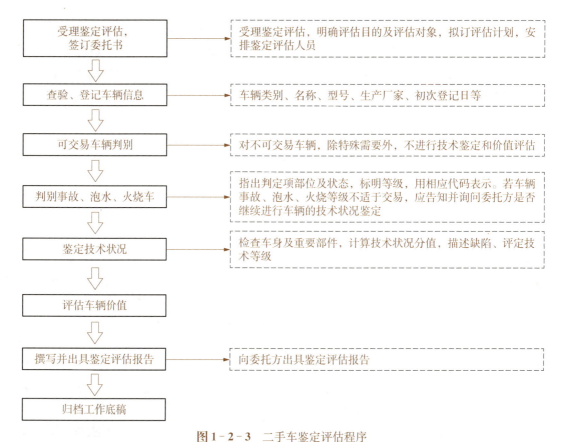

图 1-2-3 二手车鉴定评估程序

① 单位价值大，使用时间长。
② 和房地产一样，有权属登记，使用管理严格，税费附加值较高。
③ 使用强度、使用条件、维护保养水平差异较大，并有较高的技术含量。

二手车有其自身特点，决定了二手车鉴定评估特点。主要特点如下。

(1) 二手车鉴定评估以技术鉴定为基础　由于机动车本身具有较强的工程技术特点，技术含量较高。机动车在长期使用中，由于机件的摩擦和自然力的作用，处于不断磨损的过程中。随着使用里程和使用年数的增加，车辆实体的有形损耗和无形损耗加剧；其损耗程度的大小，因使用强度、使用条件、维修保养等水平差异很大。因此，评定车辆实物和价值状况往往需要通过技术检测等技术手段，鉴定其损耗程度。

(2) 二手车鉴定评估都以单台为评估对象　二手车单位价值相差比较大，规格型号多，车辆结构差异很大。为了保证评估质量，对于单位价值大的车辆，一般都是分整车、分部件、逐台、逐件地鉴定评估。为了简化鉴定评估工作程序，节省时间，对于以产权转让为目的、单位价值小的车辆，也不排除采取"提篮作价"的评估方式。

(3) 二手车鉴定评估要考虑其手续构成的价值　国家对车辆实行"户籍"管理，使用税费附加值高。因此，对二手车进行鉴定评估时，除了估算其实体价值以外，还要考虑由"户籍"管理手续和各种使用税费构成的价值。

项目一 二手车鉴定评估前期准备

> 任务实施

班级		组名	
组员及任务分工	姓名	学号	组内工作任务
接受任务	鹏程车行来了一位客户,想出售自己的车辆。作为评估师,你需要第一时间掌握二手车数据及评估信息,做好为客户讲解二手车评估的相关内容的准备		
信息收集	1. 车辆的17位VIN码经过排列组合,使车型生产在( )年之内不会发生重号现象。 　A. 40　　　　B. 50　　　　C. 20　　　　D. 30 2. 根据VIN编码规则,2005年所对应的年份码是( ) 　A. 3　　　　B. 5　　　　C. A　　　　D. 0 3. 对于车架号"WPOAA2978BL012976",正确的说法是( )。 　A. 2010年,产地:德国　　　　B. 2009年,产地:法国 　C. 2017年,产地:英国　　　　D. 2015年,产地:美国 4. 由市场需求变化而引起的车辆贬值是( )。 　A. 经济性贬值　　　　B. 功能性和经济性贬值 　C. 实体性贬值　　　　D. 功能性贬值 5. 车辆使用一段时间后闲置库场半年多,使得车身钣金件锈蚀,橡胶老化,从而导致的价值损耗为( )。 　A. 经济性贬值　　　　B. 功能性与实体性贬值 　C. 功能性贬值　　　　D. 实体性贬值 6. 一种功能性贬值是由于技术进步引起劳动生产率提高,再生产同样的车辆,所需( )减少,成本降低,从而造成原有车辆贬值。 　A. 劳动时间　　　　B. 车辆运输销售时间 　C. 社会必要劳动时间　　　　D. 装配制造时间 7. 电喷车出来后,使得化油器车发生贬值,这种贬值是( )。 　A. 功能性贬值　B. 各种贬值都有　C. 实体性贬值　D. 经济性贬值 8. 汽车的经济使用寿命的量标行驶总里程是指汽车从投入运行到报废期间累计行驶的里程数,没有反映( )。 　A. 使用性质　　　　B. 运行时间 　C. 使用强度　　　　D. 使用条件和闲置期间的自然损耗 9. 解读 LFPH5ABA2W8004321: 10. 常见的二手车价格估算方法包括( )。 　A. 重置成本法　B. 对比法　C. 现行市价法　D. 清算价格法 11. 常见的评估目的包括( )。 　A. 拍卖　　　B. 置换　　　C. 抵押　　　D. 司法裁决 12. 在对车辆鉴定评估之前,要判断车辆是否为抵押车辆。( )

（续表）

	13. 某鉴定评估师接受法院的委托对一辆公务用车进行鉴定估价。当他发现该车辆是他原工作单位的车辆时，他回避了这次鉴定评估。这位鉴定评估师遵守的工作原则是（　　）。 　　A. 科学性原则　　B. 可行性原则　　C. 客观性原则　　D. 独立性原则 14. 评估时要特别注意价格的时效性，所用资料要能反映（　　）的价格水平。 　　A. 出厂时日　　B. 注册时　　C. 评估基准日　　D. 销售日 15. 以下（　　）不属于二手车评估的主要任务。 　　A. 确定二手车的报废价值　　B. 识别非法车辆 　　C. 确定二手车交易的成交额　　D. 抵押贷款时，为抵押物作价 16. 以下（　　）对二手车评估特点的描述是错误的。 　　A. 评估以单辆为评估对象　　B. 评估可以有很大的随意性 　　C. 二手车评估以技术鉴定为基础　　D. 要考虑附加值 17. 二手车鉴定评估的主体是（　　）。 　　A. 二手车　　B. 评估程序 　　C. 评估师　　D. 评估方法和标准 18. 二手车在非正常市场上的限制拍卖价格遵守的是（　　）。 　　A. 现行市价标准　　B. 清算价格标准 　　C. 重置成本标准　　D. 收益现值标准
任务计划	根据所提供的二手车为客户讲解车辆的配置及鉴定评估的要素：
任务实施	车辆类别： 车辆名称： 车辆工作性质： 车辆报废年限： 车辆生产厂家： 车辆生产日期： 车辆发动机号： 铭牌位于车辆_____位置，铭牌中包括： 查看车辆以下信息： | 长×宽×高	轴距	最小离地间隙	接近角、离去角	前悬后悬
---	---	---	---	---
车身颜色	座位数	前后雨刷器	后备箱容积	前后悬架形式
车灯类型	轮胎规格	驾驶辅助功能	车锁、防盗设备	内部空间
仪表板	燃油型号	音响、视频	座椅形式	油箱容积
功率	最大扭矩	排气量	缸数	驱动方式
安全配置	汽缸排列	涡轮增压	燃油供给方式	最高车速
变速方式	改装情况	舒适配置	个性设计	驾驶模式	 记录： 评估程序：

（续表）

	评分标准	好	一般	有待改良
评价标准	实训准备（10分）	小组分工明确，能够事先精心准备任务内容	能够做必要的准备，但不够充分	分工不够明确，事先无准备
	知识运用（10分）	能够熟练、自如地运用所学知识分析且分析卓有成效	小组讨论认真，所学知识运用得不是很准确，个别组员不积极	不能运用所学知识分析实际问题
	成果质量（10分）	能够准确检查，描述正确	能够准确检查，描述基本正确	未在规定时间完成检查
	学习态度（10分）	热情高，干劲足，态度认真，能够出色地完成任务	有一定热情，基本能够完成任务	敷衍了事，不能完成任务
任务评价	教师评语：（根据工作单填写情况、语言表达、态度及沟通技巧等方面，按等级制给出成绩） 实训记录成绩：　　　　　　　　　　　　　　　　教师签字： 　　　　　　　　　　　　　　　　　　　　　　　日　　期：			

项目二

【二手车鉴定评估】

合 法 性 鉴 定

项目说明

二手车鉴定评估时,首先要完成业务洽谈,填写二手车鉴定评估委托书,拟定评估作业方案。然后,鉴定二手车合法性,检查卖方的证件、单据是否齐全,车辆的合法性鉴定没有通过,接下来的技术状况鉴定、价值评估也就没有了必要。

学习导航

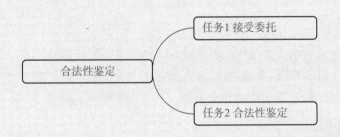

任务1 接受委托

学习目标

知识目标
1. 了解签订委托书的必要性；
2. 掌握委托书的基本元素。

能力目标
1. 能够独立与客户洽谈，并签订委托书。

思政目标
编制评估委托书，记录、解读车辆信息代码；通过代码验证，完成车辆信息真实性的审核，养成踏实工作、认真负责的职业素养。

情境导入

接受委托是二手车鉴定评估的第一步。在洽谈中，了解车主单位（或个人）的基本情况、评估目的、评估对象的基本情况后，决定是否接受委托。如果不接受委托，应说明原因；客户如对交易有不清楚的地方，应该接受其咨询，耐心地解答和指导；如果接受委托，就要签订二手车鉴定评估委托书，并做出评估作业方案。

任务描述

刘先生来店要求评估大众2014款1.8TSI DSG尊荣版帕萨特车辆。二手车鉴定评估师小王了解了车主基本情况、车辆情况、委托评估的意向、时间要求等情况后，接受车主刘先生的委托，签证委托书，并做出评估作业方案。

任务准备

问题1 业务洽谈包括哪些内容？

<u>业务洽谈</u>是二手车鉴定评估的第一项工作，也是一项重要的日常工作。业务洽谈工作的好坏直接影响二手车鉴定评估机构的形象和信誉，也是企业生存的基础。因此，二手车鉴定评估人员应该重视并做好业务洽谈工作。通过业务洽谈，应该初步了解下述情况：

（1）车主单位（或个人）的基本情况　<u>车主</u>即机动车所有人指拥有车辆所有权的单位或个人。了解洽谈的客人是否是车主，只有车主才有车辆处置权。

（2）评估目的　在接受委托前需要明确客户的评估目的，根据评估目的选择合适的评估方法，确定二手车的评估值。

（3）评估对象及其基本情况　了解车辆的以下信息：

① 二手车类别：属于乘用车、商用车还是摩托车。

② 二手车厂牌型号、生产厂家、燃料种类、出厂日期。

③ 二手车管理机构初次注册登记的日期、已使用年限、行驶里程。

④ 二手车来历：首次交易车辆或再次交易车辆，走私罚没车或捐赠的免税车。
⑤ 车籍：车辆牌证发放地。
⑥ 使用性质：是公务用车、私用车，还是专业运输车或是出租营运车。
⑦ 各种证件、税费等：是否齐全，是否每年年检，是否购买过保险。
⑧ 事故情况：有无发生过事故；如果有，事故的位置、更换的主要部分和总成情况。
⑨ 现时技术状况：发动机异响、排烟、动力、行驶等情况。
⑩ 大修情况：有无大修，大修次数等。
⑪ 选装件情况：是否加装音响、真皮座椅、桃木内饰等选装件，与基本配置的差异等。

问题 2 业务洽谈应遵循哪些原则？

① 接待客户时，要清晰、完整、快速、确切地表达意见和意思。
② 洽谈中，要加强控制自己的话语表达，不能出现音调、音量失控的情况。
③ 体态要端正，手势要与说话的语速、语调、音量密切配合，不能出现脱节的情况。
④ 与客户的距离要保持在 1～1.5 m，视线接触对方脸部的时间应占全部谈话时间的 30%～60%。
⑤ 着装要合体、合时，装饰要适当，化妆应自然。
⑥ 与客户电话交谈时，要认真做好记录，使用礼貌词语。
⑦ 与客户业务洽谈应主要了解车主的基本情况、车辆情况、委托评估的意向、时间要求等。
⑧ 与客户签订二手车鉴定评估委托合同时，要认真填写合同中反映双方各自的权利责任、义务以及违约责任的相关内容。
⑨ 涉及国有资产占有单位的二手车鉴定评估业务，应由委托方提供国有资产管理部门关于评估立项申请的批复文件，经核实后，方能接受委托和签署委托合同。

问题 3 二手车鉴定委托有哪些要求？

<u>二手车鉴定评估委托书</u>又称为二手车鉴定评估委托合同，是指二手车鉴定评估机构与法人、其他组织或自然人为实现二手车鉴定评估的目的，明确相互权利义务关系所订立的协议。二手车鉴定评估委托合同是受托方与委托方对各自权利、责任和义务的协定，是一项具有经济合同性质的契约。二手车鉴定评估委托书必须符合国家法律、法规和资产评估业的管理规定。涉及国有资产占有单位要求申请立项的二手车鉴定评估业务，应由委托方提供国有资产管理部门关于评估立项申请的批复文件，经核实后，方能接受委托，签署委托书。二手车鉴定评估的前期准备工作主要包括业务洽谈、实地考察、签订二手车鉴定评估委托书和拟订鉴定评估作业方案等。与客户洽谈的主要内容有车主基本情况、车辆情况、委托评估的意向和时间要求等。其中，车辆情况主要内容见表 2-1-1。

表 2-1-1 可交易车辆判别表

序号	检查项目	判别
1	未达到国家强制报废标准	Y 是　N 否
2	在未抵押或海关监管期间	Y 是　N 否

(续表)

序号	检 查 项 目	判别
3	非人民法院、检察院、行政执法等部门依法查封、扣押期间的车辆	Y是　N否
4	非通过盗窃、抢劫、诈骗等违法犯罪手段获得的车辆	Y是　N否
5	发动机号与机动车登记证书登记号码一致,且无凿改痕迹	Y是　N否
6	车辆识别代号(VIN码)或车架号码与机动车登记证书登记号码一致,且无凿改痕迹	Y是　N否
7	非走私、不是非法拼组装车辆	Y是　N否
8	非法律法规禁止经营的车辆	Y是　N否

注意:

(1) 如发现表2-1-1检查项目任何一项判别为N,应告知委托方,不需继续进行技术鉴定和价值评估(司法机关委托等特殊要求的除外)。

(2) 发现法定证明、凭证不全,或者表2-1-1中第1项、4项至8项任意一项判断为N的车辆,及时报告公安机关等执法部门。

(3) 对相关证照齐全、表2-1-1检查项目全部判别为Y的,或者司法机关委托等特殊要求的车才可以签署二手车鉴定评估委托书。

问题4 如何书写委托书?

二手车鉴定评估委托书应写明:

① 委托方和评估机构的名称、住所、工商登记注册号、上级单位、鉴定评估资格类型及证书编号;

② 评估目的、评估范围、被评估车辆的类型和数量、评估工作起止时间、评估机构的其他具体工作任务;

③ 委托方须做好的基础工作和配合工作;

④ 评估收费方式和金额;

⑤ 反映评估业务委托方和评估机构各自的责任、权利、义务以及违约责任的其他具体内容。

二手车鉴定评估业务委托书必须符合国家法律法规和汽车鉴定评估行业管理规定,并做到内容全面、具体,含义清晰、准确。涉及国有资产占有单位的汽车鉴定评估项目,应由委托方按规定办妥有关手续后再进行评估业务委托。

委托书参考样板如下:

二手车鉴定评估委托书(示范文本)

委托书编号:_____
委托方名称(姓名):　　　　　　　　　鉴定评估机构名称:
法人代码证(身份证):　　　　　　　　　法人代码证:
委托方地址:　　　　　　　　　　　　　鉴定评估机构地址:
联系人:　　　　　　　　　　　　　　　联系人:
电话:　　　　　　　　　　　　　　　　电话:

因□交易　□典当　□拍卖　□置换　□抵押　□担保　□咨询　□司法裁决　□其他_____需要,委托人与受托人达成委托关系,为号牌号码_____、车辆类型_____、车辆识别代号 VIN/车架号_____的车辆进行技术状况鉴定并出具评估报告书,____年____月____日前完成。

附:委托评估车辆基本信息

车辆情况	厂牌型号		使用用途	□营运 □非营运	
	载重量/座位/排量		燃料种类		
	初次登记日期	年　月　日	车辆颜色		
	已使用年	年　　个月	累计行驶里程(万公里)		
	大修次数	发动机(次)		整车(次)	
	维修情况				
	事故情况				
价值反映	购置日期		原始价格		
	车主报价(元)				

备注:

说明:
1. 委托方保证所提供的资料客观真实,并负法律责任。
2. 仅对车辆鉴定评估。
3. 评估依据:《机动车运行安全技术条件》(GB 7258—2017)、《二手车鉴定评估技术规范》(GB/T 30323—2013)等。
4. 评估结论仅对本次委托有效,不可用作其他用途。
5. 鉴定评估人员与有关当事人没有利害关系。
6. 委托方如对评估结论有异议,可于收到《二手车鉴定评估报告》之日起 10 日内向受托方提出,受托方应给予解释。

委托方:(签字　盖章)　　　　　　　　受托方:(签字　盖章)
　　年　　月　　日　　　　　　　　　　　年　　月　　日

问题5　填写委托书注意事项有哪些?

① 委托书编号一般以日期为前 8 位数,后面的数字以评估机构的鉴定评估数量为范围。例如,编号 20231021658 的意思为 2023 年 10 月 21 日第 658 号车辆,658 号即从 2023 年 1 月 1 日起鉴定第一台车开始记录的第 658 台车。

② "载重量/座位/排量"项中一般乘用车记录座位/排量,商用车记录载重量/座位。

③ 任何二手车都涉及以下几个时间:

制造日期:是车辆的制造日期,在车辆的铭牌上有显示。

销售日期:也叫购置日期,在车辆发票上显示。

注册登记日期:是机动车首次上牌的日期,在机动车登记证书和机动车行驶证上体现。

评估基准日：评估标的车辆在评估完成并给出相关报告的日期或委托人指定的评估日期。

已使用年限：是评估基准日与注册登记日期之间的时间，一般计算到月。

例如，注册登记日期为 2015.5.25，评估基准日为 2023.10.28，则已使用年限为 8 年 6 个月。

④ "车辆颜色"项中如果车辆颜色始终如一，就正常填入，如果车辆更换了颜色，此项应填为"现颜色/出厂颜色"。

⑤ 填写委托书需要评估双方共同签字确认。

⑥ 所填写内容保证真实。

⑦ 若为个人车辆委托，需要车主签字；若为公有车辆委托，需加盖公章。

⑧ 委托书中注明评估时间。

问题 6 拟定评估作业方案应注意些什么？

鉴定评估作业方案是二手车鉴定评估机构根据二手车鉴定评估委托书的要求而制定的规划和安排。二手车鉴定评估机构要根据评估项目的规模大小、复杂程序、评估目的拟定评估作业方案。二手车鉴定评估人员执行评估业务时，应该按照鉴定评估机构编制的作业方案，合理安排工作，保证在预计时间内完成评估项目。其主要内容包括评估目的、评估对象和范围、评估基准日、安排具有鉴定评估资格的评估人员及协助评估人员工作的其他人员、现场工作计划、评估程序、评估具体工作和时间安排、拟采用的评估方法及其具体步骤等。确定鉴定评估方案后，下发二手车鉴定评估作业表，然后开展鉴定评估工作。

二手车鉴定评估人员应当重点考虑以下因素：

① 被评估车辆的基本情况和评估目的；

② 评估风险、评估业务的规模和复杂程度；

③ 相关法律、法规及宏观经济近期发展变化对评估对象的影响；

④ 被评估车辆的结构、类别、数量、分布；

⑤ 与评估有关的资料的齐备情况及变现的难易程度；

⑥ 评估小组成员的业务能力、评估经验及其优化组合；

⑦ 对专家及其他评估人员的合理使用。

项目二 合法性鉴定

任务实施

班级		组名	
组员及任务分工	姓名	学号	组内工作任务
接受任务	刘先生来店要求评估大众2014款1.8TSI DSG尊荣版帕萨特车辆。二手车鉴定评估师小王了解了车主基本情况、车辆情况、委托评估的意向、时间要求等情况后,接受了车主刘先生的委托。请完成委托书并拟定评估作业方案		

信息收集	1. 与客户洽谈的距离要保持在( )m。
	   A. 1～1.8 B. 1～1.5 C. 0.5～1 D. 1.5～2
	2. 该车的注册登记日期是2019年8月,评估基准日为2023年12月,已使用年限为( )。
	   A. 41个月 B. 4年5个月 C. 4年4个月 D. 4年6个月
	3. 出厂时颜色为白色,使用2年后全车喷成红色车漆,在委托书中应填写( )。
	   A. 红色 B. 白色 C. 红色/白色 D. 白色/红色
	4. 签订二手车评估委托书时,需要填写的信息包括( )。
	   A. 车辆VIN码 B. 委托人签字 C. 车辆行驶里程 D. 经办人签字
	5. 在对车辆进行鉴定评估之前,要判断车辆是否为抵押车辆。( )
	6. 在查验车辆基本信息时,要记录车辆的出厂日期、行驶里程等,而车辆性质不需要关注。( )		

任务计划			
任务实施	**二手车评估委托书** 委托书编号:_____ 委托方名称(姓名):　　　　　　　　鉴定评估机构名称: 法人代码证(身份证):　　　　　　　　法人代码证: 委托方地址:　　　　　　　　　　　　鉴定评估机构地址: 联系人:　　　　　　　　　　　　　　联系人: 电话:　　　　　　　　　　　　　　　电话: 因□交易　□典当　□拍卖　□置换　□抵押　□担保　□咨询　□司法裁决　□其他_____需要,委托人与受托人达成委托关系,为号牌号码_____、车辆类型_____、车辆识别代号VIN/车架号_____的车辆进行技术状况鉴定并出具评估报告书,_____年_____月_____日前完成。		

2-7

(续表)

附：委托评估车辆基本信息

车辆情况	厂牌型号		使用用途	□营运 □非营运
	载重量/座位/排量		燃料种类	
	初次登记日期	年　月　日	车辆颜色	
	已使用年	年　　个月	累计行驶里程（万公里）	
	大修次数	发动机（次）	整车（次）	
	维修情况			
	事故情况			
价值反映	购置日期		原始价格	
	车主报价(元)			

备注：

说明：
1. 委托方保证所提供的资料客观真实，并负法律责任。
2. 仅对车辆鉴定评估。
3. 评估依据：《机动车运行安全技术条件》(GB 7258)、《二手车鉴定评估技术规范》(GB/T 30323)等。
4. 评估结论仅对本次委托有效，不可用作其他用途。
5. 鉴定评估人员与有关当事人没有利害关系。
6. 委托方如对评估结论有异议，可于收到《二手车鉴定评估报告》之日起10日内向受托方提出，受托方应给予解释。

委托方：(签字　盖章)　　　　　　　　　　　　受托方：(签字　盖章)
　　年　月　日　　　　　　　　　　　　　　　　　年　月　日

评估作业方案：

评价标准	评分标准	好	一般	有待改良
	实训准备（10分）	小组分工明确，能够事先精心准备任务内容	能够做必要的准备，但不够充分	分工不够明确，事先无准备
	知识运用（10分）	能够熟练、自如地运用所学知识分析且分析卓有成效	小组讨论认真，所学知识运用得不是很准确，个别组员不积极	不能运用所学知识分析实际问题
	成果质量（10分）	能够准确检查，描述正确	能够准确检查，描述基本正确	未在规定时间完成检查
	学习态度（10分）	热情高，干劲足，态度认真，能够出色地完成任务	有一定热情，基本能够完成任务	敷衍了事，不能完成任务
任务评价	教师评语：(根据工作单填写情况、语言表达、态度及沟通技巧等方面，按等级制给出成绩)			
	实训记录成绩：		教师签字： 日　　期：	

任务2　合法性鉴定

学习目标

知识目标

1. 了解二手车市场中存在的非法车辆；
2. 熟悉二手车交易过程中的合法证件和税费；
3. 掌握二手车合法证件和税费的鉴定方法。

能力目标

1. 能够根据交易目的检查二手车交易证件及税费；
2. 能够正确判定车辆合法性。

思政目标

通过二手车合法性鉴定的学习和实践，掌握国家法律、法规、政策，树立法治意识，坚持有法必依的职业理念。

情境导入

二手车交易前，首先要检查卖方的证件、单据是否齐全。如果交易二手车必备的证件和单据不齐全，车辆的合法性没有完成鉴定，接下来的外观检查、鉴定估值也就没有了必要。因为手续不齐全的二手车是绝对不能过户交易的。

任务描述

李先生有一辆家用轿车想出售，欲委托鉴定评估机构鉴定。鉴定评估机构需要他提供车辆的相关证件和单据，并对其提供的材料进行识伪检查，确认车辆是否合法。

任务准备

问题1　委托人身份合法性鉴定需要看哪些项目？

（1）车主　车辆所有者，具有车辆处置权，从机动车登记证书及机动车行驶证书中可以看出。

（2）代理人/委托人　指自然人根据代理契约、授权书或口头约定，向被代理者收取一定佣金（或者免费），全权或在一定的授权范围内，代表被代理人或者授权单位，在代理期限行使被代理者的权力，完成相关的使命或者任务。

二手车交易过程中，委托人的种类主要有：车主委托亲戚朋友或二手车经纪公司等机构进行车辆交易，单位名下的车辆指派某人代理车辆的交易及过户。鉴定身份的合法性分为以下两种。

1. 车主本人鉴定

对于车主本人交易的，需要注意，车辆的行驶证和登记证与车主的身份证应相符；然后，确定身份证的照片与交易人是否一致，来判断是否是车主本人交易。

在二手车的交易中,总会有不法分子伪造证件。可通过如下方法来判断身份证的真伪:在一般的光线下,平视第二代身份证表面,表面上的物理防伪膜是无色透明的;适当上下倾斜身份证,便会观察到证件的左上方有一个变色的长城图案,呈橙绿色;用左眼和右眼分别观察,身份证上的长城图案颜色会变化;将身份证旋转90°(垂直方向),观察到的长城图案呈蓝紫色。

2. 委托人鉴定

在二手车交易中,由于某种原因车主不能亲自交易时,就需要委托他人代理。对委托人代理交易的,需要检查的内容有:委托书;车主为个人时,需要出示身份证复印件,车主为组织机构时,需要提供组织机构代码证复印件及资产处置证明;委托人身份证。委托书是委托他人代表自己行使自己的合法权益,被委托人在行使权力时需出具委托人的法律文书。委托书需要说明车主身份信息及委托缘由、被委托人的身份信息,双方须签字。

问题2 需要检查车辆的哪些证件?

二手车的证件是否齐全,关系到被评估车辆身份是否合法。在实际交易鉴定中,有些车辆的证件存在造假情况,这也是需要认真查验的重要原因。因此,检查并核对车辆证件是非常重要的程序,它能有效预防非法车辆的交易评估,防止交易纠纷,减少经营风险。

根据《二手车流通管理办法》,二手车交易必须提供机动车来历凭证、机动车行驶证、机动车登记证书、机动车号牌、道路运输证和机动车安全技术检查合格标志等法定证件。

重点检查的证件有:
① 机动车来历凭证,主要指全国统一的机动车销售发票或二手车交易发票;
② 车辆登记机关(车管所)核发的允许车辆上路行驶的中华人民共和国机动车行驶证;
③ 由车管所核发的车辆权属的中华人民共和国机动车登记证书。

1. 机动车来历凭证

机动车来历凭证包括新车来历凭证和二手车来历凭证,如图2-2-1所示。

新车来历凭证是指国家工商行政管理机构验证盖章的机动车销售发票。其中,没收的走私、非法拼装汽车和摩托车的销售发票是国家指定的机动车销售单位的销售发票。二手车来历凭证是指国家工商行政管理机关验证盖章的二手车交易发票。

除此以外,还有人民法院调解、裁定或者判决转移的机动车,其来历凭证是人民法院出具的已经生效的调解书、裁定书、判决书以及相应的协助执行通知书;仲裁机构裁决转移的机动车,其来历凭证是仲裁裁决书和人民法院出具的协助执行通知书;继承、赠予、中奖、协议离婚和协议抵偿债务的机动车,其来历凭证是继承、赠予、中奖、协议离婚、协议抵偿债务的相关文书和公证机关出具的公证书;资产重组或者资产整体买卖中包含的机动车,其来历凭证是资产主管部门的批准文件;机关、企业、事业单位和社会团体统一采购并调拨到下属单位未注册登记的机动车,其来历凭证是机动车销售统一发票和该部门出具的调拨证明,被上级单位调回或者调拨到其他下属单位的机动车,其来历凭证是上级单位出具的调拨证明;经公安机关破案发还的被盗抢且已向原机动车所有人理赔完毕的机动车,其来历凭证是保险公司开具的权益转让证明书。

 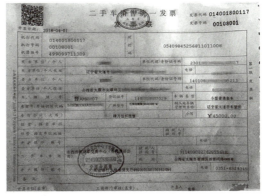

图 2-2-1 机动车来历凭证

对机动车来历凭证,应查验以下内容:

① 销售统一发票要清楚显示购车人姓名、身份证号、车辆类型和型号、合格证号、发动机号、车架号、购车单价、销售单位公章、工商行政管理部门的公章;

② 要认真检查机动车行驶证上的车主姓名同原始发票是否一致;

③ 过户票据要清楚地显示买卖双方的姓名、住址、身份证号、车牌号、车辆类型、车架号、品牌、登记证号以及交易价格,要有过户票据出票单位及公章、工商行政管理部门的公章;

④ 要认真检查发票是否有工商验证章。

从机动车来历凭证可以看出车主购置车辆的日期和原始价值。机动车原值是二手车鉴定评估的评估参数之一。从目前状况看,由于二手车鉴定评估没有统一的、科学的定价标准,故二手车交易凭证不能反映车辆购置日期的重置成本。

2. 机动车行驶证

机动车行驶证是由公安车辆管理机关依法对机动车辆进行注册登记核发的证件,它是机动车取得合法行驶权的凭证,如图 2-2-2 所示。农用拖拉机由当地公安交通管理部门委托农机监理部门核发合法证件。机动车行驶证是机动车上路行驶必须携带的证件,也是二手车过户、转籍必不可少的证件,需要认真查验并检查其真伪。

中华人民共和国公共安全行业标准 GA 37—2008《中华人民共和国机动车行驶证》规定,对于机动车行驶证应完成以下检查:

(1) 检查外观　行驶证证夹外表手感柔软,外形规整挺括,折叠后不错位;外表无气泡,颜色均匀,压印字清晰无边刺;证夹外皮为蓝色人造革。

(2) 检查内插　插页和内皮透明无裂纹,内外皮封口牢固、均匀、无错位,证卡应能轻松地插入和取出;在温度 －50～60℃ 的环境下无开裂、脆化、软化等现象;插页及内皮为透明无色塑料。

(3) 检查文字　正面压字"中华人民共和国机动车行驶证",其中"中华人民共和国"字体为 16 pt 宋体,"机动车行驶证"字体为 34 pt 长宋体。

(4) 检查规格　折叠后长度为 (102 ± 1) mm,宽度为 (73 ± 1) mm,圆角半径为 (4 ± 0.1) mm。

(5) 检查证芯　正常情况下行驶证的照片都是在指定地点拍摄,清晰,效果较好。若发

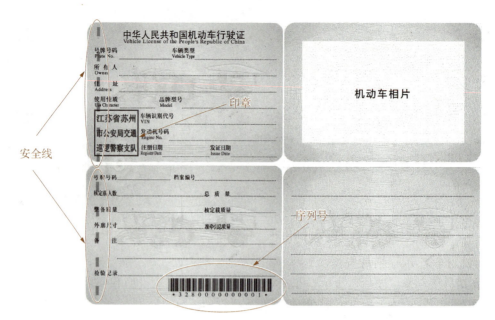

图 2-2-2 机动车行驶证主、副页正反面样本

现照片模糊、拍摄地点和方向有出入,须引起注意。

证芯主页正面文字颜色为黑色。"中华人民共和国机动车行驶证"字体为 12 pt 黑体,位置居中;上有"号牌号码""车辆类型""所有人""住址""使用性质""品牌型号""发动机号码""车辆识别代号""注册日期""发证日期"等文字。副页正面文字颜色为黑色。上有"号牌号码""档案编号""核定载人数""总质量""整备质量""核定载质量""外廓尺寸""准牵引总质量""备注""检验记录"等文字。

证芯主副页正面左右两侧底纹颜色为蓝色,中间底纹颜色为渐变红色,背面底纹颜色为蓝色。证芯中部底纹是浮雕马车图案。证芯下部横条纹使用 8 倍以上放大镜观察,可发现横条纹微缩文字"VEHICLELICENSEOFTHEPEOPLE'SREPUBLICOFCHINA"。

(6) 检查序列号 行驶证证芯序列号如图 2-2-2 所示。证芯序列号由 13 位阿拉伯数字组成,用一维条码表示。是证芯唯一性的编号,区分有效证件。根据编号建立数字化核查系统,精确管理。

(7) 全息图文 机动车行驶证塑封套有全息图文,如图 2-2-3 所示,由平安结、指路标志、机动车等图案和"中国 CHINA"和"行驶证 VEHICLE LICENSE"等字样构成。平安结中心几何图形颜色在蓝紫色和草绿色之间变化;沿水平轴上下转动行驶证到 45°位置,观察行驶证的光线反射,平安结中间方形图案的颜色为草绿色,菱形图案的颜色为蓝紫色;当证件旋转 90°后,平安结图案中间正方形变为蓝紫色,菱形变为黄绿色。

平安结上下、左右位置居中,定位中心偏差应小于 1.5 mm。指路标志内有不同的车型和车型轮廓,左侧转向箭头内是公交车;右侧转向箭头内共有两个车辆防伪标识,上方为货车,下方为轿车。塑封套下方有一排红绿灯,共 17 个,其中第 4、9、14 个分别为行、驶、证字样,其他红绿灯上下翻动时会产生镭射颜色变化。

在行驶证的左上角,随着行驶证的转动,依次出现"中国""行驶证"和"CHINA""VEHICLE LICENSE"。动态景深文字,不同角度会出现不同效果。

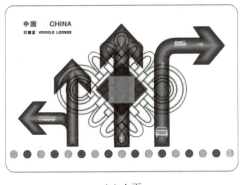

(a) A 页　　　　　　　　　　　　　　(b) B 页

图 2-2-3 机动车行驶证塑封套全息图文

马车图案发黄绿色荧光,波浪线、"机动车行驶证"和"VEHICLE LICENSE"字样发红色荧光。

(8) 安全线　和人民币一样,行驶证正副页有彩色开窗安全线,如图 2-2-2 所示。

(9) 印章　印章文字自左向右横向多排排列,内容是:省(自治区、直辖市)刊"××省(自治区、直辖市)公安厅(局)交通巡逻警察总队(交通管理局)",市(地、州、盟)刊"××省(自治区)××市(地、州、盟)公安局交通巡逻警察支队(交通管理局)"。证件专用章为正方形,规格为 20 mm×20 mm,框线宽为 0.5 mm。使用的汉字为国务院公布的简化汉字,字体为 10.5 pt 宋体。民族自治地方可以根据本地区实际情况附加本民族的文字。颜色为红色,使用红色紫外荧光防伪油墨印刷。

注意　证件专用章特殊字体字符及专用章边框位置有微缩文字。

通过以上方法可以有效鉴别行驶证的真伪。在实际检查过程中还需要做以下审核:核对车主姓名与车主身份证姓名是否一致;核对车辆号牌号码与机动车行驶证是否一致;注意机动车行驶证上的年审日期,如果年审已过期,必须年审后才能过户;在查违章的同时可以查到年审到期日,要核对和机动车行驶证的到期日是否一致,有可能是委托外地年审的车辆或是没办完验车手续的车辆。

3. 机动车登记证书

机动车登记证书由公安车辆管理部门核发和管理,是机动车的"户口本"和所有权证明。所有机动车的详细信息及机动车所有人的资料都记载在上面。证书上记载的原始信息发生变化时,机动车所有人应携带机动车登记证书到车管所进行变更登记,如图 2-2-4 所示。机动车登记证书检查包括:

① 证书纸张表面光滑,纸张质量好,印刷清晰,墨色均匀,数字均使用专用公安部加密字体,比如 0,中间有一条起伏的横杠;5 的横为曲线,不是直线。

② 机动车登记证书编号在绿色封皮的大本"机动车登记证书"内页右上方的条形码下方。

③ 机动车登记证书中缝线由荧光材料制作,使用普通验钞用紫外线灯光照射即可发光。最后一页"重要提示"处,登记证书编号同样为荧光材料。

④ 机动车登记证书右下角盖章均为车管所证件专用章,尺寸固定,过大或过小均为

假章。

⑤ 机动车登记证书的最后一页正上方有蓝色纹路图案,里面能看到4个字"重要提示"。如果将这个区域抬起来和目光平齐,左右、上下轻微转动,就会发现这4个字的叠影中出现了3个字"公安部",这也是一个重要的防伪标志。

图2-2-4 机动车登记证书

一些评估参数必须从机动车登记证书获取,如使用性质的确定等。因此,应详细检查机动车登记证书,核对每个项目的内容及其变更情况,主要有:

① 核对机动车所有人是否曾为出租车公司或租赁公司;

② 核对登记日期和出厂日期,是否时间跨度很大;

③ 核对进口车是否为海关进口或海关罚没;

④ 核对使用性质是非营运、营运、租赁或营转非。机动车使用性质主要有公路客运、公交客运、出租客运、旅游客运、租赁、货运、非营运、警用、消防、救护、工程抢险、营转非和出租营转非等多种;

⑤ 核对登记栏内容,是否注明该车已被抵押;

⑥ 对于货运车辆,应核对长、宽、高、轮距、轴距和轮胎的规格是否一致,核对钢板弹簧片数是否一致或有加厚的现象;

⑦ 核对现机动车登记证书持有人与委托人是否一致。

4. 机动车号牌

图2-2-5 机动车号牌

机动车号牌是由公安车辆管理机关依法对机动车辆进行注册登记核发的号牌,和机动车行驶证一同核发,其号牌字码与行驶证号牌一致,如图2-2-5所示。公安交通管理机关严禁无号牌的机动车辆上路行驶,机动车号牌严禁转借、涂改和伪造。机动车牌照检查包括:

① 牌照正面的4类防伪标志分别是牌照厂代码、所在省份文字、所在省份地图标志(有些没有省份地图标识)及反光膜防伪标志。检查牌照正面防伪标识是否齐全、完整,这是既快速又高效的识别牌照真伪的方法。

② 牌照背面一般都有当地车牌制作厂家的防伪喷码,黑色。假牌照不会有。拆下车牌,观察牌照的背面有无制作厂家的防伪喷码。

③ 用手触摸车牌,尤其是触摸号牌周边棱角处。假牌并非一次成型,假牌上的字体边缘会留有棱角,即使打磨过也有痕迹。拆下车牌,查看有无敲打过的痕迹。

5. 道路运输证

道路运输证(俗称营运证)是证明营运车辆合法经营的有效证件,也是记录营运车辆审验情况和对经营者奖惩的主要凭证。道路运输证必须随车携带,在有效期内全国通行。主证和副页必须齐全,编号必须相同,骑缝章必须相合,填写的内容必须一致。否则,视为无效营运证。现有的道路运输证有纸质和IC卡两种,如图2-2-6所示。

(a) 纸质

(b) IC卡

图2-2-6 道路运输证

6. 机动车安全技术检验合格标志

机动车安全技术检验合格标志如图2-2-7所示,一般贴在机动车前挡风玻璃右上角,但自2020年6月之后,经过一段时间的试点,已经在全国推行了车辆检验合格标志电子化,车辆年检标志可以不贴。全国推行年检标志电子化之后,只需要领取电子版的检验合格标志,在遇到检查时,出示电子版检验合格标志即可。

图2-2-7 机动车安全技术检验合格标志

问题3 需要核查车辆哪些税费?

1. 车辆购置税

《中华人民共和国车辆购置税暂行条例》(已废止)规定从2001年1月1日起,我国征收车辆购置税,取代车辆购置附加费。由国家税务局征收,资金由交通部门按照国家有关规定统一安排使用。车辆购置税的征收标准是按车辆计税价的10%计征。在取消消费税后,购置税是购买车辆后最大的一项费用。车辆购置税完税证明的样式如图2-2-8所示。

一些特殊购车单位和专用车辆的车辆购置税可减免,车辆购置税完税证明上均有说明。完税(包括减税)车辆需加盖"车辆购置税征税专用章",免税车辆需加盖"车辆购置税免税专用章"并加盖征收机关公章。

机动车购置税检查包括：

① 若购置税凭证丢失，首先要去购置税征稽处确认有无底档及是否是免税车，如果不是免税车需要补交购置税。

② 无购置税凭证，须补办后再付款。

③ 补办购置税凭证要先到购置税征稽处指定的报社去登报挂失，领取报纸后凭报纸补办。

2. 机动车保险费及车船使用税

交强险全称是机动车交通事故责任强制保险，如图2-2-9所示。伪造的交强险保单、未投保交强险及交强险过期的二手车均不能过户交易，因此需要查询交强险。汽车的交强险保单是有防伪设计的，可以通过以下3方面来识别：

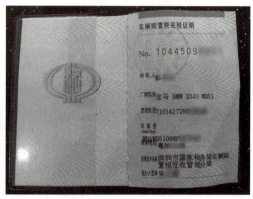

图2-2-8 车辆购置税完税证明

① 保险单有立体的轿车和货车图案浮雕底纹，所以摸上去感觉不平整；

② 保险单的微缩文字印刷十分清晰，放大后很容易辨认；

③ 保险单上部分关键字使用防伪油墨印刷。

真的机动车保险单由中国保险监制部门统一监制，并且不同保险公司保单的光栅效果也会根据不同公司的徽章以及简写有所区别。如果想要快捷、准确无误地知道保单的真实性，可以拨打保险公司的咨询电话查询保单记录。

凡在中华人民共和国境内拥有车船的单位和个人，都应该依照规定缴纳车船使用税。车项税收按年征收，分期缴纳，由保险公司代收，完税证明如图2-2-9所示。

图2-2-9 机动车保险费及车船使用税

● 任务实施

班级		组名	
组员及 任务分工	姓名	学号	组内工作任务
接受任务	李先生有一辆家用轿车想出售,欲委托鉴定评估机构进行状况鉴定。鉴定评估机构需要他提供车辆的相关证件和单据,并对其提供的材料进行识伪检查,确认车辆是否合法,特别需要注意是否是**特殊车辆**		
信息收集	1. 二手车交易必须提供(　　)。 　A. 机动车来历凭证、机动车行驶证、机动车登记证书、机动车号牌、道路运输证和机动车安全技术检查合格标志等法定证件 　B. 机动车来历凭证、机动车行驶证、机动车登记证书 　C. 机动车号牌、道路运输证 　D. 机动车行驶证、机动车登记证书、机动车号牌 2. 车辆购置税的征收标准一般是车辆价格的(　　)左右。 　A. 5%　　　　　B. 15%　　　　　C. 20%　　　　　D. 10% 3. 二手车产权依据是(　　)。 　A. 车牌号　　　B. 机动车登记证　　　C. 行驶证　　　D. 税费登记证 4. 在平行进口汽车手续中,需要查验关单、发票、商检、环保清单、一致性证书、车辆购置税纳税申报表6项。(　　) 5. 商业险分为＿＿＿＿和＿＿＿＿。　6. 机动车的"身份证"是＿＿＿＿。 7. 机动车登记规定是根据《中华人民共和国道路交通安全法》及其实施条例制定的,由(　　)实施。 　A. 海关总署　　　　　　　　　B. 公安机关交通管理部门 　C. 检验检疫部门　　　　　　　D. 路政部门 8. 以下不是二手车交易市场经营者及二手车经营主体为确认卖方身份及车辆合法性而进行的检查是(　　)。 　A. 检查卖方身份证明或者机构代码证书原件是否合法有效 　B. 检查车辆号牌、机动车登记证书、机动车行驶证、机动车安全技术检验合格标志是否真实、合法、有效 　C. 检查车辆是否属于8类禁止交易车辆 　D. 检查买方身份证明或者机构代码证书原件是否合法有效 9. 依照相关法规,二手车评估中为确认卖方的身份及车辆的合法性,应依据合法有效的(　　)。 　A. 卖方身份证、车辆号牌、机动车登记证书、机动车行驶证 　B. 卖方身份证、机动车安全技术检验合格标志、机动车登记证书、机动车行驶证 　C. 卖方身份证、车辆号牌、机动车安全技术检验合格标志、机动车行驶证 　D. 卖方身份证、车辆号牌、机动车登记证书、机动车安全技术检验合格标志		

10. 依照相关法规,二手车评估中发现非法车辆、伪造证明或车牌、擅自更改发动机号、车架号、调整里程表的,应当(　　)。
　　A. 照常评估技术状态　　　　　　　　B. 不加过问
　　C. 及时向执法部门举报,配合调查　　D. 不予评估,也不举报
11. 依照相关法规,二手车评估中为核实二手车卖方的所有权或处置权,应确认(　　)。
　　A. 机动车行驶证与卖方身份证明一致
　　B. 机动车行驶证、驾驶证与卖方身份证明一致
　　C. 机动车登记证书、行驶证与卖方身份证明一致
　　D. 机动车登记证书与卖方身份证明一致
12. 将右置转向盘改为左置转向盘的二手车(　　)交易。
　　A. 可以　　　　　　　　　　　　　　B. 通过安全排放检测可以
　　C. 使用年限满 5 年可以　　　　　　D. 不可以
13. 机动车号牌是准予机动车上路行驶的法定标志,其号码要与(　　)上的号牌号码完全一致。
　　A. 机动车行驶证　　　　　　　　　　B. 车架号
　　C. 机动车保险单　　　　　　　　　　D. 机动车驾驶证

任务计划

任务实施

1. 请对以下单证进行查验。

序号	查验项目	识伪(真/假)	识伪理由
1	机动车来历凭证	□真　□假	
2	机动车行驶证	□真　□假	
3	机动车登记证书	□真　□假	
4	机动车安全技术检验合格标志	□真　□假	
5	车辆购置税完税证明	□真　□假	
6	机动车交通事故责任强制保险单	□真　□假	
7	机动车号牌	套牌:□是　□否	

评价标准

教师检查作业结果:

序号	查验项目	判定结果是否正确		备注
		正确	错误	
1	机动车来历凭证			
2	机动车行驶证			
3	机动车登记证书			
4	机动车安全技术检验合格标志			
5	车辆购置税完税证明			
6	机动车交通事故责任强制保险单			
7	机动车号牌			

(续表)

	根据学生在本次任务中的实际表现评价：			
	序号	评分标准	评分分值	得分
	1	明确工作任务，理解任务在工作中的重要程度	5	
	2	掌握工作相关知识及查验要点	5	
	3	能够对机动车来历凭证（如机动车销售发票）进行查验、识伪	10	
	4	能够对机动车行驶证进行查验、识伪	10	
	5	能够对机动车登记证书进行查验、识伪	10	
	6	能够对机动车安全技术检验合格标志进行查验、识伪	5	
	7	能够对车辆购置税完税证明进行查验、识伪	5	
	8	能够对机动车交通事故责任强制保险单（正本）进行查验、识伪	5	
	9	能够对机动车号牌进行查验、识伪	5	
	10	能够对平行进口汽车手续进行查验、识伪	5	
	11	能够完成走私车判定	10	
	12	能够完成盗抢车判定	10	
	13	能够完成拼装车判定	10	
	14	能够完成改装车判定	5	
任务评价	教师评语：（根据工作单填写情况、语言表达、态度及沟通技巧等方面，按等级制给出成绩） 实训记录成绩：		教师签字： 日　　期：	

项目三

【二手车鉴定评估】

事故车鉴定

项目说明

不管是经过碰撞还是水泡,只要经过专业人士的一番美化,二手事故车摇身一变,立刻就能变成一辆新车,很难判断车况。但并不是所有发生过事故的二手车,就认定其为事故车,经过严重的撞击、水泡、火烧,即使修复仍存在安全隐患的车辆才称为事故车。

学习导航

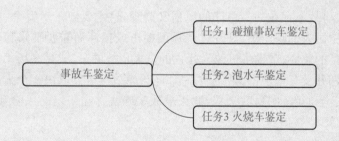

任务1　碰撞事故车鉴定

学习目标

知识目标
1. 了解日常生活中汽车碰撞损害的类型；
2. 掌握不同碰撞类型对汽车的影响；
3. 掌握碰撞事故车的鉴定技巧。

能力目标
1. 会判断汽车类型；
2. 会对车辆进行碰撞分析；
3. 能独立判定碰撞事故车。

思政目标
1. 通过学习国家标准和规定，培养学生遵守法律的意识；
2. 提高学生分析问题的能力；
3. 树立正确的三观，塑造良好的人格。

情境导入

在我国，购买事故车存在一些忌讳的风俗和观念，这主要源于对安全、吉祥和运气的传统考虑。比如在中国人的观念中，遭受过严重的撞击或损坏而需要维修和更换零件的事故车会被视为"破财"的象征；曾发生过致人死亡的重大事故的车，或是来历不明车辆会被视为"不吉"。这些忌讳并没有科学依据。是否忌讳购买事故车主要取决于个人的价值观和风险偏好。然而，从安全和经济的角度来看，购买事故车确实存在一定的风险和问题，需要谨慎考虑。

任务描述

王女士近期想买一辆二手车作为上下班的代步工具。去二手车市场转了几次后，相中了两款相同颜色、相同生产年份、相同配置，但标价相差比较大的途观L。王女士想买便宜的途观L，但又怕是事故车，便请评估师小李鉴定。

任务准备

问题1　什么是事故车？

事故车是指在使用中曾发生过碰撞或撞击，或长时间泡水，或较严重过火，虽然修复并在使用，但仍存在安全隐患的车辆总称。广义的事故车包括碰撞事故车、泡水车和火烧车，狭义事故车指碰撞事故车。

（1）碰撞事故车　其定义没有强制的规定或者是标准，一般来说，碰撞事故中，造成严重损伤的机动车叫碰撞事故车。

(2) 泡水车　也叫水淹车,经水等导电液体浸泡、进入驾驶舱内的车辆总称。泡水车辆与涉水行驶过的车辆不能混为一谈。有许多车辆在遇大雨、暴雨或特大暴雨的恶劣天气时,曾在水中短时间行驶过,也不算泡水车。

(3) 火烧车　也叫过火车,经燃烧、炙烤等高温作用的车辆总称。汽车无论是由于自燃还是外燃,只要在发动机舱或乘员舱发生严重火烧,燃烧面积较大,机件损坏严重,就应列为事故车。火烧是个严重的事故,经火烧后,机件很难修复。如果是局部着火,过火的只是个别非主要零部件,并在极短的时间内熄灭,经修复换件后,则不能算火烧车辆。

问题 2　什么是碰撞事故车?

汽车在行驶中难免发生碰撞。在二手车评估中,并不是所有发生过碰撞的车都属于事故车的范畴。T/CADA 18—2021《乘用车鉴定评估技术规范》规定,参照图 3-1-1 所示车体部位(代码为 1~29),按照表 3-1-1 代码检查车辆结构件,判别车辆是否发生过碰撞,确定车体结构是否完好无损或者有无事故痕迹;根据表 3-1-1、表 3-1-2 描述缺陷,即车体部位代码+状态。例如 3SH,左 C 柱有烧焊痕迹。当缺陷描述组合中任何一个检查项目存在表 3-1-1 中对应的组合时,则该车为事故车。

(a) 车体结构

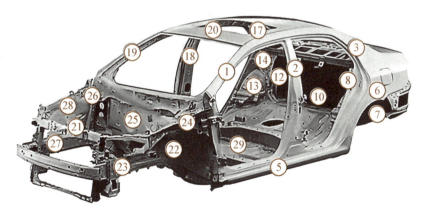

(b) 无 D 柱

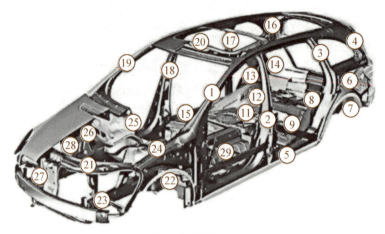

(c) 有 D 柱

图 3-1-1 车体结构示意图

表 3-1-1 事故车判定

部件代码	部件名称	缺　陷　项					
1	左 A 柱内侧	变形	钣金	褶皱	烧焊	切割	扭曲
2	左 B 柱内侧	变形	钣金	褶皱	烧焊	切割	扭曲
3	左 C 柱内侧	变形	钣金	褶皱	烧焊	切割	扭曲
4	左 D 柱内侧	变形	钣金	褶皱	烧焊	切割	扭曲
5	左底边梁	变形	钣金	褶皱	烧焊	切割	扭曲
6	左后翼子板	切割	—	—	—	—	—
7	左后翼子板内骨架	切割	—	—	—	—	—
8	左后减振器座	变形	钣金	褶皱	烧焊	切割	扭曲
9	左后纵梁	变形	钣金	褶皱	烧焊	切割	扭曲
10	后围板	切割	—	—	—	—	—
11	右后纵梁	变形	钣金	褶皱	烧焊	切割	扭曲
12	右后减振器座	变形	钣金	褶皱	烧焊	切割	扭曲
13	右后翼子板内骨架	切割	—	—	—	—	—
14	右后翼子板	切割	—	—	—	—	—
15	右底边梁	变形	钣金	褶皱	烧焊	切割	扭曲
16	右 D 柱内侧	变形	钣金	褶皱	烧焊	切割	扭曲
17	右 C 柱内侧	变形	钣金	褶皱	烧焊	切割	扭曲
18	右 B 柱内侧	变形	钣金	褶皱	烧焊	切割	扭曲
19	右 A 柱内侧	变形	钣金	褶皱	烧焊	切割	扭曲

(续表)

部件代码	部件名称	缺 陷 项					
20	车顶	切割	—				
21	不可拆水箱框架	切割	烧焊	—			
22	左前翼子板内骨架	切割	钣金	烧焊			
23	左前纵梁	变形	钣金	褶皱	烧焊	切割	扭曲
24	左前减振器座	变形	钣金	褶皱	烧焊	切割	扭曲
25	前围板	变形	钣金	褶皱	烧焊	切割	扭曲
26	右前减振器座	变形	钣金	褶皱	烧焊	切割	扭曲
27	右前纵梁	变形	钣金	褶皱	烧焊	切割	扭曲
28	右前翼子板内骨架	切割	钣金	烧焊	—	—	—
29	车身底板	切割	烧焊	—			

表3-1-2 车辆结构件缺陷描述

代表字母	BX	NQ	QG	SH	ZZ	BJ
缺陷描述	变形	扭曲	切割	烧焊	褶皱	钣金

注意

(1) 变形、扭曲、烧焊、褶皱、钣金 缺陷面积大于或等于30 mm×30 mm即被认定；
(2) 切割 有切割更换痕迹即认定为切割。

问题3 汽车碰撞机理是什么？

汽车在碰撞过程中，某点的碰撞冲击力具有特定角度，因此，冲击力可以分解，向不同方向分散。冲击合力可以分解为3个分力：垂直分力、水平分力和侧向分力。这3个分力都被汽车零部件吸收。碰撞力以锥体模式在承载式车身上传播，圆锥体的中心线沿碰撞的方向，其高度和范围为碰撞力穿过车身壳体扩散的区域，如图3-1-2所示。

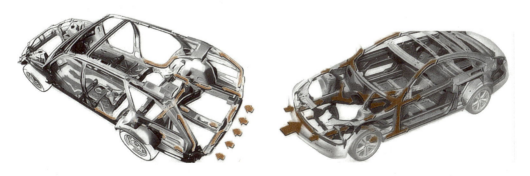

图3-1-2 汽车碰撞力传递示意图

大部分乘用车采用承载式车身壳体。它是由许多片薄钢板制作的车身零部件连接，形成箱型的立体空间结构。其碰撞时的受力状态多为空间力系,引起的冲击、振动力的方向不会在同一平面内,大部分被车身壳体吸收。为了控制二次损伤变形并为乘员提供更为安全的空间,承载式车身结构在汽车前部(前车身)和后部(后车身)都设计了碰撞应力吸收区域。当汽车受到碰撞时,能按照设计要求形成折曲或压溃。碰撞冲击力在此形成应力集中,传到车身结构件的冲击力大大减小,如车身左右前后纵梁,左右前后翼子板,左右门槛板,左右A、B、C柱,左右门框等处。故承载式车身任何构件、支承、连接板等局部变形,都会直接影响汽车的整体性能。

例如,车身前部碰撞区域的划分如图3-1-3所示。

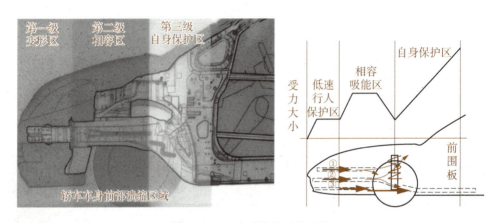

图3-1-3 车身前部碰撞区域

(1) 第一区段为行人保护和车辆低速防护区 其车辆的变形及变形力值都应该比较小,以利于保护行人和车辆。此区域前部是保险杠的表面,光滑柔软的塑料蒙皮能够减少被撞行人受伤程度;中间是可变形的塑料骨架;内部是刚性金属骨架,也就是防撞梁,可为车辆提供有效的低速保护。

(2) 第二区段为相容区 是车辆中速碰撞吸能区。在不同质量的两车相撞时,必须在两个撞区产生最佳的能量分布,变形力值应该均匀,即在中速碰撞过程中能量比较均匀地被吸收,尽量降低撞击加速度峰值。从整个车身结构上考虑,将头部设计的软一些,正面碰撞的能量靠车头的变形来吸收,并通过纵梁将撞击力导入地板结构中。

(3) 第三区段为自我保护区 该区段主要体现在高速碰撞时汽车乘员室具有自身保护能力。车身结构在这个区段应有较大的刚度,从悬架到车身前围板之间的变形力急剧上升,阻止变形扩展到乘员室;而且要求在碰撞过程中,必须通过相应的结构措施使汽车动力总成向下移动而不致挤入乘员室。在结构上将乘客舱设计的相对强些,保证在碰撞过程中为乘员提供足够的生存空间。汽车前部的发动机、变速器必须采用相应的措施,向下转移,不致侵入驾驶室。

除了整体结构变形外,汽车零部件金属材料中的金属晶粒也处于相对松弛的状态。金属材料受到碰撞后,如果金属材料产生严重变形(塑性变形),材料中的晶粒被拉伸和压缩、移位和重置,并产生较大的内应力。较大的内应力会使车身结构件变形,焊缝和焊点撕裂或拉断,油漆面和内涂层开裂。

问题4 碰撞对汽车损伤有哪些影响？

汽车车身不仅能够经受住日常驾驶中的振动及载荷，还要在碰撞中给乘客提供安全保护。因此，汽车前部车身和后部车身要设计为在某种程度上容易损伤，形成一个能吸收碰撞能量的结构，同时中部车身要保证结实牢固，给乘客提供一个安全的生存空间。

汽车碰撞产生的碰撞力及受损程度取决于事故发生时的状况。了解碰撞的过程，能够部分地确定汽车损伤。应考虑以下因素对汽车碰撞变形的影响。

（1）蹭伤　由于碰撞发生前驾驶人会有预先反应，某些类型的碰伤多数会以一定的形式和次序发生。如果驾驶人第一反应是要绕离危险区，汽车的侧面会被碰撞刮伤，严重时会引起汽车前部、中部或后部的弯曲变形，如图3-1-4所示。

（2）碰撞位置的高低对碰撞损伤的影响　发生碰撞时，驾驶人猛踩刹车踏板，则损伤位置在汽车的前部。例如，当碰撞点在汽车前端较高部位，就会引起车壳和车顶后移及后部下沉；当碰撞点在汽车前端下部，因车身惯性，汽车后部向上变形，车顶被迫上移，在车门的前上方与车顶板之间形成一个极大的裂口。

（3）碰撞物的不同对碰撞损伤的影响　同一辆车，以相同的车速碰撞不同的对象，碰伤结果差异很大。例如，汽车撞上墙壁，其碰撞面积较大，但损伤程度就较小。相反，如果撞上电线杆，碰撞面积小，但碰伤程度严重，如图3-1-5，汽车保险杠、发动机罩、水箱框架、水箱等部件都会严重变形，发动机也会被后推，碰撞影响还会扩展到后部的悬架等部位。

图3-1-4　蹭伤引起的车门变形

图3-1-5　撞向电线杆的车辆

（4）行驶方向对碰撞损伤的影响　当横向行驶的汽车撞击纵向行驶汽车的侧面时，纵向行驶汽车的中部会发生弯曲变形；横向行驶汽车除产生压缩变形外，还会被纵向行驶的汽车向前牵引，导致弯曲变形。图3-1-6所示为汽车因侧向撞击引起的变形。

图3-1-6　汽车因侧向撞击引起的变形

(5) 不同车辆对碰撞损伤的影响　不同类型的车辆碰撞时,产生的变形不一样。碰撞车辆质量越大,被碰撞车辆的变形就越大。

问题 5　常见事故碰撞类型及鉴别方法有哪些?

车辆事故千奇百怪,事故车的损坏情况也千差万别。车身结构不同,在同类事故中受到损坏也可能大不相同。要想对事故车做出精确判定,必须了解不同车辆结构在各种事故中的损伤类型。实际上没有一模一样的车辆事故,碰撞事故可能还有许多其他的形式和组合,如车辆在一次事故中发生多次碰撞,或者多车连环相撞等。关键是要搞清楚事故的前因后果,尽量获取更多事故现场信息和车辆信息,必要时要借助科学的测量手段。

汽车碰撞事故是指汽车与汽车或汽车与物体之间发生碰撞,造成车辆损坏、被撞物损坏甚至人员伤亡等各种损失。按照碰撞方向和事故所导致的后果,可将车辆碰撞事故分为正面碰撞、侧面碰撞、尾部碰撞和翻车等几种类型。下面以乘用车为例,说明常见的事故类型及如何针对事故的类型鉴定。

1. 车辆正面碰撞

(1) 两车正面碰撞　如图 3-1-7 所示,A、B 两车前部受损,可能会伤及保险杠面罩及保险杠、格栅、两侧前照灯、空调电磁扇、空调冷凝器、发动机散热器及其支架等,严重时损坏部位会扩大至发动机盖、翼子板、纵梁、前悬架机构,甚至导致气囊打开。在出现此类碰撞时,驾驶人会潜意识地规避风险,汽车正面碰撞的概率很小,往往会倾斜一定的角度。

(2) 两车正面一侧碰撞　如图 3-1-8 所示,A、B 两车前部的一侧受损,可能会伤及保险杠面罩及保险杠、格栅、一侧前照灯、一侧翼子板,严重时损坏部位会扩大到空调冷凝器、发动机散热器及其支架、发动机一侧纵梁、一侧悬架机构,甚至导致一侧气囊打开。

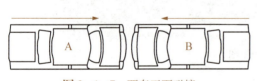

图 3-1-7　两车正面碰撞

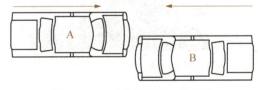

图 3-1-8　两车正面一侧碰撞

(3) 两车正面一侧刮碰　如图 3-1-9 所示,A、B 两车均为正面一侧面受损,可能会导致一侧的后视镜、前后门、前后翼子板刮伤,严重时前风挡玻璃破碎和框架变形,前柱、前照灯等损坏。

(4) 汽车正面与面积较大的物体碰撞　如图 3-1-10 所示,碰撞面积较大,损坏程度相对小一些。保险杠面罩及保险杠、格栅、两侧翼子板轻微变形,严重时两侧翼子板会严重变形、前照灯、空调冷凝器、发动机散热器及其支架、发动机盖,甚至车门、挡风玻璃、纵梁会损坏,气囊会打开。

(5) 汽车正面与面积较小的物体碰撞　如图 3-1-11 所示,碰撞面积较小,损坏程度相对大一些。保险杠面罩及保险杠、格栅、空调冷凝器、发动机散热器及其支架、发动机盖损坏;严重时两侧翼子板严重变形,前悬架机构受损,甚至扩大到后悬架机构受损。

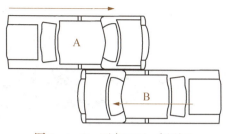
图 3-1-9 两车正面一侧刮碰

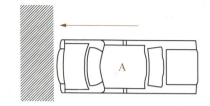
图 3-1-10 汽车正面与面积较大的物体碰撞

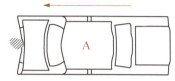
图 3-1-11 汽车正面与面积较小的物体碰撞

汽车的正面碰撞事故在汽车事故中占比很大,即使一次小碰撞,也会导致前端保险杠受损后移、车灯受损、翼子板前端受损。中度的正面碰撞会伤及保险杠支架,使车灯受损,散热器框架、引擎盖、前翼子板产生严重变形,前纵梁弯曲变形,如图 3-1-12(a)所示。如果冲击力再大,在车头前端变形的同时,会造成汽车骨架的纵梁梁头、引擎盖翼子板发生变形褶皱,甚至 A 柱(特别是前车门上部安装铰链部分)和挡风玻璃受损,如图 3-1-12(b)所示。

(a) 中度

(b) 重度

图 3-1-12 正面碰撞受损

正面碰撞事故车鉴别时应从碰撞后的维修方法入手,其鉴别方法如下:

① 从整体漆面开始,如果漆面有大面积的修复痕迹或整个钣金件更换,着重排除该位置是否曾发生过较大事故。车漆可利用漆膜测厚仪验证。

② 对比车头前端接缝是否一致,尤其是保险杠、车灯、引擎盖、翼子板之间的缝隙。如果发现缝隙大小不一致,极有可能是钣金件拆卸后再次安装时未匹配到位。比如,可清晰看到钣金件的接缝处有重新喷漆的痕迹,如图 3-1-13 所示,或看出保险杠、翼子板之间的缝隙上下大小不一致,如图 3-1-14 所示。

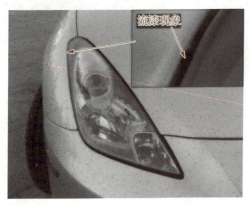
图 3-1-13　钣金件的接缝处有重新喷漆的痕迹

图 3-1-14　汽车缝隙上下大小不一致

③ 打开引擎盖查看,先观察整个机舱的整体性。经过长时间使用的车辆,发动机舱内都会有很多灰尘,这属于正常情况。但如果某一部位明显比其他地方更干净,有可能该部分维修过。

可以用一般卷尺测量从前减振器上支架到前大灯的距离;用对角线的方式测量,两个数据一样或误差在5mm之内都算正常,如图 3-1-15 所示。

图 3-1-15　发动机舱对角线测量

④ 查看引擎盖的固定螺栓是否有拧动的痕迹,如图 3-1-16 所示;查看引擎盖边缘是否有修复痕迹,如图 3-1-17 所示;舱内所有螺栓(车灯固定螺栓、翼子板螺栓、水箱支架螺栓、发动机机脚固定螺栓、减振器塔顶螺栓、梁头螺栓等)是否有位移、拧动、新旧不一的痕迹,如图 3-1-18 所示。其中,水箱支架螺栓、减振器塔顶螺栓(见图 3-1-19)和梁头螺栓(见图 3-1-20)有拧动或更换痕迹,基本可判断前部事故较为严重。如果汽车大梁有过大修,后期可能会出现跑偏、吃胎等问题。现在的汽车多数大梁和车身是一体成型的,大梁如果有损伤,其刚性就会大幅下降,修复难度很高。

图 3-1-16　引擎盖固定螺栓拧动痕迹

图 3-1-17 引擎盖边缘修复痕迹
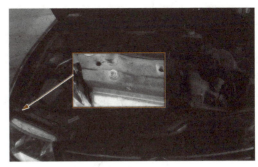
图 3-1-18 螺栓有位移

图 3-1-19 减振器塔顶螺栓

图 3-1-20 梁头螺栓

⑤ 查看水箱支架和水箱,如图 3-1-21 所示,看是否有变形修复或更换过的痕迹。若水箱支架损坏,判断碰撞有可能殃及了发动机或车架。另外,可观察新换的零部件和原厂配件的标识及厂商信息,来判断是否被更换过。

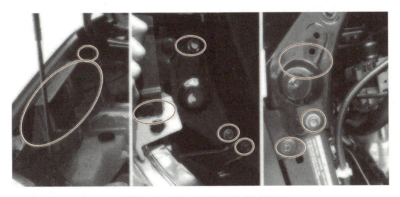
图 3-1-21 修复的水箱支架

2. 车辆侧面碰撞

(1) 斜角侧面碰撞发动机舱位置　如图 3-1-22 所示,A 车为侧面碰撞受损,B 车为前部碰撞受损。A 车一侧前翼子板、前悬架机构、侧面转向灯等损坏,严重时一侧前翼子板报废,发动机盖翘曲变形,前门立柱变形,发动机移位等。B 车前保险杠面罩及转角部、前翼子板、一侧前照灯等损坏,严重时一侧翼子板严重损坏,并会导致一侧前悬架、轮胎、空调冷凝器、干燥器、高压管、发动机散热器及其支架等部件受损,甚至导致气囊打开、发动机盖变形。

(2) 两车斜角侧面碰撞前门位置　如图3-1-23所示，A车为侧面碰撞受损，B车为前部碰撞受损。A车前门、前柱、中柱、后门轻微变形，门窗玻璃破损。严重时损坏程度会扩大至仪表板、门槛板、车顶板、一侧翼子板和一侧前悬架机构。B车前保险杠面罩及转角部、前翼子板、一侧前照灯等损坏，严重时损坏范围会扩大至空调冷凝器、干燥器、发动机散热器及其支架、高压管、发动机盖等部件，甚至导致气囊打开。

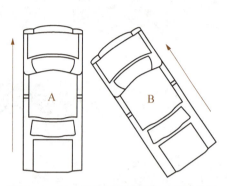
图3-1-22　斜角侧面碰撞发动机舱位置

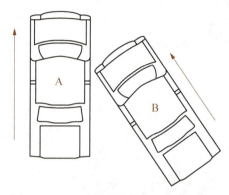
图3-1-23　两车斜角侧面碰撞前门位置

(3) 两车斜角侧面碰撞后门位置　如图3-1-24所示，A车为侧面碰撞受损，B车为前部碰撞受损。A车后门、中柱变形，门窗玻璃破损；严重时前后门不能开启，后侧围变形，前后门框、门槛板变形等。B车前保险杠面罩及转角部、前翼子板、一侧前照灯等损坏，严重时损坏范围会扩大至一侧前悬架、一侧翼子板、空调冷凝器、干燥器、高压管、发动机散热器及其支架、发动机盖等部件，甚至导致气囊打开。

(4) 两车斜角侧面碰撞后备箱位置　如图3-1-25所示，A车为侧面碰撞受损，B车为前部碰撞受损。A车后侧围变形，严重时后侧围板严重损坏，后门框、后窗框、后柱、后轮及后悬架等部件受损，后备箱盖变形等。B车前保险杠面罩及转角部、前翼子板、一侧前照灯等损坏，严重时一侧前悬架和一侧翼子板严重损坏，空调冷凝器、干燥器、高压管、发动机散热器及其支架、发动机盖等部件受损，甚至导致气囊打开。

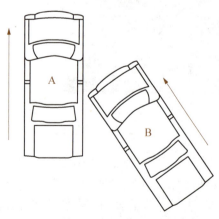
图3-1-24　两车斜角侧面碰撞后门位置

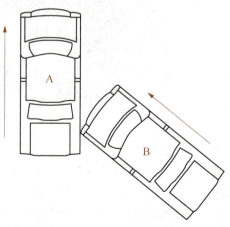
图3-1-25　两车斜角侧面碰撞后备箱位置

(5) 两车垂直角度碰撞　如图 3-1-26 所示，A 车是侧面受损，B 车是正面受损。A 车中柱呈凹陷变形，前后车门框及门槛板变形，前后车门翘曲变形，严重时损坏会扩大到车底板、车顶板，甚至车身整体变形，轴距缩短，门窗玻璃破碎等。B 车保险杠面罩及保险杠、格栅、两侧前照灯损坏等，严重时损坏范围会扩大至发动机散热器及其支架、空调冷凝器、高压管、发动机盖、翼子板、纵梁等，甚至发动机后移，气囊打开。

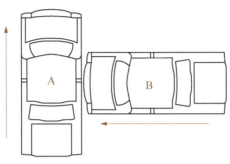

图 3-1-26　两车垂直角度碰撞

汽车侧面受到撞击时，常常会导致前后翼子板，车门，A、B、C 柱甚至车身底板发生弯曲变形。若碰撞严重，受到的冲击会一直传递到车辆的另一端。在这种情况下，车门，车窗玻璃，悬挂，A、B、C 柱都会受到损伤。鉴别方法如下：

① 查看车身侧面是否是原厂漆。查看方法与前部碰撞一致。值得强调的是，可对比前后车门的色差来判断是否做过喷漆。此外，站在汽车侧面查看整个车身腰线是否平滑自然。车辆在修复时，往往会因为钣金工艺参差不齐，使得汽车线条无法完全恢复，如图 3-1-27 所示。观看腰线的同时仍要观察汽车钣金件之间的缝隙是否一致。

图 3-1-27　侧身腰线不自然

侧面碰撞首先会伤及车门。车门一般由车门本体、附件和内外装饰件 3 部分构成。如果发生碰撞，车门外钣金件变形可用吸盘、撬杆、整形机等钣金工具修复。没有拆卸过的车门开关应该非常顺畅。而一般拆装多次的车门不仅开关困难，密封条还会有破损的情况，严重的，车门需要用力才能关严。把车门密封条拉下来之后，可以看到门框与门柱处于平行状态，有焊点的地方应该是圆形并且略有凹陷。如果焊点粗糙且排列不均，且 A 柱、B 柱、C 柱的两侧油漆存在色差，则怀疑是事故车。

② 查看细节，包括车门铰链、下裙围、A 柱、B 柱、C 柱的平滑度，判断是否有修复痕迹。可借用漆膜测厚仪查看。在侧面碰撞中，轮胎和玻璃往往成为受损严重的部件。可通过查

看轮胎的生产日期判断是否进行过单个轮胎的更换。更换单条轮胎除了爆胎等特殊情况外,也有可能是事故导致的。车玻璃的鉴别同理。

3. 车辆后部碰撞

(1) 两车正面追尾碰撞　如图 3-1-28 所示,A 车为后部碰撞受损,B 车为前部碰撞受损。A 车后保险杠面罩及保险杠、后车身板、后备箱盖等变形,两侧尾灯损坏,严重时会导致两侧围板变形、后备箱底板变形、后悬架机构位置变形等。B 车保险杠面罩及保险杠、格栅、两侧前照灯损坏等,严重时会导致发动机散热器及其支架、空调冷凝器和相关部件损坏,发动机盖、翼子板变形、发动机后移、纵梁损坏等。

(2) 两车正面一侧追尾碰撞　如图 3-1-29 所示,A 车是尾部一侧受损,B 车是前部一侧受损。A 车尾部一侧保险杠面罩及保险杠、一侧尾灯、侧围板变形,严重时损坏范围会扩大至后备箱盖、后备箱底板等。B 车保险杠面罩及保险杠、格栅、一侧前照灯、翼子板损坏,严重时会导致散热器及其支架、空调冷凝器、发动机盖、一侧翼子板和悬架机构损坏,甚至一侧气囊打开。

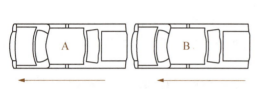

图 3-1-28　两车正面追尾碰撞

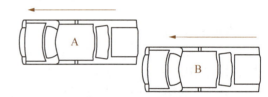

图 3-1-29　两车正面一侧追尾碰撞

汽车受到来自后方的碰撞时,若冲击力较小,则后保险杠、后车灯受损,如果冲击力较大,后围板、车尾后备箱盖和车身底板、后翼子板及后纵梁会因冲击产生溃缩,如图 3-1-30 所示。**鉴别方法**如下:

图 3-1-30　车辆后部碰撞

① 与汽车前端碰撞同理,后部碰撞事故的鉴定仍需要先从汽车整体周正性和车漆方面查看。例如,后备箱盖、车灯、后保险杠之间的缝隙是否一致,缝隙之间是否有做漆痕迹,两个后尾灯是否新旧一致,后备箱盖的固定螺栓有无修复痕迹,如图 3-1-31 所示。再仔细查看后备箱盖边缘(黏结剂)是否自然,有无修复痕迹。现在大部分车辆装配了倒车雷达系统,如果车辆后部碰撞损伤,评估价格时要注意检查倒车雷达系统是否损伤。

② 打开后备箱盖检查整个后备箱的平整度,备胎箱底板、后翼子板和后避振器支架内衬和内部接缝线条是否平整、顺滑、有无烧焊痕迹。备胎盆四面应该很光滑,没有凹凸不平,

里面线束饰板没有任何油漆。后备箱备胎盆的对比如图 3-1-32 所示。

图 3-1-31　后备箱盖的螺栓有修复痕迹

图 3-1-32　后备箱备胎盆修复痕迹

③ 将车辆架起，看底盘是否有受损、拖底，如图 3-1-33 所示。主要观察纵梁、横梁是否有异样，看大梁有无弯曲、开裂以及二次焊接的痕迹。一般发生过严重事故的，即便修理得很好，也会出现修复的痕迹。如果是小冲击，漆面会因振荡产生裂纹，梁体就会锈蚀。查看发动机、变速箱以及水箱等处是否有漏油、渗水，以及整体的底盘锈蚀程度。

4. 翻车

翻车事故如图 3-1-34 所示，当汽车翻车的时候，汽车顶部全面触地，车身整体变形，局部严重损坏。汽车顶板横梁、纵梁变形，顶板塌陷，车身前柱、中柱、后柱均变形。汽车在翻转过程中，车身侧面损坏，严重时车门、翼子板、后侧围板破损变形。<u>鉴别方法</u>如下：

① 检查车辆周正。在汽车的前方 5～6m 处蹲下，沿着轮胎和汽车的外表面看汽车的两侧。在两侧，前、后车轮应该排成一直线；在汽车后面，同样观察前轮和后轮应该成一条直线，如图 3-1-35 所示。即使左侧前后轮和右侧前后轮成一条直线，但一侧车轮比另一侧车轮更突出车身，也说明汽车曾经碰撞过。

图 3-1-33　检查底盘是否状况良好

图 3-1-34　翻车事故

② 检查车桥变形。蹲在前车轮附近，检查车轮后面的空间，即车轮后面与车轮罩后缘之间的距离，如图 3-1-36 所示，用直尺测量这段距离；再转到另一前轮，测量车轮后面和车轮罩后缘之间的距离。两次测量结果应该大致相同。在后轮测量同一间隙，如果发现左前轮或左后轮和它们的轮罩之间距离与右前轮或右后轮的相应距离大为不同，则表示车架或整体车身弯曲了。

③ 检查顶棚受损情况。用漆膜检测仪检查车辆顶棚是否修复过，如果有天窗，检查天

窗轨道是否变形,打开和关闭天窗是否有异响等。

图 3-1-35 检查车辆周正

图 3-1-36 检查车桥变形

问题 6 碰撞事故车鉴别的程序和方法是什么?

汽车发生严重碰撞后,使用性能会受到极大的损害,存在很大的安全隐患。此类汽车检查时,应先查看汽车底盘,看脏污的程度是否大致相同,若发现有部分地方特别干净,该处有可能修理过。大梁应平直,若发现有敲打或烧焊的痕迹,肯定是大梁发生过弯曲变形,甚至断裂或有裂纹。查看水箱支架和水箱,看是否有碰撞变形后修复或更换过的痕迹,若有,需要注意检查发动机、车架等零部件。查看翼子板是否被切割更换过,翼子板与车厢及车体连接处应平整,若焊点呈凸出状,则为重新烧焊的痕迹。打开后备箱,查看其内板是否有烧焊的痕迹。

1. 检查车辆的周正情况

轿车和客车的车身在整个机动车中价值权重较大,维修费用较高。车身检查首先要看伤,即车辆有没有严重碰撞的痕迹。在汽车制造厂,汽车车身及各部件的装配位置是在生产线上经过严格调试保证的,装配出的车辆各部分是对称、周正的。检查车辆周正和车桥变形的方法与翻车鉴别一致。

还可以通过测量车辆左右对称高度和车辆左右轴距等方法进行车体周正性判断。

图 3-1-37 车身骨架强度示意图

2. 检查车身骨架

对于一辆车来说,车架和人的骨架一样,一辆车的车架受损等同于人"伤筋动骨",如图 3-1-37。检查车身骨架有没有损伤,即检查前后纵梁、减振器座(避振塔)以及 A、B、C 柱有没有受到过撞击损伤。

(1)前纵梁的检查 前纵梁由两根位于两边的纵梁组合而成,主要用于承载发动机,如图 3-1-38 所示。纵梁多用低合金钢板冲压成,断面为槽形或工字形,用于分散、吸收事故撞击的能量。车辆的纵梁前方为吸能区,吸能区上有溃缩引导槽,如图 3-1-39 所示。一旦发生碰撞吸能区就会溃缩,在溃缩引导槽处会留下折痕,即便修复后也能看出来,所以前纵梁是排查事故车的重要区域。

图 3-1-38　车身前纵梁结构示意图

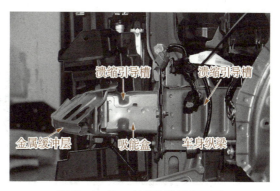

图 3-1-39　车身前纵梁实物图

如果一辆车的纵梁有问题,那么这辆车一定经受过不小的事故。车辆前纵梁溃缩,即使经过修复也容易看出来。吸能盒破损并不影响汽车本身的安全性,因为这是可以更换的,如图 3-1-40 所示。但纵梁溃缩,就可以认定为大事故车。纵梁维修只能通过钣金修复,严重时需要重新切割焊接进行修复。

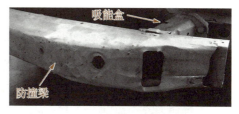

图 3-1-40　防撞梁和吸能盒事故修复

纵梁的检测方法有两种:一是看纵梁是否变形,二是看有没有局部的生锈。如果有过事故挤压,纵梁必然会有扭曲或者变形破损的痕迹,则可定性为大事故车。横梁受损严重,但纵梁没有损伤,不算事故车。年限较长的车辆上常见纵梁生锈,但纵梁受伤的车会产生局部生锈现象。但不是所有纵梁生锈都是出过事故。

① 观察梁体是否变形。梁头有不正常的褶皱和凹坑,梁头螺丝有拧过痕迹,如图 3-1-41 所示,这是纵梁受损的表现。检查梁头时要注意左右的对称性。如果发现两个凹坑,或者弯曲是对应存在的,可能是原厂就有的,不能算事故车。同样看褶皱的还有梁身的部分,顺着

图 3-1-41　检查梁头是否受损

梁体检查。正常原厂车的梁身应该是严丝合缝的。如果发现有开裂的迹象,或者不规则的褶皱,最好把车举升起来做更细致的检查。

② 观察梁体及轮旋是否有裂隙,焊点是否一致。如果发生严重事故,纵梁使用烧焊修复,烧焊痕迹非常明显,如图 3-1-42 所示。发生撞击后,结合处容易被撕裂,将车辆举升,特别检查轮旋部位,如图 3-1-43 所示,此处容易被振裂。

③ 检查后纵梁是否有变形生锈。为了分散事故撞击时的能量,后纵梁设计了溃缩引导点,如图 3-1-44 所示。在发生撞击时,溃缩点就会发生

图 3-1-42　纵梁修复时留下的烧焊痕迹

变形。严重事故梁体都会变形,如图3-1-45所示,可定性为事故车。

图3-1-43 轮旋部位检查

图3-1-44 后纵梁结构示意图

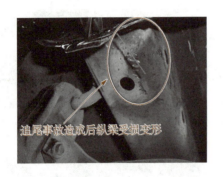

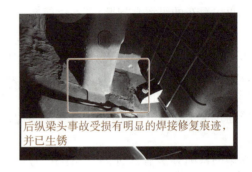

图3-1-45 后纵梁受损示意图

(2) A、B、C柱的检查 汽车重要的骨架(A、B、C柱)以及底大边的检查是鉴别是否为事故车的重要依据之一。A、B、C柱不仅起到支撑车顶的作用,更为重要的是,在车辆翻滚或者倾覆时对车内人员起到保护作用。A、B、C柱受伤变形,这辆车就确定为大事故车。对车底大边的检查是确认车辆有没有拖底或切割的重要手段。

图3-1-46 车门框原厂焊点

① A柱检查。当车辆受到前方严重撞击或者侧方撞击时,A柱很有可能发生变形。首先,看A柱外表是否有明显的凹凸、重新刮腻子的痕迹或喷漆;其次,打开A柱下方的密封条,观察密封条里的框架与激光焊点是否规整,原厂的焊点是圆形和凹陷的,如图3-1-46所示。如果发现金属框架与焊点有钣金修复的迹象,焊点也不平整或者没有这些焊点,有可能是事故修复腻子灰填充,可以判断这辆车的A柱受过撞击。

除了使用常规检查方法检查A柱焊点,判断是否为事故车外,还可以使用漆膜测厚仪检查A柱是否做过漆判断。有些严重事故,单看门框上的焊点可能判断不出是否是事故车,A柱可能更换了新件。一是要重点检查A柱切割的位置,因为切割后一定要焊接,在焊接的地方肯定留下痕迹;二是检查A柱相邻部位翼子板内衬。

除了检查焊点外,还要检查A柱上的螺钉以及车门胶条。拧动过的螺钉会在螺钉头或螺母上留有痕迹,如图3-1-47所示。同时,通过检查车门胶条来判断车门是否更换过。

正常情况下，原车门都是由机器打胶条，所以会非常平整、顺畅；而后换的车门胶条都是由人工打的，看上去会明显不均匀，摸起来也会稍软一些，如图 3-1-48 所示。

图 3-1-47 车门螺钉拧动过痕迹

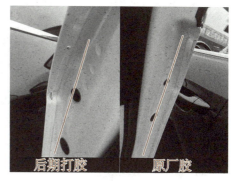

图 3-1-48 原厂车门打胶

② B 柱检查。B 柱的检查和 A 柱相似，不同的是，要特别注意检查中间位置的铰链部分。如果车辆受到来自侧面的撞击造成 B 柱变形，B 柱上铰链也会发生变形，严重的甚至要切割更换，如图 3-1-49 所示。B 柱上铰链属于隐蔽位置，长时间使用，铰链内侧会有积土痕迹。如果检查时发现铰链十分新，漆面也十分光亮，那么这个铰链也有可能是新换的。查看 B 柱上的轮胎气压提示贴或铭牌（见图 3-1-50）是否存在，这类标贴是一次性标贴，修复过后就不会存在。这是判断 B 柱是否修复过的一个依据。还可以观察锁具部分是否有位移的痕迹和喷漆修补的痕迹，如图 3-1-51 所示，来判断车门部分是否修理过。

图 3-1-49 B 柱切割痕迹示意图

图 3-1-50 B 柱轮胎气压标贴

③ C 柱检查。C 柱位于车辆的后方，当车辆受到来自后方或者侧后方的撞击时，C 柱极容易受到损伤变形，如图 3-1-52。除正常检查外，还需要检查后备箱两侧的金属框架是否有变形或者钣金修复的迹象，同时查看激光焊点是否规整，如图 3-1-53 所示。如果发现框架有钣金修复的迹象，焊点也不规整，可能受到来自后方的撞击，可能伤及 C 柱。检查时，还需要检查左右翼子板后端内侧的胶条，观察胶条是否均匀完整，有无龟裂情况。如果发现了胶条有断裂或者重新涂抹的痕迹，则可能 C 柱受伤修复，如图 3-1-54 所示。

如果侧面碰撞或后部碰撞比较严重，C 柱有可能需要更换。单从后备箱框架、C 柱焊点可能无法判断 C 柱是修复过。因为，更换后焊点和原厂差不多，这就要检查切割位置焊接情况。另外，重点检查后备箱框架打胶情况。切割后再焊接就不会有原厂凹陷的焊点，后备箱框架的打胶与原厂相比会显得粗糙且不平整。

④ 底大边检查。在查看底大边时,最主要的还是看激光焊点。车辆在切割的时候会触及激光焊点,查看时主要看这些焊点是否规整均匀。如果发现焊点模糊不清或者底大边有明显的焊接痕迹,那么底大边肯定被切割过,如图3-1-54所示。

图3-1-51　B柱锁扣示意图

图3-1-52　原厂C柱和修复过C柱对比

图3-1-53　后备箱框架对比示意图

图3-1-54　后备箱框架对比示意图

3. 检查汽车漆面

查看排气管、镶条、窗户四周等处是否有多余油漆;打开发动机盖查看发动机盖内、发动机两侧漆的颜色与车身漆颜色是否一致,从侧面看有没有波浪形漆面、光泽不均匀等现象。漆面常见的修补分为局部做漆和全车做漆。小的磕碰、刮蹭采用局部做漆。另外,车身局部受损后需要钣金,之后也要做漆。由于漆面老化、磕碰、刮蹭、事故等原因需要对全车做漆。检查汽车的漆面方法有以下5点。

(1) 看光线反射和色差　做漆的地方反射光很暗,但用电脑配色、配漆、配亮油,做漆的质量非常好,不容易观察。做漆质量不好的车会产生色差,且色差比较明显。

(2) 用手触摸顺滑　做漆的地方会感觉不顺滑,车身的不平整也可以感觉出来。

(3) 观察有无砂纸打磨的痕迹　只要刮完腻子用砂纸打磨,都会留有痕迹,有很多或粗或细的条纹,它和做漆周边完好的原车漆部分是不同的。

(4) 敲打车身　敲击钣金的部位,声音要低沉一些。因为,汽车补漆刮腻子的薄厚程度和原车漆是不一样的。或用软布包磁铁在漆面移过,如果吸力减小,说明此处刮了腻子。

(5) 注意边沿、装饰条及橡胶密封件　看是否有残留油漆痕迹和流漆痕迹,打开发动机盖,检查有无残留油漆。

4. 检查底盘、线束的连接

未发生事故的车辆,在正常情况下,连接部件应配合良好,车身没有多余焊缝,线束、仪表部件等安装整齐,新旧程度接近。

5. 勘验车身钣金

车身钣金状况是决定车辆评估结果和交易价格的另一个重要因素,尤其是一些外表良好的车辆存在翻新、修理历史的,更要通过一系列方法及经验将其准确判断出来。车身钣金的鉴别方法如下。

① 仔细察看车漆,如发现某一部分漆色或厚薄与周围不吻合,或显现出细微的圈状刮痕,说明受过损伤后重新喷涂美容。

② 检查发动机盖、车门及门框的间隙是否均匀。试试车门开启是否灵活,开门锁时不应太吃力,门轴不应有杂音。

③ 关门是否能一步到位。好的车关门时听到的声音较沉闷,声音很厚重的话说明密闭性能不错;质量差的车门用力小了关不严,需用大力撞击方能关严,而且声响尖利、不悦耳。

④ 查看发动机机舱、车底边缘是否有贴补痕迹,防止事故翻修车。

⑤ 查看挡风玻璃四面的胶封,如果是新的,表示这台车的挡风玻璃曾经破损过。

6. 勘验汽车车身固定螺丝

除了焊接外,车身部件之间的组装大多数还是用铆钉或是螺丝来固定的。所有的车身固定螺钉在原车出厂的时候,都是一次性固定的。而且,一些关键部位比如发动机,还需要按照严格的力矩来固定。一旦车辆出现事故,在修理车辆的时候,拧动螺钉,拆卸并更换部件是经常的事。这些固定螺钉被松动或更换后会留下痕迹。因此,通过判断车辆关键部位固定螺钉是否有动过的痕迹,也可以逆向判断车辆是否出现过事故。

检查汽车车身螺丝最常用的方法是五颗螺丝法,主要检查螺丝是否有漆面受损、位置移动和新旧不一的情况。

(1) 引擎盖螺丝 引擎盖的螺丝都是有漆面的,如果螺丝漆面不完整或者有扭过的痕迹,就可以判断发动机盖被拆卸过,如图3-1-55(a)所示。如果拆卸过又重新上漆,则对比螺丝及其周围的漆面,有色差。

(2) 水箱框架螺丝 水箱框架分为两种连接方式,一种是焊点连接,一种是螺丝连接。螺丝连接如图3-1-55(b)所示,与引擎盖螺丝的检查方法差不多。即使水箱框架螺丝没有漆面,扭动过的螺丝肯定也会有痕迹。焊点连接如图3-1-55(c)所示,需要观察水箱框架和翼子板上纵梁结合部分的焊接点。原厂焊点应呈正圆及略微凹陷。若发现焊点呈凸出状,有失圆或大小不一的点焊,焊点粗糙不光滑,排列不规则、不均匀,则是重新烧焊的痕迹,水箱框架受过撞击。

(3) 发动机基座螺丝 发动机基座螺丝是发动机固定在纵梁上的重要螺丝,如图3-1-55(d)所示。如果这颗螺丝扭动过,要么是发动机大修,要么是出现大事故后纵梁维修。底座螺丝通常都有垫片,还可以看看螺丝和垫片之间有没有发生位移。

(4) 车门螺丝 一般的车门刮蹭不用拆卸车门,最多补漆;即使车门凹陷也只是拆门板就能解决。拆车门一般都是发生了较大的交通事故,导致车门变形。只是拆卸车门,如图3-1-55(e)所示,没有牵扯到其他部位也没有车门密封性的问题,则事故并不算特别严重。

(5) 后备箱盖板螺丝 交通事故中最常发生的就是追尾,而追尾不是车头就是车尾受损,所以后备箱盖板螺丝需要好好检查,如图3-1-55(f)所示。后备箱盖板基本上是不需要拆卸的。拆卸过一般是出了交通事故,而且还是不小的事故。

(a) 引擎盖螺丝

(b) 水箱框架螺丝

(c) 水箱框架焊点

(d) 发动机基座螺丝

(e) 车门螺丝

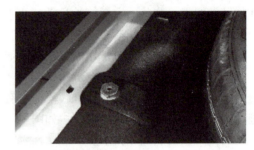
(f) 后备箱盖板螺丝

图 3-1-55　五颗螺丝法

任务实施

班级		组名	
组员及任务分工	姓名	学号	组内工作任务
接受任务	王女士近期想买一辆二手车,作为上下班的代步工具。去二手车市场转了几次后,相中了两款相同颜色、相同生产年份、相同配置,但标价相差比较大的途观 L。王女士想买便宜的途观 L,但又怕是事故车,便请评估师小李鉴定车辆		
信息收集	1. 下面不属于事故车的是( )。 　　A. 泡水车　　　　　　　　　　　　B. 大修车 　　C. 严重碰撞或撞击的车辆　　　　　D. 过火车辆 2. 泡水车是指( )。 　　A. 涉水深度超过车轮半径的车辆 　　B. 涉水深度超过车轮的车辆 　　C. 涉水行驶过的车辆 　　D. 水超过发动机盖,达到前挡风玻璃的下沿 3. 碰撞时,一部分能量会通过车身的刚性结构传递到远离碰撞的区域,这些被传递的振动波引起的影响称为( )。 　　A. 一次损伤　　B. 二次损伤　　C. 再次损伤　　D. 三次损伤 4. 在所有碰撞中,超过 70% 的碰撞发生在汽车( )。 　　A. 前部　　　　B. 后部　　　　C. 中部　　　　D. 尾部 5. 如果碰撞和车头成一定角度,( )的连接点就会成为旋转中心。 　　A. 后保险杠　　B. 前纵梁　　　C. 后围板　　　D. 发动机 6. 翼子板的中心位置受到碰撞,前轮会被推进去,振动波也会从前悬架横梁传至( )。 　　A. 左纵梁　　　B. 前纵梁　　　C. 后纵梁　　　D. 右纵梁 7. 以下( )可以判定车辆有过严重碰撞。 　　A. 前保险杠弯曲变形　　　　　　　B. 更换过倒车镜 　　C. 车架大梁弯曲变形　　　　　　　D. 前翼子板补过漆		
任务计划	根据事故车的检测要点,制订事故车判别的工作计划:		

（续表）

	1. 车体左右对称性检查		
任务实施			检查项目及结果
		车辆 右前方 45°	车身腰线顺畅：□是　□否 各个部件接缝均匀：□是　□否 前后车门是否变形：□是　□否 前后车门是否存在色差：□是　□否 前翼子板是否变形：□是　□否 前翼子板是否喷漆：□是　□否 左右部件是否对称：□是　□否 结果描述：_____ _____
		车辆 左前方 45°	车身腰线顺畅：□是　□否 各个部件接缝均匀：□是　□否 前后车门是否变形：□是　□否 前后车门是否存在色差：□是　□否 前翼子板是否变形：□是　□否 前翼子板是否喷漆：□是　□否 左右部件是否对称：□是　□否 结果描述：_____ _____
	2. 左A柱、左B柱、左C柱检查		
			检查项目及结果
		左A柱	修复：□是　□否 变形：□是　□否 更换：□是　□否 可见伤：□有　□无 结果描述：_____ _____
		左B柱	修复：□是　□否 变形：□是　□否 更换：□是　□否 可见伤：□有　□无 结果描述：_____ _____

（续表）

	检查项目及结果
左 C 柱	修复：□是　□否 变形：□是　□否 更换：□是　□否 可见伤：□有　□无 结果描述：_____ _____

3. 车头部分右前纵梁、左前纵梁、右前减振器悬挂、左前减振器悬挂

	检查项目及结果
右前纵梁	变形：□是　□否 修复：□是　□否 更换：□是　□否 结果描述：_____ _____
左前纵梁	变形：□是　□否 修复：□是　□否 更换：□是　□否 结果描述：_____ _____
右前减振器悬挂	变形：□是　□否 修复：□是　□否 更换：□是　□否 结果描述：_____ _____
左前减振器悬挂	变形：□是　□否 修复：□是　□否 更换：□是　□否 结果描述：_____ _____

(续表)

4. 右A柱、右B柱、右C柱检查

		检查项目及结果
	右A柱	修复：□是　□否 变形：□是　□否 更换：□是　□否 可见伤：□有　□无 结果描述：_____ _____
	右B柱	修复：□是　□否 变形：□是　□否 更换：□是　□否 可见伤：□有　□无 结果描述：_____ _____
	右C柱	修复：□是　□否 变形：□是　□否 更换：□是　□否 可见伤：□有　□无 结果描述：_____ _____

5. 车后部检查

		检查项目及结果
	左后减振器悬挂	修复：□是　□否 变形：□是　□否 更换：□是　□否 结果描述：_____ _____
	右后减振器悬挂	修复：□是　□否 变形：□是　□否 更换：□是　□否 结果描述：_____ _____

（续表）

	指导教师检查作业结果：			
	序号	检查项目	检查结果是否与实车实际相符	
			相符	不相符
质量检查	1	左A柱内侧		
	2	左B柱内侧		
	3	左C柱内侧		
	4	左D柱内侧		
	5	左底边梁		
	6	左后翼子板		
	7	左后翼子板内骨架		
	8	左后减振器座		
	9	左后纵梁		
	10	后围板		
	11	右后纵梁		
	12	右后减振器座		
	13	右后翼子板内骨架		
	14	右后翼子板		
	15	右底边梁		
	16	右D柱内侧		
	17	右C柱内侧		
	18	右B柱内侧		
	19	右A柱内侧		
	20	车顶		
	21	不可拆水箱框架		
	22	左前翼子板内骨架		
	23	左前纵梁		
	24	左前减振器座		
	25	前围板		
	26	右前减振器座		
	27	右前纵梁		
	28	右前翼子板内骨架		
	29	车身底板		

(续表)

	请根据学生在本次任务中的实际表现进行评价：			
	序号	评分标准	评分分值	得分
评价标准	1	明确工作任务,理解任务在企业工作中的重要程度	5	
	2	掌握工作相关知识及检测要点	10	
	3	能够对车辆左右对称性进行检查	15	
	4	能够对车辆左侧进行检查	35	
	5	能够对车辆右侧进行检查		
	6	能够对车辆前面部位进行检查	35	
	7	能够对车辆后面部位进行检查		

任务评价	教师评语：(根据工作单填写情况、语言表达、态度及沟通技巧等方面,按等级制给出成绩) 实训记录成绩： 教师签字： 日　　期：

任务 2 泡水车鉴定

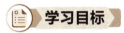 **学习目标**

知识目标
1. 掌握泡水车的界定；
2. 了解泡水车的危害；
3. 了解泡水车的车损划分。

能力目标
1. 能说明泡水车的危害；
2. 具有鉴定泡水车的能力。

思政目标
1. 加强学生的法律意识；
2. 培养学生精益求精的工匠精神。

 **情境导入**

每年的雨季都会产生泡水车。车辆被水浸泡后，其电路系统、发动机、变速箱及内饰可能腐蚀、生锈，产生故障、霉斑等，有可能在行驶过程中因短路而突然熄火、自燃，或需要更换总成，或影响车辆的美观度，还有可能威胁乘客的健康及安全。因此，对于泡水车，我们应该保持高度警惕。

任务描述

2023 年夏季，受台风杜苏芮影响，不少地区出现极端降雨过程。暴雨席卷之下，许多车辆被困在水中，遭遇水淹甚至直接被冲走。时隔几个月后，二手车市场上出现许多价格比较低的二手车。你如何判定此类车辆是否为泡水车？

任务准备

问题 1　泡水车是如何界定的？

T/CADA 18—2021《乘用车鉴定评估技术规范》规定，泡水车是指经水等导电液体浸泡进入驾驶舱内的车辆总称。泡水水位线在座椅底板以上（包含座椅底板）的即为泡水车，如图 3-2-1 所示。当表 3-2-1 中有 3 个或大于 3 个检查项目存在表 3-2-2 中对应的缺

图 3-2-1　泡水车

陷时,则该车为泡水车。仅在部件 30、32、37 存在表 3-2-2 中相应缺陷,不被判定为泡水车,但仍需在乘用车技术状况表及乘用车鉴定评估报告中予以注明。

表 3-2-1 泡水车部位代码

部件代码	部件名称	部件代码	部件名称
30	车内地毯	37	后备箱底板
31	乘客/驾驶舱地板线束及接口	38	驾驶室内保险丝盒
32	座椅滑轨	39	发动机舱保险丝盒
33	座椅坐垫下方	40	空调出风口
34	转向柱	41	发动机线束及接口
35	点烟器底座	42	车顶棚
36	安全带		

表 3-2-2 机动车缺陷状态描述对应表

缺陷代码	PSXS	PSNS	PSSZ	PSMB	PSXF
缺陷描述	泡水锈蚀	泡水泥沙	泡水水渍	泡水霉斑	泡水修复

泡水机动车缺陷状态解释:
(1) 泡水锈蚀 指车内金属部件因为泡水原因造成大面积较为明显的锈蚀。
(2) 泡水泥沙 指车内存在明显泥沙痕迹。
(3) 泡水水渍 指因为泡水机动车内存留水印。
(4) 泡水霉斑 指车内部件因为泡水后造成明显发霉现象。
(5) 泡水修复 指车内部件存在因泡水后修复所造成的痕迹。

问题 2 水灾车损事故怎样划分?

水灾车损(以下简称水损)事故一般分为两种:动态水淹车损事故,即车在行驶时发动机汽缸因吸入水而熄火,或在强行涉水未果、发动机熄火后被水淹没;静态水淹车损事故,即车在停放时被暴雨或洪水侵入甚至淹没。汽车水灾损伤的影响因素较多,汽车状态(停置或行驶)、不同的水质(海水会损坏漆面)、水淹时间、水淹高度对汽车的损伤各不相同。泡水车损伤级别见表 3-2-3。

表 3-2-3 泡水车损伤级别

水损级别	水淹时间/h	水淹高度	水损分析
一级	$H \leqslant 1$	制动盘和制动鼓下沿以上,车身底板以下,乘员舱未进水	可能造成的损伤零部件主要是制动盘和制动鼓。损坏形式主要是生锈,生锈的程度取决于水淹时间的长短和水质
二级	$1 < H \leqslant 4$	车身底板以上,乘员舱进水,水面在驾驶员座椅坐垫以下	除一级损失外,还会造成以下损失:车轮轴承进水,悬架下部连接处生锈,ABS 轮速传感器失准,车身底板锈蚀,部分控制模块水淹后失效

(续表)

水损级别	水淹时间/h	水淹高度	水损分析
三级	$4 < H \leqslant 12$	乘员舱进水,水面在驾驶员座椅坐垫以上,仪表工作台以下	除二级损失外,还会造成以下损失:座椅潮湿和污染,真皮座椅和木饰板损伤,车门电机进水,变速器进水,起动机被淹,中高档车后备箱中CD换片机被水淹,部分控制模块被水淹
四级	$12 < H \leqslant 24$	乘员舱进水,水面在仪表工作台中部	除三级损失外,还会造成以下损失:发动机进水,仪表台中部空调控制面板、音响控制设备、CD机受损,蓄电池放电、进水,继电器、保险丝盒进水,大量控制模块被淹
五级	$24 < H \leqslant 48$	乘员舱进水,水面在仪表工作台以上,顶棚以下	除四级损失外,还会造成以下损失:全部电器装置被淹,发动机严重进水,内饰被泡
六级	$H > 48$	水面超过车顶	所有零部件受损

注意: 同样是动态条件下的水损,由于发动机转速不同、进排气门安装位置不同、吸入水量不同等,所造成的损坏程度也有所不同。发动机在转速较高的条件下直接吸入水,完全有可能导致连杆折断、活塞破碎、缸体被捣坏等严重故障。

问题3 按损伤级别如何处理泡水车?

根据不同的损伤情况,泡水车的处理方式可以分为以下3种情形。

(1) 轻微泡水　车辆泡水不严重,损伤等级在一～二级。这种类型的泡水车受损不严重,经过维修处理后可以正常使用,不会有太大的安全隐患。

(2) 中度泡水　车辆泡水深度到仪表板处,损伤等级在三～四级。这种类型的泡水车发动机进水的可能性较大,汽车电气系统受损严重,内饰也有一部分被浸泡,车辆需要大范围维修,包括发动机维修、电气系统维修、电器设备更换、内饰部件翻新与更换等。这类车辆经过维修后少部分车主选择继续使用,大部分车主选择将车辆交易。这些泡水车辆就会流入二手车市场。

(3) 重度泡水　车辆泡水深度达到车顶处,损伤等级为五～六级。这种类型的泡水车受损非常严重,需要对发动机、底盘、电气系统等进行整体维修与更换,维修费用较高,而且有很大的安全隐患。重度泡水车辆有些会报废处理,很少有车主继续使用,大部分车辆经过维修、翻新后流入二手车市场。

问题4 泡水车有哪些危害?

泡水车会给驾驶人以及乘坐人员带来很大的安全隐患。泡水车的危害很多,主要从以下两方面介绍。

1. 直接危害

首先,会对汽车内部的电子控制系统造成损害。雨水和泥沙混合后腐蚀性很强,会影响汽车电气系统的功能。通常,汽车均配置电子控制系统(如发动机电子控制模块、防抱死制动系统、安全气囊系统、卫星导航系统等),若进水,会造成发动机电子控制模块内部电路板短路及插接器端子产生锈斑,金属部分慢慢会产生锈蚀,电路产生接触不良现象,严重时,其至引起短路烧毁。

其次,会对发动机造成损害。汽车泡水后,千万不要尝试启动或者转动发动机,否则会造成发动机连杆严重变形、气门弯曲等后果,甚至会造成缸体破裂。另外,一旦有水进入发动机,会影响机油的润滑效果。

2. 潜在危害

泡水车辆还有很多潜在的危害。车辆内如地毯、座椅等浸泡过久会造成材质变形、粗糙,产生异味,滋生细菌。地板下线束周围水汽浓重,潮湿会导致电路短路。这些被浸泡的部件最好都更换,否则会留下很多安全隐患。车门内饰板里一般都有隔音棉,也需要更换。音响、喇叭等浸水后则必须更换,否则几天后就会坏掉。四轮轴承一定要换,因为轴承密封件由润滑脂润滑,如果不换,润滑脂受腐蚀变质,起不到润滑作用,会造成异响,直至轴承断裂,影响行车安全。

问题5 如何鉴定泡水车?

1. 查看车辆外观

泡水车的钣金件不会受到损伤,所以不需要钣金、喷漆修复。因此泡水车在外观上是非常难以辨识的,可以从以下两个方面鉴定。

(1)前后灯组 注意观察车辆的前后灯组是不是新的过分。如果灯组的新旧程度与车辆生产年份明显不符,可能灯组被换过,有可能是事故、故障、泡水等原因导致的;检查灯组线束的接头及插座,如果内有大量泥沙或有锈斑,表明可能为泡水车;检查灯组内部是否有水渍或泛黄现象来判断灯组是否有被水浸泡过的痕迹,如图3-2-2所示。

(2)雾灯 雾灯的位置普遍比较低,有些车辆经过涉水路段时,雾灯很有可能会被水浸泡,如图3-2-3所示。因此,检查雾灯也可以作为一个参考内容。检查雾灯的内部是否有水渍或泛黄现象,线束的接头及插座内是否有大量泥沙或锈斑,以判断车辆是否有被水浸泡过的痕迹。

图3-2-2 前大灯有水雾

图3-2-3 雾灯有水渍

2. 检查驾驶舱

(1)气味 水泡后的车辆在晾晒后都会有经久不散的霉味,即使内饰经过全面清洗,依旧会有一股霉味,并且这种气味很难完全去除。判断车辆是否是泡水车时,最简单的办法就是进入车内闻气味。车内的异味可使用柠檬、木炭、日晒等手段清除。虽然这些方式确实有效,但是如果处理不够彻底,几个月后,这些异味又会出现。有时为了掩盖这种霉味会喷大量的香水或者空气清新剂。因此,遇到这种香气特别浓重的车辆需要多加留意。

(2)座椅固定架　观察座椅底部的金属固定架,如图3-2-4所示,如果有比较明显的锈蚀现象,则基本能确定此处被浸泡过。当然,如果该部件特别新,一点灰尘都没有,则也可能说明被换过,需要注意。在正常用车过程中,座椅底部的金属固定架很难接触水,一般洗车或做内饰清洁,也不会擦拭这里。所以,此处基本没有生锈的可能。正常情况下,座椅固定架上应该还会有些许积灰。

(3)座椅填充物　通常处理泡水车座椅就是将座椅拆除,用清水冲洗,必要时还需要用真皮护理液清洗,然后暴晒。目前,市场上绝大多数汽车座椅内部填充物都是发泡海绵,这种材料在经过浸泡、清洗和晒干后,弹性会变差,手感会发硬。因此,可以通过用力按或者捏座椅边缘的方法来判断座椅是否被水泡过,如图3-2-5所示。经过浸泡后的皮革颜色会略深,且有霉味,应仔细辨别座椅是否有霉味。

图3-2-4　座椅金属固定架

图3-2-5　座椅检查

(4)安全带　清洗泡水车时安全带比较容易被忽略,这也给泡水车的鉴定提供了一个机会。经过污水浸泡后的安全带上会留有较明显的水迹,而且不容易被清除,会产生霉斑。因此,可以通过观察安全带来判断车辆的泡水深度,图3-2-6所示。

(5)地毯　车内植绒地毯也是一个重要的观察点,可以用手触摸判断,如图3-2-7所示。主要留意地毯的毛是否柔顺、有无被刷子刷过后起球的情况。正常的地毯,手感比较柔软、细腻,而经过水洗后,摸上去手感会发硬、发涩。

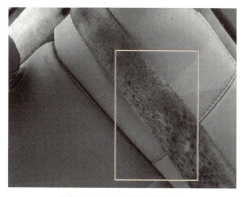

图3-2-6　安全带检查

图3-2-7　地毯检查

(6) 电器按钮　检查车内电器系统(音响、空调等)按键与旋钮,如图3-2-8所示,注意按键、旋钮的操控阻尼与顺畅度。如果普遍有手感发涩或回弹无力的情况,则说明设备很有可能被水浸泡过。可以与同款新车或者同年份的二手车对比,体验两者按键或旋钮是否异常。

(7) 液晶显示屏　车辆在泡水后,如果水位超过仪表板,会使液晶屏明暗不均匀或有色斑现象,如图3-2-9所示。

图3-2-8　电器按键、旋钮检查

图3-2-9　液晶屏检查

图3-2-10　线束检查

(8) 线束　检查车内的线束、车门槛条旁的饰板,观察车辆线束的捆扎是否规整,电线上是否有水、泥沙残留,线束接口是否有霉变痕迹,如图3-2-10所示。当水进入驾驶舱,首先会对布置在地板下方的线束造成损坏,使接口部分霉变并由此引发接触不良、断路等问题。

(9) 安全气囊　可以扒开A柱、B柱、车顶饰板和方向盘中心,如图3-2-11、图3-2-12所示,查看是否还有安全气囊。因为出于维修成本考虑,泡水车在维修过程中一般都不会进行线束更换,而是晒干后继续使用。安全气囊价格昂贵,一般都是直接拆除不装。可以通过观察侧面气帘是否有泥沙来判断车辆被水浸泡的深度。也可以查看车辆的维修记录来确认该车是否更换过安全气囊;根据车辆有无钣金修复记录来判断该车是否因事故导致过气囊更换。

图3-2-11　车顶饰板检查

图3-2-12　方向盘检查

3. 发动机舱鉴定

(1) 防火墙　观察防火墙上是否有水渍,可判断车辆泡水深度,如图3-2-13所示。检查隔音棉及发动机舱盖,如图3-2-14所示,如隔音棉与发动机舱盖之间有较多泥沙,且发动机舱盖螺栓有拆卸痕迹,但隔音棉无拆卸痕迹,则表明可能为泡水车。

图 3-2-13 防火墙检查

图 3-2-14 隔音棉检查

（2）熔丝盒　检查熔丝盒内是否有水迹、泥沙、锈蚀痕迹，如图 3-2-15 所示。正常熔丝为亮银色，经过浸泡后的熔丝失去光泽，而且会有一些霉点。

（3）缸体　检查发动机缸体，如图 3-2-16 所示，(a) 为正常发动机缸体，(b) 为泡水车缸体。检查发动机的金属部件是否有霉点。如果全车金属都有霉点，则这辆

图 3-2-15 熔丝盒泥沙

车很大可能是泡水车。但是如果只是部分金属出现上述问题，也有可能只是车辆长期放置在潮湿的地方或车辆部分泡水。

（4）线束及插头　发动机和变速箱上的各个传感器的插头里的水分很难完全处理掉，常常发生氧化反应，有绿色铜锈和黄色铜锈，电线绝缘壳内易有污泥，如图 3-2-17 所示。

(a) 新车

(b) 泡水车

图 3-2-16 新车与泡水车缸体对比

(a) 新车

(b) 泡水车

图 3-2-17 新车与泡水车电线对比

4. 后备箱检查

（1）随车工具　观察随车工具箱是否留有泥沙痕迹，检查随车工具的锈蚀情况，如图 3-2-18 所示。

（2）水渍　掀开后备箱装饰盖板，取出工具泡沫块，查看角落处是否有泡水痕迹，如图 3-2-19 所示。在检查时还应关注排水塞有无拆装痕迹，后备箱座（备胎座）两旁后轮隐秘接缝处的死角是否有残留污泥。

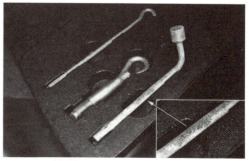

图 3-2-18 随车工具的锈蚀

(3) 备胎　检查备胎,查看是否有锈蚀、泥沙存留的情况,如图 3-2-20 所示。铁质轮毂出现锈蚀也有可能是使用造成的现象,需要结合车辆整体状况综合判断有无泡水经历。

图 3-2-19　后备箱装饰盖板泡水痕迹

图 3-2-20　备胎锈蚀

5. 底盘鉴定

(1) 油底壳　检查发动机油底壳、变速器油底壳等,这些铝制部件是否有类似发霉的情况,如图 3-2-21 所示。

(2) 排气管　检查排气管的锈蚀情况。通常车辆经过长时间使用,经过雨水的侵蚀,排气管有轻微锈蚀或者泛红现象是正常的,但出现图 3-2-22 所示严重的锈蚀情况,证明该车一定被水泡过。

图 3-2-21　油底壳锈蚀

图 3-2-22　排气管锈蚀

(3) 悬架螺栓　检查底盘悬架系统等螺栓是否有锈蚀现象。如果底盘螺栓普遍有锈蚀现象,如图 3-2-23 所示,说明该车泡水的可能性较大。

图 3-2-23　悬架螺栓锈蚀

● 任务实施

班级			组名	
组员及任务分工	姓名		学号	组内工作任务
接受任务	2023年夏季,受台风杜苏芮影响,不少地区出现极端降雨过程。暴雨席卷之下,许多车辆被困在水中,遭遇水淹甚至直接被冲走。时隔几个月后,二手车市场上出现许多价格比较低的二手车。你如何判定此类车辆是否是泡水车?				
信息收集	1. 泡水车有很大的危害,包括潜在危害和直接危害,会影响行车安全。(　　) 2. 根据车辆的涉水深度与泡水时间,将泡水车的损伤分为5个级别,一级最为严重。(　　) 3. 鉴定发动机舱时,可以检查发动机舱盖漆面厚度来判断泡水级别。(　　) 4. 涉水深度达到车顶处的泡水车受损情况非常严重,需要对发动机、底盘、电气系统等进行整体的维修与更换。(　　) 5. 在检查驾驶舱是否有泡水痕迹时,应该重点检查地板线束,安全带、座椅等不作为重点检查部位。(　　) 6. 打开车门发现驾驶舱有霉味,说明车辆有泡水经历。(　　) 7. 检查转向柱时发现有锈蚀等痕迹,判断车辆涉水深度超过座椅。(　　) 8. 检查发动机舱时,要注意熔丝盒以及防火墙是否有泥沙、霉斑等痕迹,以此作为判断车辆是否有泡水经历的依据。(　　)				
任务计划	根据泡水车的检测要点,制订泡水车检测的工作计划:				
任务实施	1. 打开左前车门(驾驶位)、后备箱盖				

	检查项目及结果	
驾驶室气味	发霉味:□有　□无 结果描述:_____	
后备箱气味	发霉味:□有　□无 结果描述:_____	

(续表)

2. 检查发动机舱盖

	检查项目及结果
水箱、散热片、线束、接缝	污泥：□有 □无 锈蚀：□有 □无 水淹痕迹：□有 □无 结果描述：_____
防火墙	水淹痕迹：□有 □无 结果描述：_____

3. 检查驾驶室（内饰）

	检查项目及结果
座椅滑轨、底部金属部件	锈蚀：□有 □无 结果描述：_____
驾驶室内底板	污泥：□有 □无 水淹痕迹：□有 □无 结果描述：_____
安全带末端	污泥：□有 □无 水淹痕迹：□有 □无 结果描述：_____
制动踏板连接处	锈蚀：□有 □无 水淹痕迹：□有 □无 结果描述：_____
油门连接处	锈蚀：□有 □无 水淹痕迹：□有 □无 结果描述：_____

4. 检查前后风挡玻璃缝隙

	检查项目及结果
前风挡玻璃缝隙	污泥：□有 □无 结果描述：_____
后风挡玻璃缝隙	污泥：□有 □无 结果描述：_____

（续表）

5. 检查后备箱			
			检查项目及结果
		后备箱两侧缝隙	污泥：□有 □无 结果描述：_____
		备胎轮毂	霉斑：□有 □无 结果描述：_____
		随车工具	锈蚀：□有 □无 结果描述：_____
6. 检查底盘			
			检查项目及结果
		举升高度	_____
		注意事项	举升车辆过程中，车底禁止站人
		发动机壳	锈蚀：□有 □无 结果描述：_____
		排气管	锈蚀：□有 □无 结果描述：_____

	指导教师检查作业结果：			
	序号	检查项目	检查结果是否与实车实际相符	
			相符	不相符
质量检查	1	车内地毯		
	2	乘客/驾驶舱地板线束及接口		
	3	座椅滑轨		
	4	座椅坐垫下方		
	5	转向柱		
	6	点烟器底座		
	7	安全带		
	8	行李箱底板		
	9	驾驶室内熔丝盒		

(续表)

序号	检查项目	检查结果是否与实车实际相符	
		相　符	不相符
10	发动机舱熔丝盒		
11	空调出风口		
12	发动机线束及接口		
13	车顶棚		

评价标准

请根据学生在本次任务中的实际表现进行评价：

序号	评分标准	评分分值	得分
1	明确工作任务，理解任务在企业工作中的重要程度	5	
2	掌握工作相关知识及检测要点	20	
3	能够对车辆发动机舱进行检查	20	
4	能够对车辆驾驶舱进行检查	20	
5	能够对车辆后备箱进行检查	20	
6	能够对车辆底盘进行检查	15	

任务评价

教师评语：(根据工作单填写情况、语言表达、态度及沟通技巧等方面，按等级制给出成绩)

实训记录成绩：　　　　　　　　　　　　　　　教师签字：
　　　　　　　　　　　　　　　　　　　　　　　日　　期：

任务 3 火烧车鉴定

学习目标

知识目标
1. 掌握火烧车的界定；
2. 了解火烧车的危害；
3. 掌握火烧车的鉴定技巧。

能力目标
1. 能说明火烧车的危害；
2. 具有独立鉴定火烧车的能力。

思政目标
1. 加强学生的诚信意识；
2. 培养学生精益求精的工匠精神；
3. 提高学生分析问题的能力。

情境导入

立夏之后，各地的气温快速上涨，动辄 30℃ 以上。高温天气下，打开放在室外的车，会有一股热浪扑面而来。人可以用空调降温，车这个铁骨铮铮的"汉子"也怕热。每年火烧车的新闻事件数不胜数。夏季要关注汽车自燃的问题。这些火烧车在整备后会流入二手车市场，如何判别火烧车就成为评估师的难点。

任务描述

2023 年 7 月陈先生通过某平台购买了一辆二手奔驰 GLS。2021 年出厂，总价 97 万元，包含了 12 000 元的服务费。平台 App 出具了车辆的各种报告，包括车况、颜色、配置等。平台称，该车车况良好，没有火烧，没有泡水，没有焊接。陈先生购买后又去找了第三方机构做了检测。结果鉴定这辆车是火烧车。如果你是评估师，如何判断？

任务准备

问题 1 什么是火烧车？

火烧车是指经燃烧、炙烤等高温作用的车辆总称。当表 3-3-1 中任何一个检查项目存在表 3-3-2 中对应的缺陷时，则该车为火烧车。火烧车缺陷状态认定标准为，单点火烧熏黑炭化痕迹或火烧炙烤熔化面积达到 0.3~0.5 m² 以上或多点火烧痕迹累计面积达到 0.8 m² 为火烧车。

表 3-3-1 火烧车部位代码

部件代码	部件名称	部件代码	部件名称
43	发动机舱盖隔音棉	44	防火墙隔音棉

(续表)

部件代码	部件名称	部件代码	部件名称
45	机舱内线束	48	车身底板
46	机舱内管路	49	后备箱底板
47	仪表台及内饰		

表3-3-2 火烧车辆缺陷状态描述对应表

代表字母	HSXH	HSZK
缺陷描述	火烧熏黑炭化	火烧炙烤熔化

问题2 汽车火灾有哪些特点？

（1）速度很快 车辆火灾在初期燃烧阶段是非常迅速的，这与车内外环境，如温度及氧气浓度等多方面因素有关。车辆起火会扩散到整个车体，加之车辆内部存在各种化学物质，火势会变得猛烈，扩散速度快，容易引发整个车辆燃烧起来。

（2）危害较大 车辆火灾不仅会对车内人员造成威胁，也会对道路交通和路侧人员造成危害。如果火势不能及时控制，可能导致汽油和液化气瓶等燃料罐的爆炸，容易引发大面积的火灾和烟雾，对驾驶员和行人造成身体伤害，影响到公路和道路交通的正常通行。

（3）多起源性 车辆火灾的起因很多，包括电器故障、机械故障、火柴、香烟等。其中，电器故障导致车辆火灾的比例较高。由于车内电路繁杂，车辆火灾十分常见。

（4）难以控制 车辆火灾一旦发生，火势很难控制，如果没有及时疏散车内人员，火灾很可能造成人员伤亡。即使把车停靠到安全区域，救援人员也难以救援。因为，车辆内部烟雾和高温都极易构成对救援人员的威胁。

（5）容易造成车辆报废 一般来说，车辆火灾发生，往往会导致车辆的损毁。而且车辆起火也有可能破坏发动机和底盘等车身零部件，腐蚀车体金属，降低车辆经济价值，甚至可能引发保险索赔问题。

问题3 火烧车有哪些类型？

根据火烧车燃烧的部位、燃烧的程度和燃烧后对整车性能影响的大小，可将火烧车分为**轻微火烧车**和**严重火烧车**两类。

局部火烧，损失只局限于过火部分油漆、导管或部分内饰。如表3-3-3中1～14项任何一条或以上轻微程度的，应考虑判定为轻微以上程度的火烧车。火烧破坏很严重，即使在修复后对整车行驶性能也影响较大。如表3-3-3中1～14项任意3个严重程度或15～17项任意轻微及以上程度缺陷的，应考虑判定为**严重火烧车**。

表3-3-3 过火车鉴定项目表

序号	检查项目	A	B	C
1	车身外漆有无火烧痕迹	无	轻微	严重

(续表)

序号	检查项目	A	B	C
2	车厢内饰有无火烧痕迹	无	轻微	严重
3	车厢地板有无火烧痕迹	无	轻微	严重
4	轮胎有无火烧或熔化痕迹	无	轻微	严重
5	各部位橡胶件有无火烧或熔化痕迹	无	轻微	严重
6	各灯泡座有无火烧或熔化痕迹	无	轻微	严重
7	各开关座有无火烧或熔化痕迹	无	轻微	严重
8	后备箱内有无火烧痕迹	无	轻微	严重
9	驾驶舱内的熔丝盒有无火烧痕迹	无	轻微	严重
10	发动机舱内的熔丝盒有无火烧痕迹	无	轻微	严重
11	发动机舱线束有无火烧痕迹	无	轻微	严重
12	车身线束有无火烧痕迹	无	轻微	严重
13	发动机线束有无火烧痕迹	无	轻微	严重
14	发动机舱有无火烧痕迹	无	轻微	严重
15	防火墙有无火烧痕迹	无	轻微	严重
16	发动机缸体有无火烧痕迹	无	轻微	严重

问题 4 火烧车有哪些危害?

(1) 质量隐患　发生过火灾事故的车辆,即使更换零部件,也有很大可能存在故障隐患,在使用中极有可能再次发生故障。

(2) 安全隐患　经过退火处理的钢材硬度会下降。而车辆起火就相当于给汽车钢板进行了一次退火,会造成钢材强度下降,给以后的车辆使用带来危害。

(3) 自燃风险　经过高温的烧灼,各种线路的塑料绝缘层已经老化,容易造成短路,轻的会烧保险和电控元件,重的会再次发生自燃。

(4) 环境恶化　火烧车的车内环境严重恶化,危害驾乘人员的身体健康。

问题 5 火烧车是如何产生的?

汽车起火的原因有自燃、引燃、碰撞起火、雷击和爆炸 5 种类型。

1. 自燃

自燃是指在没有外界火源的情况下,由于汽车电器、线路、供油管理、机械系统等自身部件或所载货物所引起的燃烧。汽车自燃可能的原因有以下几种:

(1) 供油系统原因　严重的汽车自燃一般都是供油系统出现问题,燃油的泄漏是引发汽车自燃的罪魁祸首,油箱中泄漏出来的汽油是汽车上最可怕的助燃物。漏油点大多集中在油管接头处、油管与车身摩擦处等薄弱环节。无论是行进还是停驶,汽车上都存在火源,如点火系产生的高压电火花、蓄电池外部短路产生的高温电弧、排气管排出的高温废气和积炭火星等。当泄漏的燃油遇到火花时,会造成火灾。

电喷发动机喷油器清洗后必须更换密封圈,个别维修厂为了小利重复使用,常常引发汽车火灾。采用柴油发动机的汽车,有时冬季气温较低,会出现供油管路挂蜡的现象。为了解决这一问题,有的驾驶员会在油箱外用明火烘烤,极易引起火灾。

(2)电器原因 发动机工作时,点火线圈自身温度很高,有可能使高压线绝缘层老化、龟裂,导致高压漏电。另外,高压线脱落引起跳火是高压漏电的一种常见形式。当漏电处的温度持续升高时,若遇到油泥等可燃物,就会引发火灾。定期清洁发动机有助于预防此类火灾的发生。

低压线路老化、过载或磨损搭铁漏电是引发汽车自燃事故的另一主要原因。私自改装(如加装高档音响、增加通信设备、加装电动门窗等)会导致个别线路用电负荷增大,如果没有对整车布线进行合理的分析及功率复核,发生火灾在所难免。

在汽车电路维修中,有随意加大熔丝容量的现象,更有甚者直接用铜线代替熔丝,在之后的运行过程中,由于熔丝无法及时断开,会造成线路短路引发火灾。

(3)机械系统原因 汽车的相关部件若因汽车超载处于疲劳和过热的状态,一旦超过疲劳极限,就有可能引发自燃。近年来高速公路上轮胎过热起火的现象较为常见,轮胎过热主要是气压不足与超载的综合效应。无论是胎压不足还是超载,都会导致轮胎的侧壁弯曲。这种情况下所产生的热量比机动车行驶过程中散发的热量还要多,其结果必然是轮胎侧壁的温度持续升高,积聚的热量使轮胎自燃。

2. 引燃

引燃是指汽车被外界火源引发的燃烧。建筑物起火、周围可燃物起火、其他车辆起火、人为纵火等都属于汽车被引燃的范畴。

3. 碰撞起火

当汽车发生追尾或迎面碰撞时,由于基本不具备起火的条件,一般情况下不会起火;只有当撞击后导致易燃物(尤其是汽油)泄漏且与火源接触,才会起火。前置发动机的汽车在发生了较为严重的正面碰撞后,由于水箱后移,有可能会导致油管破裂。此时发动机尚处于运转状态,一旦高压线脱落或漏电引起跳火,就会引发火灾。

当汽车因碰撞或其他原因导致倾覆翻滚时,极易发生油箱泄漏事件,一旦遇上火花,就会起火爆炸。

4. 雷击

在雷雨天气里,露天停放的车辆有可能遭遇雷击。雷击的电压非常高,可以使车体与地面之间形成回路,从而将汽车上的电气电子设备击穿,严重时可能引起火灾。

5. 爆炸

车内违规装载易爆物品(鞭炮、雷管、炸药)极易引发爆炸和火灾。

车辆起火原因有多种,可以根据着火点判定起火原因。车辆开窗、关窗状态下燃烧速度不同,可以通过车辆过火时间确定全车扣件状态,见表3-3-4。

表3-3-4 开窗与关窗状态下车辆着火状态比较

开窗通风状态		关窗封闭状态	
时间	燃烧状态	时间	燃烧状态
15秒	驾驶室内充满黑烟	30秒	驾驶室内充满黑烟

(续表)

开窗通风状态		关窗封闭状态	
时间	燃烧状态	时间	燃烧状态
30秒	副驾驶开始冒火	30秒	座椅开始燃烧,火势蔓延至车顶
2分40秒	驾驶员侧开始冒火	2分15秒	换气口开始冒烟
2分50秒	前挡风玻璃破损	4分	车体和车窗玻璃变热
4分	左右座椅迅速燃烧	7分	车门开始有烟冒出
5分	火势蔓延至室内中部	12分	漏出的烟减少,驾驶内温度下降
10分	左右车窗玻璃破损	20分	因缺氧火势自然熄灭
结果	火势进一步发展	结果	靠近座椅的一部分烧损

问题6 火烧车的鉴定方法有哪些?

1. 查询保险公司出险记录或者车辆维修记录

如果火烧车报过保险,可以通过保险记录查询。如果没有保险记录,还可以查询车辆维修记录。如果发现车辆维修有大量可疑零部件更换,就要注意了。例如<u>线束</u>、<u>大线</u>、<u>胶</u>、<u>内饰件</u>、<u>内饰板</u>等一般情况下不会更换的零部件,如有更换记录则在验车时应重点查看。

2. 检查车辆外观

外观最大的看点就是车漆,烧黑车漆是无法避免的,即便再小的火势也会烧伤车漆,车门前后的翼子板及车身整体的车漆都会变得斑驳。修漆、补漆就是必需的,有可能整体换漆,或是局部补漆。可以通过车身漆体的光泽度与均匀度来判断,可以借助专业工具如漆膜仪来检查漆体厚度及含量。补漆就会影响周边胶条,会有起伏痕迹,黏有油漆。车辆的门柱一般是由2层或3层组成。检查A、B、C柱,扒开车辆门柱胶条,从内侧向外侧观察,车辆门柱内部表面会有熏黑痕迹。具有修复价值的过火车辆的过火程度都不是非常严重,漆面烧损部位一般没有变形情况,因此喷漆部位无钣金作业痕迹,如图3-3-1所示;严重的过火会导致车身变形及玻璃破碎,这种情形的车辆往往不再具备修复价值。

图3-3-1 漆面烧损修复对比

3. 检查发动机舱

车辆发动机舱是燃油、电气系统、线路、管路最复杂的区域,工作温度是全车最高的,是最容易发生自燃的地方,是重点查看的区域。发动机舱过火的常见更换部件如图3-3-2所示。

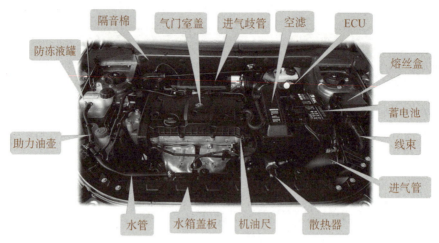

图 3-3-2 发动机舱过火的常见更换部件

(1) 防火墙 **防火墙**是发动机与驾驶舱之间的一块铁板,这上面贴有防火隔热材料。车辆起火后,发动机舱处于高温环境,这个部位的易燃性也高于其他地方。发动机舱发生过火灾,势必在防火墙上留有火烧过的痕迹,如图 3-3-3 所示。仔细检查防火墙的细节,能鉴别车辆是不是火烧车。

(2) 发动机舱内部漆面 发动机周围有没有熏黑过的痕迹,是检查车辆有没有经历火烧的关键,如图 3-3-4、图 3-3-5 所示。过火通常都会对发动机舱内漆面造成烧损,而且过火面积一般较大,火烧车需要对所有被烧损、熏黑的部位喷漆,如图 3-3-6 所示。

图 3-3-3 防火墙燃烧后的痕迹

图 3-3-4 发动机舱内防火棉烧损

图 3-3-5 发动机舱熏黑

图 3-3-6 发动机舱内漆面修复

(3) 灭火剂粉末　车辆起火是一个渐进的过程。车辆刚起火时,绝大多数人本能都会使用灭火器施救,事后很难将灭火剂的粉末彻底清除(比如隔音棉、边角),如图3-3-7、图3-3-8所示。

图3-3-7　发动机舱灭火剂粉末

图3-3-8　边角缝隙燃烧痕迹

(4) 观察线路、橡胶和胶体　驾驶舱与发动机舱内都有熔丝盒。可以观察发动机舱内的线路和周围的线路颜色有没有区别,车辆的保险丝、线束、线束接口是否更换过,检查线路的编号及日期,是否新旧不一。如果线路上有瘤状或者熏黑的迹象,如图3-3-9、图3-3-10所示,大概率是火烧车。机舱内的橡胶件熔化,说明橡胶件已经经过一段时间高温,如图3-3-11所示。机舱内边缘部分有打过钣金胶的部位变硬、变脆的情况,如图3-3-12所示。在机舱内局部过火的情况下,外围边缘受损较轻,没有修复必要,而钣金胶因为高温原因变硬或变脆属于正常的反应。

图3-3-9　插接器烧化

图3-3-10　熔丝盒熏黑

图3-3-11　机舱内的橡胶件熔化

图3-3-12　钣金胶变硬

（5）零部件炭化　发动机舱着火温度升高，使发动机舱内的零部件产生炭化状态，如图 3-3-13 所示。

图 3-3-13　进气歧管碳化

4. 检查驾驶舱

火烧后的二手车无论怎么掩盖，都会留有一种特殊的火烧气味。进入驾驶舱首先闻气味，闻闻车内是否有刺鼻或者烧焦气味，或是喷清新剂的味道；其次，通过观察车内饰、地板以及座椅下方是否有异常，尤其是隐蔽的地方，比如座椅下方电机及插头线管有没有拆卸和更换痕迹，内饰漆面有没有暗黑，内饰是否大面积翻新。

任务实施

班级		组名	
组员及任务分工	姓名	学号	组内工作任务
接受任务	2023 年 7 月陈先生通过某平台购买了一辆二手奔驰 GLS。2021 年出厂,总价 97 万元,包含 12 000 元的服务费。平台 App 出具有车辆的各种报告,包括车况、颜色、配置等。平台称,该车车况良好,没有火烧,没有泡水,没有焊接。陈先生购买后出于谨慎又去找了第三方机构做了检测。结果鉴定这辆车是火烧车。如果你是评估师,如何判断?		
信息收集	1. 火烧车是指经(　　)、(　　)等高温作用的车辆总称。 2. 火烧车缺陷状态认定标准为单点火烧熏黑炭化痕迹或火烧炙烤熔化面积达到(　　)m^2 以上或多点火烧痕迹累计面积达到(　　)m^2 为火烧车。 3. 汽车起火的原因有(　　)、(　　)、(　　)、(　　)和爆炸 5 种类型。 4. 防火墙是(　　)与(　　)之间的一块铁板,这上面贴有防火隔热材料。 5. 发生汽车火灾的情况有(　　)。 　　A. 汽车电气系统火灾　　　　　　B. 油品泄漏火灾 　　C. 排气系统火灾　　　　　　　　D. 汽车碰撞引起的火灾		
任务计划	根据火烧车的检测要点,制订火烧车检测的工作计划:		

任务实施

1. 检查整车外观

	检查项目及结果	
	漆面平整度	起伏不平:□有　□无 结果描述:_____
	漆面色差	色差:□有　□无 结果描述:_____

(续表)

(续表)

	检查项目及结果
喷漆修复 (左前门)	测点一：μm 测点二：μm 测点三：μm 测点四：μm 测点五：μm 喷漆修复：□有 □无 结果描述：_____

2. 检查发动机舱

	检查项目及结果
熔丝盒	更换：□是 □否 火烧或熏黑痕迹：□有 □无 结果描述：_____
线束	更换：□是 □否 火烧或熏黑痕迹：□有 □无 结果描述：_____
防火墙	火烧或熏黑痕迹：□有 □无 结果描述：_____
发动机舱盖	火烧或熏黑痕迹：□有 □无 结果描述：_____

3. 检查驾驶室(内饰)

	检查项目及结果
座椅	更换：□是 □否 火烧或熏黑痕迹：□有 □无 结果描述：_____
中控台	更换：□是 □否 火烧或熏黑痕迹：□有 □无 结果描述：_____

(续表)

		检查项目及结果	
	地板	火烧或熏黑痕迹：□有 □无 结果描述：_____	
	内饰	刺鼻气味(烧焦味道)：□有 □无 结果描述：_____	

(续表)

4. 检查底盘

	检查项目及结果	
举升高度	_____	
注意事项	举升车辆过程中，车底禁止站人	
前横梁 后纵梁	火烧或熏黑痕迹：□有 □无 火烧或熏黑痕迹：□有 □无 结果描述：_____	
油底壳 螺钉 后减振 螺钉 传动轴 螺钉 ……	火烧或熏黑痕迹： □有 □无 火烧或熏黑痕迹： □有 □无 火烧或熏黑痕迹： □有 □无 结果描述：_____	

	评分标准	好	一般	有待改良
评价标准	实训准备 （10分）	小组分工明确，能够事先精心准备任务内容	能够做必要的准备，但不够充分	分工不够明确，事先无准备
	知识运用 （10分）	能够熟练、自如地运用所学知识分析且分析卓有成效	小组讨论认真，所学知识运用得不是很准确，个别组员不积极	不能运用所学知识分析实际问题
	成果质量 （10分）	能够准确检查，描述正确	能够准确检查，描述基本正确	未在规定时间完成检查
	学习态度 （10分）	热情高，干劲足，态度认真，能够出色地完成任务	有一定热情，基本能够完成任务	敷衍了事，不能完成任务

（续表）

| 任务评价 | 教师评语:（根据工作单填写情况、语言表达、态度及沟通技巧等方面,按等级制给出成绩）

 实训记录成绩: 教师签字:
                                                                       日   期: |

项目四

【二手车鉴定评估】

技术状况鉴定

项目说明

车辆技术状况鉴定是指通过感官和运用检测设备,评估汽车的外观、内饰情况,各个总成和部件的完好情况,整车的各项使用性能等。二手车的技术状况鉴定是二手车鉴定评估工作的基础与关键,鉴定方法主要有静态检查、动态检查和仪器检测。其中,静态检查和动态检查是依据评估人员的技能和经验对被评估车辆进行直观、定性判断,在汽车评估中是必不可少的;而仪器检测是对被评估车辆整车及各总成部件技术状况进行定量评价。选用哪一种方法,需在实际工作中视评估目的和实际情况而定。

学习导航

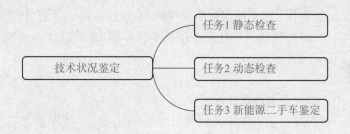

任务1 静 态 检 查

学习目标

知识目标
1. 掌握静态检查内容；
2. 掌握作业表的填写规则。

能力目标
1. 具有独立完成静态检查的能力；
2. 能够完成作业表记录；
3. 能根据检查结果判断二手车静态状态。

思政目标

通过静态检查各项作业的学习与操作，掌握行业规范标准，培养科学素养，体验职业规范操作重要性与准确性，深化二手车鉴定评估师职业素养体系。

情境导入

在二手车评估市场，一些评估师借用看、摸、听、敲、磁铁等多种方法鉴别车况。想一想，这些方法能鉴别出来哪些车况？

任务描述

因公司发展任先生计划购置一辆轿车。考察二手车交易市场后，任先生锁定一辆国产2021款宝马5系。由于不了解车辆实际情况，担心有隐性故障和问题，任先生迟迟没有交付车款。作为二手车评估师，你能帮助任先生准确掌握车辆实际信息吗？你需要做哪些工作？

任务准备

问题1 什么是二手车技术状况鉴定？

GB/T 30323—2013《二手车鉴定评估技术规范》中定义，二手车技术状况鉴定是对车辆技术状况进行缺陷描述、等级评定。对车辆的综合车况评估，结论以综合车况（百分制）表述。按照车身、发动机舱、驾驶舱、启动、底盘、路试等项目顺序检查车辆技术状况。根据检查结果确定车辆技术状况的分值。总分值为各个鉴定项目分值累加，满分100分，计算方法：

$$X = \sum_{i=1}^{i=6} X_i,$$

式中，X为车辆技术状况总分值，X_1为车身外观鉴定分值，X_2为发动机舱鉴定分值，X_3为驾驶舱鉴定分值，X_4为启动鉴定分值，X_5为底盘鉴定分值，X_6为路试鉴定分值。

根据检查结果确定车辆技术状况的分值，等级分值对应见表4-1-1。

表 4-1-1　车辆技术状况等级分值对应表

技术状况等级	分值区间
一级	鉴定总分≥90
二级	60≤鉴定总分＜90
三级	20≤鉴定总分＜60
四级	鉴定总分＜20
五级	事故车

问题 2　什么是静态检查？

二手车技术状况鉴定包括静态检查、动态检查和仪器检查。

汽车技术状况的<u>静态检查</u>是在发动机不运行的情况下，根据二手车评估人员的经验和技能，辅以简单的量具，检查二手车的技术状况。静态检查的目的是快速、全面地了解二手车的技术状况。通过全面检查，发现一些较大的缺陷，如严重碰撞、车身或车架锈蚀或结构性损坏、发动机或传动系严重磨损、车厢内部设施不良、损坏维修费用较大等，为其价值评估提供依据。

静态检查包括对汽车的识伪检查和外观检查。识伪检查包括鉴别走私车辆、拼装车辆和盗抢车辆等；外观检查包括发动机舱、驾驶舱、车身和后备箱、底盘检查，功能性零部件检查，如图 4-1-1 所示。

图 4-1-1　静态检查项目

问题 3　识伪检查都有哪些项目？

1. 走私车辆

正规的进口车辆分为中规进口和平行进口，就是人们通常说的，中规车和平行进口车。所谓的<u>中规车</u>，由品牌原厂授权的总代理引进的车辆，通常在 4S 店里销售，必须符合中国的各项标准。而<u>平行进口车</u>由原厂总代理以外的其他进口商（非原厂授权）引进到中国，通常在港口汽车城或各地综合汽贸店销售。

在平行进口汽车手续中，需要查验关单、发票、商检、环保清单、一致性证书、车辆购置税纳税申报表、车辆电子信息单 7 项，如图 4-1-2 所示。

（a）关单

（b）发票

（c）商检

（d）环保清单

（e）一致性证书

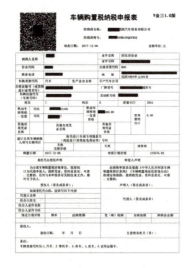
（f）车辆购置税纳税申报表

（g）车辆电子信息单

图 4-1-2　平行进口车 7 项手续

走私车是指没有通过国家正常进口渠道进口的,并未完税的进口车辆。通过以下检查可以确认车辆是否是走私车辆。

　　(1) 查看车架号、发动机号　车辆 VIN 码如果不是 L 开头,该二手车就有必要查验是否为走私车。在看车架号的同时,也要查看发动机号。

　　(2) 查看汽车牌照　没有合法手续的走私车是上不了牌照的,多是套牌车。在一线城市,二手车牌照是边远省份,需要关注。

　　(3) 检查车身是否有重新喷涂油漆的痕迹　特别是在顶部和下部车身各部位的曲线流畅的线条处,尤其是小部分的曲线处。检查门柱和车架部分是否有焊接迹象,走私车辆很多会在境外把车身切割开,运到国内再焊接拼凑在一起。看下车门、发动机盖、后备箱盖与车身接缝是否整齐、均衡。

　　(4) 检查内饰材料是否平整　内装饰压条边沿部分是否有明显的手指印或有其他工具碾压后留下的痕迹,车顶部装饰材料上是否有被弄脏后的痕迹。

　　(5) 检查发动机舱　打开发动机引擎盖,检查发动机和其他零件部件是否有拆卸后重新安装的痕迹,是否有旧的零部件或缺少零部件。查看电线、管路布置是否有条理,安装是否平整。

　　(6) 查看二手车维修和保险记录　查验二手车产品证书、维修手册以及保险记录。买进口车辆时要检查进口汽车的进口产品和商品检验标识检验证书,再就是查验其 4S 店的维修及保险记录。

　　(7) 车管所查询车辆信息　运用公安车管部门的车辆档案资料,查询车辆来源信息,确定车辆的合法性及来源情况。这是最直接有效的办法。

2. 盗抢车辆

　　盗抢车辆一般是指公安车管部门已登记上牌的,在使用期内丢失的或被不法分子盗窃的,并在公安部门已报案的车辆。通过以下检查可以确认车辆是否是盗抢车辆。

　　(1) 查看发动机号和车架号有无改动痕迹　不法分子急于销赃,会篡改和伪造车辆证件或改变车架号和发动机号。在识别发动机号和车架号有无改动时,可以遵循看、摸、刮、敲、洗 5 种方法,见项目一任务 2。

　　(2) 检查牌照号与车辆的新旧程度是否相符　犯罪分子为了逃避打击,将盗抢来的机动车换上伪造的或是其他车的牌照,这可能会出现车辆牌照与车辆新旧程度不相符的情况。可以到车辆管理部门核查该牌照所属的车辆情况,看看是不是原车牌照。如果牌照号与车辆种类、型号对不上,则这辆车肯定来历不明。

　　(3) 检查车锁、车钥匙、点火装置及方向盘有无更换　检查点火开关和车锁,看是否完好,有无更换痕迹;检查车钥匙,看是否是原配。犯罪分子往往采用破坏车门锁、方向盘锁和点火开关的方法将车盗走,然后换上新锁。在卸锁和换锁的过程中,犯罪分子肯定会在车锁、方向盘边缘或车门附近留下撬、划的痕迹,需要仔细查看。

　　(4) 查看车身是否重新喷漆　一般盗抢车辆会被重新喷漆,改变颜色后,既不容易被发现,也方便销赃。尽管车身颜色变了,但在发动机舱边缘、后备箱内侧、保险杠内侧以及其他边缘处仍能发现原车的底色。一旦发现车辆有改色的痕迹,就需要慎重查验。

　　改色车对车辆行驶是不会产生很大影响的。只是外观改色,发动机舱及内饰地板不改的情况为佳。发动机舱和内饰都改色,很可能在装回去的时候不能达到原装的精度,后期行驶时内饰容易出现异响。

可以从以下几部位检查改色车：

① 检查车门框判断改色车：最简单的办法就是观察密封胶条内的色差及喷漆痕迹来判断。拉开车门密封条，观察门框的颜色，如图 4-1-3 所示。

② 检查发动机舱判断改色车：在改色时会把发动机舱盖拆下喷漆，但发动机舱盖内表面一般不会喷。检测发动机舱盖铰链和卡扣很容易发现原车漆颜色，据此判断该车为改色车，如图 4-1-4 所示。

图 4-1-3 拉开车门密封条查看原来颜色

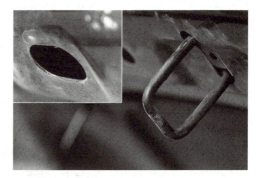
图 4-1-4 查看发动机舱盖内表面及卡扣

③ 检查减振器座判断改色车：在改色时减振器座不会喷漆，还是保留原来的车漆颜色，如图 4-1-5 所示，据此很容易判断是否为改色车。

④ 检查天窗（如果带有天窗）判断改色车：将天窗完全打开，观察天窗滑轨内侧的颜色来判断车辆是否是改色车。因为天窗滑轨内侧的夹层很深，里面的颜色都是汽车厂商在制造汽车时单独喷上的，后期改色很难做到将颜色均匀地喷到里面。只要是改色车，就会有色差和喷涂精度的问题，如图 4-1-6 所示。

图 4-1-5 检查减振器座颜色

图 4-1-6 检查天窗判断改色车

⑤ 检查车铭牌判断改色车：要改色喷漆时，车辆铭牌不会拆下，会用报纸遮盖，在铭牌的边缘会看到原车漆颜色，如图 4-1-7 所示。

⑥ 检查备胎槽判断改色车：正常改色过程并不会对备胎槽重新喷漆。新车在喷漆的时候，此处会有一层与车身颜色相近的薄漆面，只要里外颜色不一致就能判断改色，如图 4-1-8 所示。

（5）检查车玻璃是否一致　砸碎车玻璃进入车内盗窃，是犯罪分子经常使用的伎俩之一。破坏车前门或后门上方三角玻璃的方式就很多。在观察二手车时，一定要查看车玻璃是否损坏或更换过。汽车的所有原装玻璃都是相同型号的，后配的车玻璃一定和原车玻璃有

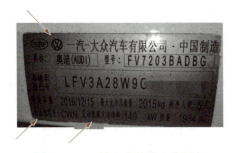

图 4-1-7 检查车铭牌边缘颜色

图 4-1-8 检查备胎槽颜色

差异,这个差异可能体现在玻璃色泽上,也可能体现在车窗品牌或型号上。如图 4-1-9(a)所示,"……2"表示年份,是 2012 或 2002 年生产,通过整体车况也能判断出具体是 2012 年还是 2002 年。也可根据车辆的日期判断,大多数会跟车辆的生产日期同一年。黑点在 2 左边表示该玻璃是上半年生产的,上半年生产的玻璃,7 减去黑点数等于出厂月份。例如,黑点数为 5,出厂月份为 7-5=2,说明前挡风玻璃的生产日期为 2012 年 2 月。如图 4-1-9(b)所示,"7……"说明是 2007 或 2017 年生产的。通过整体车况也能判断出具体是 2007 年还是 2017 年。黑点在 7 的右边表示下半年生产。下半年生产的,13 减去黑点数等于出厂月份。例如,黑点数为 5,生产月份为 13-5=8,说明生产日期为 2017 年 8 月。使用相同方法查看其他车窗玻璃的生产日期,以确定是否更换过。

(a)

(b)

图 4-1-9 车窗玻璃型号

车窗玻璃的生产日期通常比整车的出厂日期要早。所以,如果发现玻璃的生产日期晚于整车出厂日期,那就可以推断玻璃已经被更换过了。所有车窗玻璃的生产月份相差 2~3 个月,是正常的。如果确认玻璃已经更换过,就要考虑换玻璃的原因。

(6) 检查内装饰材料是否平整,表面是否干净 要特别仔细检查压条边沿部分。经过再装配过的车辆内装饰压条边沿部分会有明显的手指印或其他工具碾压后留下的痕迹;车顶装饰材料或多或少要留下弄脏过的印迹。

(7) 发动机舱布置是否有条理 管线布置是否有条理;发动机和其他零部件是否正常,有无杂音;空调是否制冷,有无暖风;发动机及其他相关部件有无漏油现象。

(8) 在公安交管部门查询 如果以上所有识别赃车的方法都无法帮你判断车辆是否是赃车,也可以去公安交管部门,进入被盗抢车辆查询系统,输入系统检索可疑车辆的发动机号、车架号。对发动机号、车架号被锉改的,经技术手段还原后,进入被盗抢机动车查询系统检索,也是有效发现赃车的一种方法。

3. 拼装车辆

公安部在行业标准 GA802—2019《道路交通管理 机动车类型》3.3 项中规定：拼装车指未经国家机动车产品主管部门许可生产的机动车；或者使用报废、走私、事故后整车理赔的发动机（驱动电机）、方向机（转向器）、变速器、前后桥、车架（车身）等 5 大总成之一组装的机动车。通过以下检查可以确认车辆是否是拼装车辆：

① 运用公安管理部门的车辆档案资料，查找车辆来源信息，确定车辆的合法性。

② 查验汽车的产品合格证，维护保养手册；对进口车必须查验进口产品商检证明书和商检标志。

③ 扒开车身门框密封条，车身壳体门框连接处应平整，其上的高频焊点呈圆形并微凹陷。若焊点是凸出状或平面状，或出现间断焊道并磨平，则为重新烧焊的。

④ 揭开车身内地毯，查看车身底板是否有烧焊的痕迹。

⑤ 站在车辆左右前后 45°位置，查看连贯车辆前后的腰线，应该流畅、清晰，不应凹凸、扭曲。

⑥ 打开发动机盖，检查发动机和其他零部件是否有拆卸后重新安装的痕迹。

⑦ 检查、核对发动机号码和车辆识别代号（VIN 码），以及其字体和部位。VIN 码字体应清晰，无修改痕迹。

问题 4 车身检查的项目都有哪些？

根据 T/CADA 18—2021《乘用车鉴定评估技术规范》，车身外观部位及对应代码如图 4-1-10 和表 4-1-2 的标示，检查 94 个项目在表 4-1-3 中对应的缺陷状态，缺陷程度为 1 的扣除表 4-1-2 中对应的分数，共计 30 分，扣完为止。轮胎部分需高于四级的标准，即轮胎花纹深度大于或等于 1.6 mm，不符合标准扣 1 分。

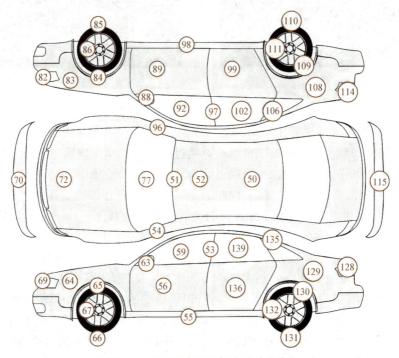

图 4-1-10　车身外观部位及对应代码

根据表 4-1-2、表 4-1-3 描述缺陷,车身外观项目的转义描述为:车身部位＋状态＋程度。例如,70PS2 对应描述为:前保险杠有破损,面积为大于 100 mm×100 mm,小于或等于 200 mm×300 mm。

表 4-1-2 车身外观部位代码对应表

部件代码	部件名称	部件缺陷	扣分 一级	扣分 二级	扣分 三级	部件代码	部件名称	部件缺陷	扣分 一级	扣分 二级	扣分 三级
50	车顶		2	3	4	77	前风窗玻璃		0.5	1	1.5
51	车顶密封条		0.5	0.5	0.5	78	前风窗玻璃密封条/密封胶		0.5	0.5	0.5
52	天窗		1	1.5	2
53	左B柱外侧		0.5	1	1.5	79	前刮水器片		0.5	0.5	0.5
54	左A柱外侧		1	1.5	2	80	前刮水器摆臂		0.5	0.5	0.5
55	左侧底边梁外侧		1	1.5	2	81	直流充电接口及护盖		0.5	0.5	0.5
56	左前车门		0.5	1	1.5
57	左前车门外拉手		0.5	0.5	0.5	82	右前大灯		0.5	0.5	0.5
58	左前门锁		0.5	0.5	0.5	83	右前翼子板		0.5	1	1.5
59	左前车窗玻璃		0.5	0.5	0.5	84	右前翼子板内衬		0.5	1	1.5
60	左前车窗玻璃密封条		0.5	0.5	0.5	85	右前轮胎		0.5	0.5	0.5
						86	右前轮辋				
61	左前车门密封条		0.5	0.5	0.5	87	右前轮毂				
62	左前车门铰链		0.5	0.5	0.5	88	右后视镜		0.5	0.5	0.5
63	左后视镜		0.5	0.5	0.5	89	右前车门		0.5	1	1.5
64	左前翼子板		0.5	1	1.5	90	右前车门外拉手		0.5	0.5	0.5
65	左前翼子板内衬		0.5	1	1.5	91	右前门锁		0.5	0.5	0.5
66	左前轮胎		0.5	0.5	0.5	92	右前车窗玻璃		0.5	0.5	0.5
67	左前轮辋		0.5	0.5	0.5	93	右前车窗玻璃密封条		0.5	0.5	0.5
68	左前轮毂罩		0.5	0.5	0.5
69	左前大灯		0.5	0.5	0.5	94	右前车门密封条		0.5	0.5	0.5
70	前保险杠		0.5	1	1.5	95	右前车门铰链		0.5	0.5	0.5
71	前车标		0.5	0.5	0.5	96	右A柱外侧		1	1.5	2
72	前机舱盖		0.5	1	1.5	97	右B柱外侧		0.5	1	1.5
73	前机舱盖锁止开关		0.5	0.5	0.5	98	右侧底边梁外侧		1	1.5	2
74	前机舱盖铰链		0.5	0.5	0.5	99	右后车门		0.5	1	1.5
75	前机舱盖密封条		0.5	0.5	0.5	100	右后车门外拉手		0.5	0.5	0.5
76	前机舱盖支撑杆		0.5	0.5	0.5	101	右后门锁		0.5	0.5	0.5

(续表)

部件代码	部件名称	部件缺陷	扣分 一级	扣分 二级	扣分 三级	部件代码	部件名称	部件缺陷	扣分 一级	扣分 二级	扣分 三级
102	右后车窗玻璃		0.5	0.5	0.5	122	后风窗玻璃		0.5	1	1.5
103	右后车窗玻璃密封条		0.5	0.5	0.5	123	后风窗玻璃密封条/密封胶		0.5	0.5	0.5
104	右后车门密封条		0.5	0.5	0.5	124	后刮水器片		0.5	0.5	0.5
105	右后车门铰链		0.5	0.5	0.5	125	后刮水器摆臂		0.5	0.5	0.5
106	右C柱外侧		0.5	1	1.5	126	备胎支架		0.5	0.5	0.5
107	右D柱外侧		0.5	1	1.5	127	备胎罩		0.5	0.5	0.5
108	右后翼子板		0.5	1	1.5	128	左后尾灯				
109	右后翼子板内衬		0.5	1	1.5	129	左后翼子板		0.5	1	1.5
110	右后轮胎		1	1	1	130	左后翼子板内衬		0.5	1	1.5
111	右后轮辋		0.5	0.5	0.5	131	左后轮胎		0.5	0.5	0.5
112	右后轮毂罩		0.5	0.5	0.5	132	左后轮辋		0.5	0.5	0.5
113	交流充电接口及护盖		0.5	0.5	0.5	133	左后轮毂罩		0.5	0.5	0.5
						134	左D柱外侧		0.5	1	1.5
114	右后尾灯		1	1	1	135	左C柱外侧		0.5	1	1.5
115	后保险杠		0.5	1	1.5	136	左后车门		0.5	1	1.5
116	后车标		0.5	0.5	0.5	137	左后车门外拉手		0.5	0.5	0.5
117	后备箱盖/尾门		0.5	1	1.5	138	左后门锁		0.5	0.5	0.5
118	后备箱盖/尾门铰链、支撑弹簧/支撑杆		0.5	0.5	0.5	139	左后车窗玻璃		0.5	0.5	0.5
						140	左后车窗玻璃密封条		0.5	0.5	0.5
119	后备箱盖密封条		0.5	0.5	0.5	141	左后车门密封条		0.5	0.5	0.5
120	后备箱盖/尾门外拉手		0.5	0.5	0.5	142	左后车门铰链		0.5	0.5	0.5
121	后备箱盖/尾门锁		0.5	0.5	0.5	143	其他（只描述缺陷,不扣分）				

表 4-1-3 车身外观状态描述对应表

代表字母	HH	BX	XS	LW	PS	SC	XF
缺陷描述	划痕	变形	锈蚀	裂纹	破损	色差	修复痕迹

问题5 车身外观检查应该怎么做?

1. 车漆检查

车辆外观的磕磕碰碰是正常的,通过车漆检查可以大致判断车况,如新旧程度、是否刮蹭、是否撞击等。检查车漆主要有两个目的:一是从喷过漆的地方发现蛛丝马迹,从喷漆点进一步深入检查,发现事故的程度;二是价格评估时扣减喷漆的相关费用。

(1) 检查漆面色差 原厂漆是全车沉浸及静电涂装,整车13个漆面都相同,并且原厂喷漆工艺需要几百度的高温烘烤。修理厂喷漆用的是专业补车漆,烘烤温度在80℃左右;同时,车漆颜色、喷漆工技术不同,做过漆的二手车和原厂车漆存在一定色差,如图4-1-11(a)所示。检查时,要把车辆停放在光线明亮的地方,每个面多个角度看一看。车身反射光的明暗也可判断是否做过漆,一般做过漆的地方反射光很暗。迎着光,距离1m左右,看漆面有没有褶皱。原厂车漆比补漆均匀。

(2) 漆面顺滑性检查 用手摸漆面,原车漆有种光滑、柔软的感觉,光泽度也好,表面呈现出镜面的状态,是平整的。喷过漆的地方摸起来会感觉有凹凸感,不平整,表面看上去像小小的波浪,手感比较粗糙,如图4-1-11(b)所示。喷漆的最后一道工序是抛光打蜡,经过抛光打蜡的漆面很顺滑,但边角不容易抛光。喷过漆的钣金边角不顺滑,同时车身的不平整容易体现出来。可以用手摸边缘,一般喷过漆的机盖和后备箱盖靠近玻璃的侧边会有粗糙感,与没喷过漆的钣金还是有区别的。如果是整车喷漆,看不出色差。但在喷漆之前,需要全部用水砂纸打磨掉原漆,这样就会留下细微的痕迹。烤漆时,施工环境很难保证无尘,在喷漆过程中就会掺杂一些细小的颗粒,容易在漆面形成麻点,在光线下,很容易就看得见,如图4-1-11(c)所示。

检查方法:距离漆面20cm,仔细观察漆面,看有没有灰尘、气泡造成的砂眼,如图4-1-11(d)所示。如果有,可以断定此板件喷过漆。

(a) 色差

(b) 小波浪

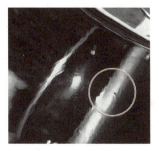

(c) 麻点

(d) 砂眼

图4-1-11 补漆缺陷

(3) 漆面砂纸打磨痕迹检查　钣金修复后要刮腻子,然后用砂纸打磨,磨平才能喷漆。打磨就会留有痕迹,有很多或粗或细的条纹,与喷漆周边完好的原车漆不同。

图 4-1-12　敲击手势

(4) 钣金刮腻子检查　发生过较严重事故的车辆,如果外观件没有更换,就必须经过钣金修复。钣金修复的表面不可能像新件那么平整光滑。经过钣金修复的外观件表面需要刮腻子填平,喷漆也会比较厚。检查方法:一是用手敲,利用敲击的回声来确定这个覆盖件有没有补腻子,如图 4-1-12 所示。如果声音发闷,说明车漆比较厚,可能重新刮过腻子。原车的漆面很薄,发出的声音比较清脆。需要注意,使用敲打方法时,在同一延长线上敲打,边角处敲打声音会闷。这种技术对从业者的专业水平要求非常高,而且不够精确。二是沿着车身四周,用磁铁绕一圈,如果磁力均匀一致,则打腻子的概率不大;如果磁力在某一部位突然消失或减弱了,说明这个位置重新补过腻子。这个方法精准度略微高一点。

(5) 外观件边沿、装饰条及橡胶密封件留漆检查　在事故车辆喷漆时,可能不完全按照标准工序施工。比如,车门某一块钣金喷漆时,按工序应该把压条、拉手类拆下才喷漆,实际有可能用遮挡的方法直接喷漆,如图 4-1-13、图 4-1-14 所示,遮挡物与车的线条很难严丝合缝地契合,在喷漆的时候会有一些油漆飞到周围,很容易在压条和钣金间接缝处残留油漆痕迹和流漆痕迹。

(a) 用报纸遮挡

(b) 用薄膜遮挡

图 4-1-13　局部喷漆

常见局部喷漆后留漆的部位:

① 前保险杠和前照灯接缝处留漆,说明前保险杠发生过碰撞,要重点检查前部是否发生过严重事故,如图 4-1-14 所示。

② 前雷达有挂漆现象。相比原厂的机器人喷漆,人工喷漆通常由于遮挡无法将油漆喷得非常均匀,尤其在有凹凸的地方,非常容易留下挂漆的痕迹,如图 4-1-15 所示,说明前保险杠发生过碰撞。要重点检查前部是否发生过严重事故。

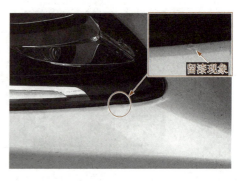

图 4-1-14　前保险杠喷漆时有留漆

4-12

③ 车门玻璃压条有留漆。在喷漆时没有拆下车门压条而留下的漆雾,如图4-1-16所示,说明车门发生过碰撞。要重点检查车身侧面是否发生过严重事故。

图 4-1-15 前雷达有挂漆现象

图 4-1-16 车门玻璃压条在车门喷漆时留下的漆雾

④ 倒车雷达留下残漆。左右两个雷达对比非常明显,左边的倒车雷达留下明显的残漆,如图4-1-17所示,说明左后保险杠发生过碰撞,要重点检查左后部是否发生过追尾事故。

⑤ 发动机舱内翼子板塑料件侧留下残漆,说明翼子板发生过碰撞。要重点检查翼子板侧是否发生过严重事故。

(6) 漆面橘皮现象检查　漆膜产生橘皮似的块状效果,如橘子皮表面一样,如图4-1-18所示。其主要原因是<u>流平不佳</u>。喷枪喷出的油漆颗粒经过雾化到达涂层表面时,不能再流动,不能使漆膜表面平滑。最好在光照下观察,漆面反光,就能很容易看出来。车辆在补漆时如果喷涂工艺或烘干期的温度控制不当,就容易产生橘皮现象,跟原厂车漆的镜面程度对比起来还是比较明显的。

图 4-1-17 倒车雷达留下残漆

图 4-1-18 漆面橘皮现象

(7) 漆膜厚度测试仪检测车漆(专用仪器检测)　新车的漆面都是生产线自动喷涂的,而且是在非常干净的无尘车间里面整体进行的。因此,漆面厚度很均匀,不会出现大的差别。而车辆局部受损后人工喷涂的油漆不可能做到与原厂喷漆的厚度相同。而且钣金修复时漆面和金属之间还要涂抹腻子胶等,漆面厚度会更大。<u>漆面检测仪</u>是检测车体漆面厚度的仪器,通过测试漆面与车身铁皮的厚度来判定是否存在钣金或者喷漆的痕迹。

① 检测方法：一般以汽车车顶作为基准，如果其他部位数值明显高于基准数值，则该部位可以判定进行过钣金、喷漆修整，如图 4-1-19 所示。如果发现数值与基准数值差数非常大，则进一步检查该处是否存在事故痕迹，判定是否为事故车。一般情况下，原厂漆面正常厚度在 80~150μm 之间，只是单纯的喷漆修复数值会在 160μm 以上。这种情况只需要在意喷涂工艺和色差。钣金修复的漆面，由于有一层腻子，数值会在 300μm 以上。可以在同一漆面上多点查看腻子覆盖区域有多大，以此来判断受伤的大小。

② 使用漆面检测仪检测事故车的步骤：

第一步　从车顶收集基准数值：不同品牌车辆的漆面厚度均不相同。首先采集该车的漆面基准数值。该车的漆面厚度基本数值在 130μm 左右，如图 4-1-20 所示。如果车体其他部位的漆面厚度与此数值近似或在此值以内，说明没有问题。

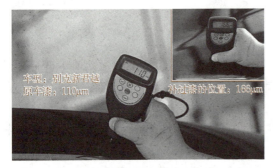
图 4-1-19　喷漆前后的检测

图 4-1-20　采集漆面基础数据

第二步　检测发动机舱盖漆面：车辆发生前部碰撞和后部追尾事故的概率较大，发动机舱盖漆面的检测应作为重点。发动机舱盖漆面检测采集点如图 4-1-21(a) 所示。黑色箭头所指的点是必采点，其他为选采点。发动机舱盖漆面都在基数范围内，说明该车前部没有钣金或喷漆修复痕迹。当然，也可能完全更换了发动机舱盖，还需要检查结合部位，观察内部的螺钉是否拆装过。

第三步　检测后备箱盖漆面：从车辆后备箱盖和后端的漆面检测结果看，漆面厚度也在基数的范围内，因此也可判断该车尾部没有钣金或喷漆的历史。如图 4-1-21(b) 所示为后备箱盖漆面检测采集点。

第四步　检测车门及翼子板漆面：车门及翼子板漆面的检测是判断侧面碰撞的依据之一，如图 4-1-21(c~f) 所示为前后车门、前后翼子板漆面检测采集点。

(a) 发动机舱盖

(b) 后备箱盖

(c) 前车门

(d) 后车门

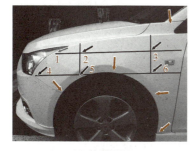
(e) 前翼子板

(f) 后翼子板

图 4-1-21　漆面检测采集点

第五步　检测 A、B、C 柱漆面：车体 A、B、C 柱的检测是判断事故车的重要指标。如果 A、B、C 柱有钣金或补漆等修复痕迹，说明车辆存在重大事故的嫌疑，需着重对车辆底盘和前后侧梁做进一步的检测。如图 4-1-22 所示为各柱漆面检测采集点。

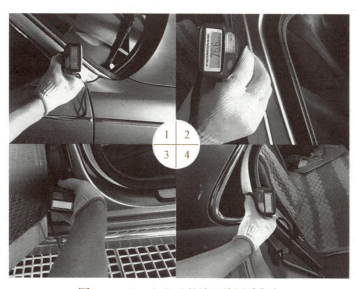

图 4-1-22　A、B、C 柱漆面检测采集点

(8) 利用油箱盖辅助判断　汽车的油箱盖是事故车辆喷漆调漆的样板。需要调漆时会把油箱盖拆下来，根据上面的漆色调配油漆，这样喷出来的漆就很难发现色差。在检查二手车是否喷过漆时，检查油箱盖的固定螺钉有没有被拧过，与翼子板间隙是否不一致，如图 4-

1-23 所示。如果有,那就要特别注意。

(a) 检查螺钉

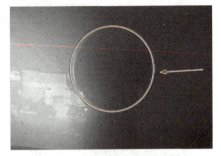
(b) 检查间隙

图 4-1-23　检查油箱盖

2. 车辆缝隙检查

一般乘用车由 13 块外观件(钣金件)拼成,包括前保险杠、左右前翼子板、发动机舱盖、车顶、4 个车门、左右后翼子板、后备箱盖、后保险杠。一辆车生产出来,这 13 块板之间的缝隙都是均匀并且一致的,保证车辆看起来美观、协调。如果受到撞击,边缝就会有褶皱断裂等,想要恢复出厂状态是很难的。对车身的缝隙检查主要有两点:一看边缝大小是否均匀,左右是否一致;二看车漆颜色是否一致。鉴定二手车时,首先扫视车的整体,就是看车的轮廓是否顺滑,棱角是否分明,车身腰线是否有高低错位,车体是否对称。

(1) 整车方正的检查　把车停放在一个光线明亮的地方,站在车的正前方观察车的周正情况(图 4-1-24)。如果车辆存在碰撞修复,有些地方的缝隙就会出现左右不对称的情况;如果有过喷漆修复,颜色调配不一致也会出现明显色差。

(2) 车身曲线的检查　一般情况下,车身正面、侧面没有受到过撞击的话,它的前脸线条和车身腰线是非常流畅的,如图 4-1-25 所示。如果腰线不流畅或者钣金件之间存在落差,很可能车辆被撞过。观察侧面最主要的是观察车身的腰线,其次是车门底部边线。正常情况,这些线条出厂时都应该是持平的,如果遭受过撞击、修复调整,那么因为车门调整的原因,这些线条就会出现不齐的瑕疵。

图 4-1-24　周正与前脸线条

图 4-1-25　车身腰线

(3) 车身缝隙的检查

① 发动机舱盖与前翼子板、前照灯、前保险杠缝隙的检查:车辆缝隙应左右对称、均匀、流畅、无流漆。发生过事故的车如果调整不好,缝隙会大小不一,左右不对称,如图 4-1-26

所示。

图 4-1-26 发动机舱盖与相邻钣金、左前翼子板缝隙的检查

② 前车门与后车门、前车门与前翼子板、后车门与后翼子板缝隙的检查:缝隙应左右对称、均匀、流畅、无留漆,如图 4-1-27 所示。

图 4-1-27 车门间隙的检查

③ 后翼子板与后保险杠、后翼子板与后备箱盖、后备箱盖与后保险杠缝隙的检查:缝隙应左右对称、均匀、流畅、无留漆。后备箱与其他钣金缝隙检查如图 4-1-28 所示。发生过追尾事故的车辆缝隙调整不好,大小不一,可以左右两侧对比。如图 4-1-29 所示,车左右后尾灯的缝隙不一致,是维修安装调整不到位所致。

图 4-1-28 车辆尾部缝隙检查　　**图 4-1-29** 车左右尾灯对比

问题 6　发动机舱应该做哪些检查?

根据 T/CADA 18—2021《乘用车鉴定评估技术规范》,发动机舱按表 4-1-4 要求检查 9 个项目。选择 N 不扣分,选择 Y 扣分,共计 10 分,扣完为止。如检查第 147 项时发现机油有冷却液混入,检查 146 项时发现缸盖外有机油渗漏,则应在乘用车技术状况表及乘用车鉴定评估报告的技术状况缺陷描述中分别予以注明,并提示修复前不宜使用。

表 4-1-4 发动机舱检查项目表

代码	检查项目	Y	N	分值
144	可拆水箱框架破损	是	否	5
145	前防撞梁变形修复或更换	是	否	4
146	缸盖外机油滴漏	是	否	2
147	机油冷却液混入	是	否	5
148	油管、水管老化,有裂痕	是	否	1
149	发动机皮带老化	是	否	0.5
150	线束老化、破损	是	否	1
151	蓄电池电极桩柱腐蚀	是	否	1
152	蓄电池电解液渗漏、缺少	是	否	0.5

发动机舱检查分两部分,一部分是钣金件的检查,主要鉴定是否发生过事故;另外一部分是发动机部分的检查,主要是检查发动机的工作状况。检查发动机舱时,主要检查发动机舱盖、散热器框架(俗称龙门架)、左右翼子板、发动机舱结构件等,如图4-1-30所示。

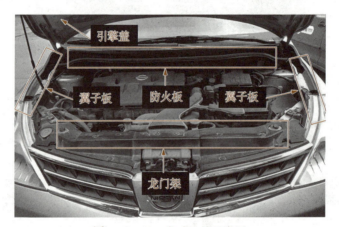

图 4-1-30 发动机舱示意图

1. 发动机舱钣金结构件检查

(1)发动机舱盖的检查 如果车辆的车头部分发生碰撞,有两种可能性:一是比较严重的事故,更换发动机舱盖;二是轻微事故,发动机舱盖修复喷漆。

① 更换过发动机舱盖的鉴定方法:

一是观察发动机舱盖内的标贴是否存在(并不是所有车型都贴在发动机上,有些车型贴在散热器框架上),喷漆修复过或更换过发动机舱盖后,无标贴,如图4-1-31(a)所示。

二是观察发动机舱盖铰链上螺钉是否拆装过,如果发动机舱盖铰链上的螺钉拧动过,发动机舱盖又没有修复过的痕迹,发动机舱盖就可能更换过,如图4-1-31(b)所示。

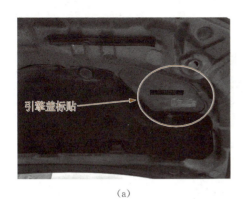

(a)   (b)

图 4-1-31 发动机舱盖检查

② 发动机舱盖修复喷漆的鉴定方法：

第一步 打开发动机舱盖，双手提起发动机舱盖，感受发动机舱盖的重量。感觉比较重的，就有修复喷漆过的可能。

第二步 用发动机舱盖撑杆撑起发动机舱盖，观察舱盖内部是否有修补或喷漆的痕迹，以判断车辆是否发生过碰撞事故。

第三步 使用漆膜仪检查发动机舱盖漆面的厚度，以判断发动机舱盖是否喷过漆。

(2) 前保险杠、前照灯、散热器框架的检查 汽车发生前部碰撞时，最先碰撞的是保险杠、前照灯，然后是散热器支架。保险杠、前照灯都是塑料件，开裂修复痕迹只要注意观察就很容易鉴别出来。一般情况下，原厂保险杠做工较好。如果打开发动机舱盖后能够清晰地看见保险杠上沿有留漆和毛边现象，如图 4-1-32 所示，说明前保险杠可能更换过。

前照灯更换的鉴别方法：一是左右两个灯对比，如果一个新一个旧，那么新的就是更换过的灯，如图 4-1-33 所示；二是如果左右一样新，但和使用年限明显不匹配，就是两个灯同时更换的。检查灯的生产日期，如果生产日期晚于整车的生产日期，就可以判断两个前照灯已经更换过。

图 4-1-32 前保险杠留漆   图 4-1-33 前照灯新旧程度不一示意图

(3) 车头结构部件的检查 一旦发生碰撞，首先受损的一般都是覆盖件，比如发动机舱盖、保险杠、翼子板等。如果碰撞的强度非常大，就会波及发动机舱内的各种结构部件，各连接部位的固定件就容易产生位移。

观察翼子板内侧结构件是否有焊接修复的痕迹，如图 4-1-34～图 4-1-36 所示，可以判断车辆否碰撞过。结合纵梁、减振器座等多部位的情况综合判断车身是否发生过重大碰撞。

图 4-1-34 翼子板内侧结构件示意图　　图 4-1-35 左右翼子板固定螺栓移位示意图

图 4-1-36 翼子板内侧结构件修复痕迹

发动机舱的减振器座(避振塔)是非常重要的部件,是比较脆、比较敏感的部位,如图 4-1-37 所示。减振器座变形会影响减振和悬架的角度,也就是车轮定位参数会改变。通俗讲就是车子很可能是外八字或者内八字,会引起吃胎、跑偏、方向重、方向不回位等故障,如图 4-1-38 所示。

 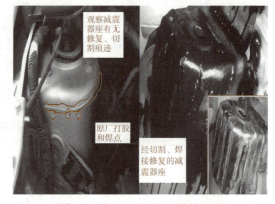

图 4-1-37 发动机舱的减振器座　　图 4-1-38 减震器座维修切割

通过鉴定减振器座的方法去判断事故,主要有以下 3 种情况:

第一种是侧面撞击,如图 4-1-39 所示。从侧面撞击到车身之后,很容易使减振器座报废。从结构上来说,侧面比较严重的撞击不仅伤了减振器座,也可能伤及同侧的纵梁。因此,纵梁也要仔细检查。

第二种是正面撞击伤及减振器座,如图 4-1-40 所示。一般出过这种事故的车不会修复,如此大的撞击,发动机总成和纵梁都会发生严重变形,没有修复价值。

第三种是改装减振,如图 4-1-41 所示,比如气动、绞牙减振改装。改装会把车降低,然后调硬减振阻尼。减振改装调硬之后减振器座所承受的振动会更大,大多都会造成车架变形或者减振器顶部变形。

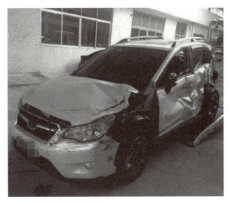

图 4-1-39 侧面撞击示意图

图 4-1-40 正面撞击示意图

图 4-1-41 减振改装

2. 发动机元器件检查

发动机静态检查主要是检查发动机有无漏油、漏水,发动机部件有无拆装过,发动机舱的规整情况等。

(1)打开发动机舱盖后,检查发动机外部清洁情况 有少量油迹和灰尘是正常的。如果灰尘过多,则车辆可能磨损较大;如果一尘不染,则要特别注意了,可能是车主为掩盖某些问题做了深度清洁。

(2)检查机油油位、品质 车辆放置在平直路面,胎压一致,冷车状态或发动机熄火后静置 15 min:

① 将机油尺拔出,擦干净,观察机油尺颜色。如果机油尺有明显两段颜色,说明发动机曾过热。

② 将干净的机油尺复位,再拔出,机油高度应在最小和最大刻度之间,如图 4-1-42 所示。油位过高,发动机有可能严重窜气或漏水。

③ 闻机油尺,若有极强的酸臭味,说明机油已经变质,应更换。

④ 用大拇指与食指反复研磨取出的旧机油。质量好的机油手感有润滑性、磨屑少、无摩擦感;如感到有杂质、黏性差,甚至发涩,应更换。

⑤ 取一张干净的白滤试纸(可用面巾纸代替),滴一滴机油在滤纸上,待机油渗透后观察,如图 4-1-43 所示。油斑的沉积区和扩散区之间无明显界限,整个油斑颜色均匀,油环淡而明亮,油质良好;沉积环色深,扩散环较宽,有明显分界线,油环为不同深度的黄色,油质已污染,机油尚可使用;沉积环深黑色,沉积物密集,扩散环窄,油环颜色变深,油质已经劣化。

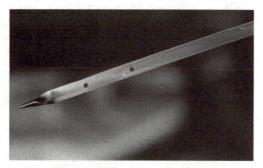

图 4-1-42 油面高度示意图

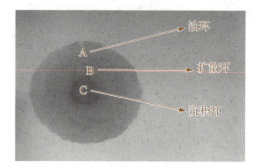

图 4-1-43 机油在滤纸渗透显示

⑥ 取出机油尺,45°角高举,在光照之下观察机油油滴。可清晰看到油滴中无磨屑末为良好;若磨屑末多,应更换。

⑦ 拧开机油盖后观察其底部,应比较干净,如图 4-1-44(a)所示。保养不好或发动机磨损严重的车辆,打开机油盖后可以看到气门室内及机油盖上有油泥,如图 4-1-44(b,c)所示,发动机可能需要大修。如果机油盖底部有一层黏稠的深色乳状物,如图 4-1-44(d)所示,还有与油污混合的小水滴,可能是缸垫、缸盖或缸体有损坏。防冻液渗入机油中就是通常说的机油进水。

(a) 保养良好的机油盖口

(b) 机油盖口油泥

(c) 机油盖油泥

(d) 机油乳化

图 4-1-44 检查机油口

(3) 检查冷却液　必须在车辆静止的状态下检测发动机冷却液。检查冷却液面高度是否在 min 与 max 位置之间,如图 4-1-45 所示;液面上是否有其他的异物漂浮,如有油污浮起,说明可能机油渗入;如发现锈蚀的粉屑漂浮,说明散热器内的锈蚀情况已经很严重。

(4) 检查刹车油　大部分维修手册规定的刹车油更换周期是2年或4万公里,而实际上大部分汽车都是超过了这个周期才更换刹车油。刹车油应该是无色或者是浅黄色,并且都特别清澈透亮,如果呈咖啡色为变质,如图4-1-46所示,需更换。用含水量检测笔测试,含水量低于1‰,为正常数值,如图4-1-47所示。

图4-1-45　冷却液罐示意图

图4-1-46　变质的刹车油

(5) 检查电路系统　通过观察孔检查蓄电池的状态,绿色为正常,如图4-1-48所示,白色说明蓄电池寿命接近报废。一般蓄电池的寿命为2年左右。另外,检查点火系统高压线、高压包的状况。

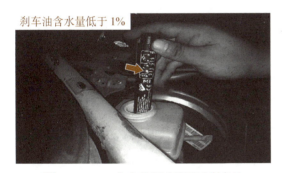

图4-1-47　含水量测试笔测试刹车油

图4-1-48　蓄电池观察孔示意图

(6) 检查发动机有无拆装、维修　主要检查气门室盖、汽缸盖接合面密封胶的痕迹,如图4-1-49所示,气门室盖,水泵进、排气管等外围附件的螺钉有没有拧动过,如图4-1-50所示,如果拧动则说明发动机维修过。

问题7　驾驶舱应该做哪些检查?

根据T/CADA 18—2021《乘用车鉴定评估技术规范》,驾驶舱按表4-1-5要求检查16个项目。选择N不扣分,选择Y扣除对应的分值,共计20分,扣完为止。例如,检查第160项时发现安全带结构不完整或者功能不正常,则应在乘用车技术状况表及乘用车鉴定评估报告的技术状况缺陷描述中予以注明,并提示修复或更换前不宜使用。

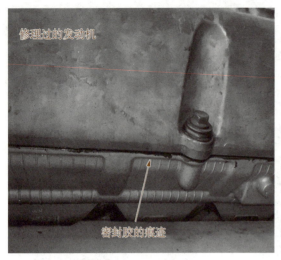

图 4-1-49　气门室盖重新上密封胶　　　图 4-1-50　发动机附件螺栓

表 4-1-5　驾驶舱检查项目表

代码	检查项目	Y	N	分值
153	车内后视镜、座椅破损,功能异常	是	否	3
154	车内杂乱、异味	是	否	0.5
155	仪表台划痕,配件缺失	是	否	3
156	储物盒裂痕,配件缺失	是	否	2
157	排挡把手柄及护罩破损	是	否	1
158	门窗密封条老化	是	否	0.5
159	车顶及周边内饰板破损、松动,有裂缝和污迹	是	否	0.5
160	安全带及固定装置结构不完整,功能异常	是	否	3
161	方向盘自由行程转角大于 15°	是	否	0.5
162	驻车制动系统不灵活	是	否	2
163	左、右后视镜折叠装置工作异常	是	否	2
164	玻璃窗升降器、门窗工作异常	是	否	1
165	天窗移动不灵活,关闭异常	是	否	1
166	音响按键、触摸屏幕功能工作异常	是	否	2
167	后备箱内饰破损、杂乱,有异味	是	否	0.5
168	其他	只描述缺陷,不扣分		

车辆内饰的检查主要包含座椅、转向盘、仪表台、门饰板、车顶饰板、地毯等。检查其整洁度、干净度、新旧程度、磨损状况,有无破损、更换或拆装;车内自带的靠枕、饰件是否齐全;各个开关操控是否顺手、有无问题等来鉴定一辆二手车的保养状况、使用状况。一般来说,

座椅、内饰翻新过的车很有可能出现过重大问题。

1. 车门内饰板检查

检查车门内饰板、内饰扶手、开关键的磨损情况及有无破损、翻新,电动后视镜功能是否正常,如图4-1-51所示。

2. 方向盘磨损情况检查

转向盘主要检查3点、9点位置的磨损情况,如图4-1-52所示,这也是判断调表车的重要依据。

图4-1-51 车门内饰板

图4-1-52 方向盘磨损

3. 驾驶人座椅磨损检查

驾驶人座椅主要观察破损及印痕、座椅弹性。使用一段年限后,座椅弹性会变差,并有塌陷感,如图4-1-53所示。此项会在调表车中详细介绍。

4. 安全带检查

主要检查驾驶人位的安全带新旧程度、是否更换过。安全带很少清洗,所以手经常拉的位置相对其他位置会比较旧,年限越长的车就越明显。检查安全带的标贴和生产日期可以判断安全带是否更换过,如图4-1-54所示。原装安全带的生产日期应该早于整车的出厂日期。如果安全带的生产日期晚于整车的出厂日期,说明安全带更换过,可以判断此车可能出过比较严重的事故。

图4-1-53 驾驶员座椅检查

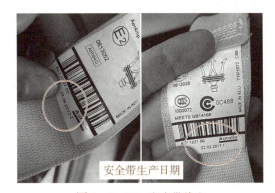

图4-1-54 安全带检查

5. 脚垫、地毯检查

检查脚垫、地毯是否干净潮湿,是否有臭味,是否翻新,作为判断泡水车的依据。要特别留心那些一尘不染的,连点浮土脏污都看不见,而且色泽明显发亮的地毯,如图 4-1-55 所示。

6. 中控台仪表板、音响、杂物箱的检查

（1）仪表板的检查　打开点火开关至 2 挡（ON）位置,观察仪表灯的显示是否正常,有无缺少显示的现象,如图 4-1-56 所示。打开点火开关,所有提示灯都应瞬间点亮,发动机启动后,大部分仪表灯熄灭（如果未松驻车制动制动灯会亮,安全带未系安全带警告灯也会亮,车门不关车门警告灯会亮）,车辆行驶时所有警示灯都应熄灭,有警示灯常亮,表示有故障。

图 4-1-55　地毯

图 4-1-56　启动时仪表灯

（2）空调、音响检查　检查空调送风模式、制冷效果、有无异味;检查音响按键是否有卡滞,手感是否发涩,如图 4-1-57 所示。

（3）杂物箱的检查　主要检查杂物箱有没有破损、裂纹、泥沙,如图 4-1-58 所示。杂物箱属于比较隐秘的位置。有些事故车为节约维修费用,对一些隐秘的部位只做简单处理。如果发现有裂纹或焊接的痕迹,可能是事故所致。如果有泥沙,有可能是一辆泡水车。

中控台后面有很多部分都是铁质的,所以污水极容易腐蚀。以上都是检查中控台是否拆卸更换过的手段。

图 4-1-57　空调音响检查

图 4-1-58　杂物箱检查

7. 后排座椅、车顶内饰的检查

主要检查右后座位置。右后座位置是后排坐得比较多的位置,磨损也比较多,如图 4-1-59 所示。

车顶内饰主要是检查平整度及是否翻新过,如图 4-1-60 所示。有翻新的情况一般都是比较严重的事故,有可能是严重泡水造成车顶内饰更换过,或翻车造成车顶变形更换。明显色差指的是新旧区别,如果车顶很脏,但是车内其他地方却干净明亮,那很可能就是翻新了。

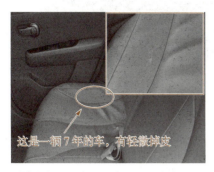

图4-1-59 后排座椅检查

图4-1-60 车项内饰检查

问题8 后备箱应该做哪些检查?

轻微追尾的事故会伤及后保险杠、后围板、后备箱盖,严重的会伤及后备箱底板、后翼子板。后备箱的检查主要包括后备箱盖、后备箱底板、后保险杠、后围板、后翼子板。

1. 后备箱盖的检查

打开后备箱盖,首先观察后盖内侧有没有敲打、喷漆痕迹,如图4-1-61所示;其次,观察后盖边缘打胶情况。没有事故修复过的车辆打胶均匀平整光滑,修复后打胶粗糙不平整,如图4-1-62所示;然后,观察后盖铰链螺钉有没有拧动过,没拧动过的螺钉上没有痕迹,油漆颜色与车身车漆颜色一样,拧动过的螺钉会留下痕迹,如图4-1-63所示。

图4-1-61 后备箱盖

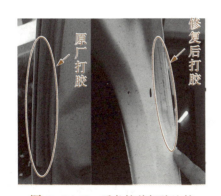

图4-1-62 后备箱盖打胶比较

图4-1-63 后备箱盖螺栓卡扣破碎

2. 后保险杠、后围板的检查

观察后保险杠的卡扣或螺丝有没有撬动拆装过,如图4-1-64、图4-1-65所示;观察后围板有没有敲打、生锈、喷漆的痕迹,如图4-1-66所示。如果有生锈(见图4-1-67)、焊接过(图4-1-68)的痕迹,就要重点检查后备箱底板、后翼子板内衬是否修理过。

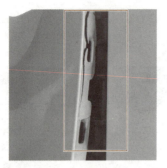
图4-1-64 保险杠卡扣破碎

图4-1-65 保险杠固定螺丝拆装痕迹

图4-1-66 后围板固定螺丝原版漆

图4-1-67 后围板生锈

3. 后备箱底板的检查

把后备箱盖板取下,观察底板有没有敲打、喷漆过的痕迹,如图4-1-69所示。轿车的后备箱备胎座是冲压成型的,棱角分明,如图4-1-70所示。如果看到备胎箱有更换或者敲击复位的痕迹,如图4-1-71所示,此车后部一定发生过事故。在切割的位置都会打上钣金胶。原厂打的胶平整,与车的颜色一样,如图4-1-72所示,切割修复后打的胶粗糙、不完整,颜色也与车漆不一样。

图4-1-68 后围板焊接

图4-1-69 正常后备箱底板

图4-1-70 正常后备箱备胎底板

   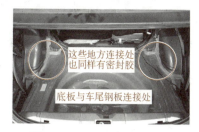

图 4-1-71　修复的备胎底板　　　图 4-1-72　后备箱密封胶

4. 后备箱框架的检查

后备箱框架的检查是判断是否发生过车辆追尾的重要依据。两厢车主要检查尾门框和 C 柱之间的框架,如图 4-1-73 所示。没有修复过的尾门框,打胶均匀,棱角分明,左右对称。对于三厢车,主要检查后翼子板框架,如图 4-1-74 所示。

图 4-1-73　两厢后备箱框架　　　图 4-1-74　三厢后备箱框架

问题 9　底盘应该做哪些检查？

根据 T/CADA 18—2021《乘用车鉴定评估技术规范》,底盘按表 4-1-6 要求检查 12 个项目。选择 N 不扣分,选择 Y 扣除对应的分值,共计 15 分,扣完为止。

表 4-1-6　底盘检查项目表

代码	检查项目	Y	N	分值
179	发动机油底壳是否滴漏	是	否	3
180	排气管和底盘护板是否破损	是	否	3
181	变速器壳体是否滴漏	是	否	2
182	分动器、差速器是否渗漏	是	否	2
183	传动轴十字轴是否松旷	是	否	1
184	上下摆臂是否异常	是	否	1
185	减振器是否滴漏	是	否	1
186	减振弹簧是否损坏	是	否	1
187	转向拉杆是否松旷	是	否	1
188	元宝梁有无破损、松动、断裂、更换痕迹	是	否	1
189	后防撞梁是否变形修复更换	是	否	2
190	其他	只描述缺陷,不扣分		

检查底盘需要将车辆开进地沟或上举升机工位。值得注意的是,车主在卖车之前一般不会,也没有条件处理车底。所以,汽车底盘的技术状况更能反映出汽车真实的技术状况,如图4-1-75所示。

1. 拖底损伤和油液渗漏检查

许多车有护板,位于车身最底部,用于保护车底部件。在检查时要留意观察护板有无拖底划伤或锈蚀。如发现异常,便要仔细观察相关部位的机械部件是否受到波及。在检查护板时,还应顺便看一看油底壳和变速箱壳是否存在漏油的情况,如图4-1-76所示。如果存在漏油迹象,车辆的动力系统很可能会出现过度磨损,如图4-1-77~图4-1-82所示。从车底下可以检查出的泄漏有冷却液泄漏、机油泄漏、制动液泄漏、变速器油泄漏、转向助力油泄漏、主减速器油泄漏、电控悬架油泄漏、减振器油泄漏及排气泄漏等。

图4-1-75 汽车底盘

图4-1-76 油底壳和变速箱油底壳

图4-1-77 曲轴后油封漏油

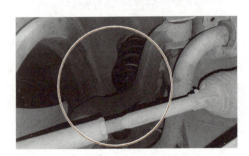

图4-1-78 减振器漏油痕迹

图4-1-79 发动机油底壳漏油痕迹

图4-1-80 正时链条外壳漏油痕迹

图 4-1-81 方向机漏油痕迹

图 4-1-82 半轴油封漏油痕迹

2. 减振器检查

减振器是汽车上极易损坏的部件之一,它的性能好坏直接影响行车舒适性和安全性。用手分别按压汽车前后左右4个角,观察回弹次数,如果发现异响或不能跳动,说明减振器或悬架弹簧工作不良;如果跳动次数过多,则可能是减振器漏油。

3. 转向节臂、转向横拉杆、球头销等检查

检查转向节臂、转向横拉杆有无裂纹和损伤,检查球头销是否松旷,各运动部件有无干涉、摩擦等现象。检查前、后桥是否有变形、裂纹,检查传动轴、万向节有无裂纹和松旷,检查制动分泵、制动管路是否有漏油或漏气的现象。对于前轮驱动的车辆,要注意检查万向节上的橡胶套。它里面填满了润滑脂,如果橡胶套破损,杂质或气混入润滑脂,会导致万向节严重损坏,如图 4-1-83 所示。

4. 车轮检查

(1) 检查车轮轮毂轴承 摆动车轮。一只手放在轮胎上面,另一只手放在轮胎下面,紧紧地推拉轮胎,感觉是否有摆动;用手转动车轮,检查是否能够无噪声地平稳转动,以此方法判断车轮轮毂轴承是否有松旷、损坏,如图 4-1-84 所示。

图 4-1-83 防尘套破损

蓝色箭头:双手扳着轮胎水平晃动检查球销
黑色箭头:双手扳着轮胎上下晃动检查悬架

图 4-1-84 轮胎检查

(2) 检查轮胎磨损情况 轮胎是汽车耗材,胎面的非正常磨损是汽车需要调校的信号,否则可能损坏转向或悬架系统。可以用深度尺检查轮胎花纹深度。查看轮胎是否存在两边磨损、中间磨损、羽状磨损或单侧磨损等不均匀磨损现象。出现异常磨损,表明该车的四轮定位不准确或者长期超载行驶。检查胎侧有无割伤和磨损,胎冠上的花纹深度不得小于1.6mm,如图 4-1-85 所示;还应查看轮胎生产时间,如图 4-1-86 所示,综合判断仪表的里程数、轮胎磨损和整车磨损是否一致。

图 4-1-85 测量轮胎花纹深度

图 4-1-86 轮胎生产日期标识

5. 元宝梁、后防撞梁、排气管等检查

元宝梁也叫副车架，是非完整的车架，是支撑前后车桥、悬挂的支架，使车桥、悬挂通过它再与正车架相连，如图 4-1-87 所示。元宝梁通常的作用是托起并且固定发动机变速箱，通过横向连接车体增加车身强度，会在一定程度上保护发动机、油底壳不会直接受到撞击。发生碰撞时如果前纵梁受到冲击会将冲击力传递给元宝梁，使元宝梁受损，导致悬架位置发生偏移，左右车轮不在同一水平线上，导致跑偏。

查看车辆后防撞梁有无弯曲、开裂，以及二次焊接的痕迹。如果汽车发生过比较严重的事故，往往会导致车架弯曲或开裂，即便是修理，也会出现修复的痕迹，如图 4-1-88 所示。

图 4-1-87 元宝梁位置

图 4-1-88 后防撞梁修复痕迹

观察排气管部分的腐蚀及破损程度，尤其是排气管尾端的消声器是否存在焊接痕迹，如图 4-1-89 所示。

6. 底盘线路检查

在正常情况下，电线应该被捆扎成束状，布置也十分整齐，接头比较牢固且配有绝缘套，如图 4-1-90 所示。在检查底盘时，如果发现电线杂乱无章、绝缘皮脱落且电线老化，建议及时修复，以避免因此酿成大祸。

图 4-1-89 排气管腐蚀

图 4-1-90 底盘线路

问题 10 功能性零部件应该做哪些检查?

根据 T/CADA 18—2021《乘用车鉴定评估技术规范》,功能性零部件按表 4-1-7 检查。结构、功能坏损的,直接描述缺陷,不计分。

表 4-1-7 车辆功能性零部件项目表

代码	类别	零部件名称	代码	类别	零部件名称
191	车身外部件	发动机舱盖锁	204	随车附件	备胎
192		发动机舱盖支撑杆	205		千斤顶
193		后尾门/后备箱盖支撑杆	206		轮胎扳手及随车工具
194		各车门锁	207		三角警示牌及反光背心
195		前后雨刮器片	208		灭火器
196		立柱密封胶条	209	其他	全套钥匙
197		电动尾门	210		遥控器及功能
198		电动侧滑门	211		喇叭高低音色
199	驾驶舱内部件	车内后视镜	212		玻璃加热功能
200		座椅调节及加热和通风	213		AI 语音功能
201		仪表板出风口	214		智能互联网功能
202		换挡杆(旋钮)外观及功能	215		底盘升降功能
203		中央集控			

问题 11 还有哪些特殊车辆需要注意?

1. 改装车辆

根据改装企业及改装合法性,机动车改装可以分为合法企业合法改装(取得资质企业按照许可车型和参数改装)、合法企业非法改装(取得资质企业未按照规定车型或参数改装)和非法企业非法改装(无资质企业擅自改装)这 3 种情形。后面两种均为非法改装行为。机动车改装从内容上也可以分为外观、内饰、性能 3 大类。外观和内饰改装管理相对较为宽松,很多改装都可以备案合法,性能改装属于改动发动机动力,如加装涡轮、加装排气等,是不合法的。

《机动车登记规定》(公安部 124 号令)第十条规定:已注册登记的机动车有下列情形之一的,机动车所有人应当向登记地车辆管理所申请变更登记:①改变车身颜色的;②更换发动机的;③更换车身或者车架的;④因质量问题更换整车的;⑤营运机动车改为非营运机动车或者非营运机动车改为营运机动车等使用性质改变的;⑥机动车所有人迁出或迁入的。

公安部在行业标准 GA 802—2019《道路交通管理 机动车类型》第 3.4 项中规定:非法改装车即未经国家有关部门批准,改变了已认证或已登记的结构、构造或者特征的机动车;或者使用了查封、抵押、盗抢骗机动车的发动机(驱动电机)等 5 大总成之一组装的机动车。并做了扩大解释(包括封、抵、盗抢的 5 大总成组装的情形)。另外,根据公安部行业标准 GA 801—2019《机动车查验工作规程》的规定,在允许车辆高度、外廓尺寸额外增加的范围内,加装车顶行李架、出入口踏步件,更换散热器面罩(中网)、保险杠、轮毂。因此,上述这几种情形虽然也改变了车辆登记结构和特征,但不被视为非法改装。

以下行为皆属于非法改装:

(1) 改装进、排气管 常见改装形式是改变排气管尾喉数量和管道结构,让普通私家车具备豪华跑车的外形和排气声浪。然而,调降不合理会降低发动机排气效率和输出扭矩,发出"炸街"噪声。如图4-1-91所示,将排气管的原单边单出尾喉改为双边单出。一般2.0L以下排量乘用车只设计单个排气管,2.0L以上才会设计多个排气管。

图4-1-91 改装排气管示例

(2) 加装尾翼 车辆加装尾翼后,如图4-1-92所示,有助提升视觉上的运动感。但上道路行驶时,前后轴荷比例会发生变化,调校不合理会大大影响车辆行驶稳定性及制动安全性。

图4-1-92 加装尾翼示例

(3) 加改装保险杠 **保险杠改装**是把大包围加大、加宽,拉长、拉宽了车身,使驾驶员容易失去对车辆通行空间的判断,也容易在发生事故时对他人造成更大的伤害。此外,加装防撞杠等配件,遮挡车辆号牌,也是不被允许的,如图4-1-93所示。

(4) 改装车辆照明系统 改装车辆照明系统涉及电路改变,容易留下火灾隐患,造成车辆自燃。此外,擅自改变车灯光色和规格、粘贴灯膜,拆除或加装灯具数量,都不被允许。过亮、炫目的灯光,会导致车辆交会时对方驾驶员看不清楚,引发交通事故,如图4-1-94所示。

(5) 改变轮毂规格(大小、宽度) 加大、加宽轮胎,会影响转向、制动、动力等系统,容易造成行驶中爆胎、轮毂脱落、断裂,引发侧翻、失控等交通事故,如图 4-1-95 所示。

图 4-1-93　加改装保险杠示例

图 4-1-94　改装车辆照明系统示例　　　　图 4-1-95　改变轮毂规格示例

(6) 改变车身颜色,更换发动机、车身或者车架　未按规定时限办理变更登记的、车身改色面积超过 30% 的,10 天之内一定要到车管所重新拍照,申请变更,但不能改成公务类专属颜色(警车、消防车、救护车等),更不能改成镜面反光或是变色。车辆若发生损毁,可更换同品牌同型号的发动机,还可以更换车身、车架,或因质量问题更换整车。更换后,机动车所有人应当向登记地车管所申请变更登记。

2. 调表车

调表车是指被人为调低里程数的车辆。部分车主或二手车商为了提高车辆价格,会调低里程数,让消费者了解不到车辆的真实状况,如图 4-1-96 所示。购买二手车时,里程数只能作为一项参考,不能把它当作衡量车况的唯一指标。二手车是否调过里程表,主要从以下几个方面检查。

图 4-1-96　调表车辆里程比较

(1) 查询维修保养记录　同一品牌的汽车 4S 店数据库都联网了,汽车的维修和保养记录都可以在 4S 店查到,如图 4-1-97 所示。但这通常只对那些在 4S 店维修保养的汽车适用,因为一些车主不去 4S 店维修保养,就不会有维修、保养记录。

图 4-1-97　4S 店维修保养记录

（2）读取变速器行驶里程　大部分调表车只调仪表上的里程表的总里程，而不调变速器的行驶里程，如图 4-1-98 所示。

图 4-1-98　变速器里程更改

（3）检查方向盘的磨损　正常情况下，更换方向盘的可能性很小。驾驶员一般手握的位置是 3 点、9 点方向，磨损最多，检查时要找准位置，如图 4-1-99 所示。

（4）检查驾驶员座椅磨损　用了一定年限、里程的驾驶员座椅会留下印痕、破损和褶皱。行驶里程 10 万千米以上的车辆还伴有一定塌陷，如图 4-1-100 所示。

图 4-1-99　方向盘磨损

图 4-1-100　座椅磨损

(5) 检查车门饰板的磨损情况　车门饰板首先要检查扶手位置。上了一定里程的车辆会看到受损及油光,如图 4-1-101 所示。其次,检查车门上的开关键磨损情况,如图 4-1-102 所示。车门上的开关键用了一定年限后会油光或掉字。出现掉字,车辆行驶一般有 20 万千米以上。

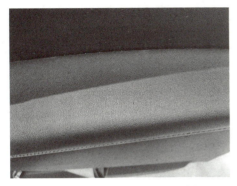

图 4-1-101　车门饰板扶手磨损

图 4-1-102　车门开关键磨损

(6) 检查变速杆的磨损情况　只要开车,肯定用到变速杆。使用多了,变速杆头就会留下磨损的痕迹,使用里程越多磨损就越明显,如图 4-1-103 所示。使用一定年限的车,变速杆防尘套会老化掉皮,有些车会更换新的,如图 4-1-104 所示。

图 4-1-103　变速杆头磨损

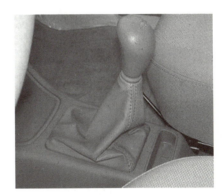

图 4-1-104　变速杆防尘套老化

(7) 检查离合器踏板、制动踏板、加速踏板的磨损情况　加速踏板使用频率最高,其次是离合器踏板、制动踏板。这 3 个踏板反映了车辆使用状况,如图 4-1-105 所示。

(8) 检查制动片的磨损情况　制动盘的磨损状况反映了一辆车的行驶里程。正常情况下,10 万千米无需更换。检查时要特别注意,制动盘内侧磨损要比外侧大。一辆使用了 5 年以上的车辆但制动盘却很新,那说明这辆车更换过制动盘,其行驶公里数肯定是要超过 10 万千米或者更多。制动

图 4-1-105　踏板磨损

盘磨损如图 4-1-106 所示。

（9）检查轮胎的磨损情况　轮胎在行驶三四万千米后磨损一般不太明显。另外，比对轮胎的生产日期是不是在整车出厂之后，判断轮胎是不是更换过。更换轮胎的次数也是判断车辆里程的依据之一。轮胎磨损如图 4-1-107 所示。

图 4-1-106　制动盘磨损

图 4-1-107　轮胎磨损

任务实施

班级		组名	
组员及任务分工	姓名	学号	组内工作任务
接受任务	任先生计划购置一辆轿车。考察二手车交易市场后,任先生锁定一辆国产2021款宝马5系。由于不了解车辆实际情况,担心有隐性故障和问题,迟迟没有交付车款。作为二手车评估师,你能帮助任先生准确掌握车辆实际信息吗?你需要做哪些工作?		
信息收集	1. 在二手车鉴定评估流程中,在完成"技术状况鉴定"后,一定要填写(　　　　)等。 2. 受条件限制,一般的修理工厂尽管使用了专门的油漆烘房,但离完全的无尘环境尚有较大差距。因此,在喷涂完成后,油漆表面常常带附着尘埃,此时用手触摸能感觉到喷涂表面有很多(　　　　)的微粒,且表面粗糙感明显。 3. 在局部油漆喷涂前一般需遮盖不需要喷涂的地方,用遮盖贴条覆盖不需要喷涂的部分。修复后其与喷涂的部分会形成明显的分界线,该分界线称为(　　　　),主要存在于不同部件的结合部。如发现这一遮盖痕迹,说明车辆做过(　　　　)。 4. 静态检查中识伪检查有(　　　　)、(　　　　)、(　　　　)3种。 5. (　　)可以判定车辆有过严重碰撞。 　　A. 前保险杠弯曲变形　　　　B. 更换过倒车镜 　　C. 车架大梁弯曲变形　　　　D. 前翼子板补过漆 6. 二手车鉴定评估是二手车交易中的(　　)。 　　A. 一般环节　　　　B. 核心环节 　　C. 主要环节　　　　D. 重要环节 7. 《机动车运行安全技术条件》规定,车体应周正,左右对称部位高度差不得大于60 mm。(　　) 8. 《机动车运行安全技术条件》规定,车辆横向和径向摆动量,小型车不大于5 mm。(　　) 9. 进气管真空度可以用来诊断汽油机汽缸的密封性。(　　) 10. 汽车鉴定的标准有国家标准、制造厂推荐标准和企业标准3种。(　　) 11. 在二手车技术鉴定时,要分清主次,凡对二手车价值构成影响的缺陷,都应认真检查和评判,但对评估价值不构成影响的细微瑕疵,不要斤斤计较。(　　)		
任务计划	根据车辆静态检查要点,制订车辆静态检查的工作计划:		

（续表）

	1. 车体左右对称性检查		
任务实施			检查项目及结果
		车辆右前方45°	车身腰线顺畅：□是　□否 各个部件接缝均匀：□是　□否 前后车门是否变形：□是　□否 前后车门是否存在色差：□是　□否 前翼子板是否变形：□是　□否 前翼子板是否喷漆：□是　□否 左右部件是否对称：□是　□否 结果描述：_____ _____
		车辆左前方45°	车身腰线顺畅：□是　□否 各个部件接缝均匀：□是　□否 前后车门是否变形：□是　□否 前后车门是否存在色差：□是　□否 前翼子板是否变形：□是　□否 前翼子板是否喷漆：□是　□否 左右部件是否对称：□是　□否 结果描述：_____ _____
	2. 左A柱、左B柱、左C柱检查		
			检查项目及结果
		左A柱	修复：□是　□否 变形：□是　□否 更换：□是　□否 可见伤：□有　□无 结果描述：_____ _____
		左B柱	修复：□是　□否 变形：□是　□否 更换：□是　□否 可见伤：□有　□无 结果描述：_____ _____

(续表)

(续表)

	检查项目及结果
左C柱	修复：□是　□否 变形：□是　□否 更换：□是　□否 可见伤：□有　□无 结果描述：_____

3. 车头部分右前纵梁、左前纵梁、右前减振器悬挂、左前减振器悬挂

	检查项目及结果
右前纵梁	变形：□是　□否 修复：□是　□否 更换：□是　□否 结果描述：_____
左前纵梁	变形：□是　□否 修复：□是　□否 更换：□是　□否 结果描述：_____
右前减振器悬挂	变形：□是　□否 修复：□是　□否 更换：□是　□否 结果描述：_____
左前减振器悬挂	变形：□是　□否 修复：□是　□否 更换：□是　□否 结果描述：_____

(续表)

4. 右A柱、右B柱、右C柱检查

	检查项目及结果
右A柱	修复：□是　□否 变形：□是　□否 更换：□是　□否 可见伤：□有　□无 结果描述：_____ _____
右B柱	修复：□是　□否 变形：□是　□否 更换：□是　□否 可见伤：□有　□无 结果描述：_____ _____
右C柱	修复：□是　□否 变形：□是　□否 更换：□是　□否 可见伤：□有　□无 结果描述：_____ _____

5. 车后部检查

	检查项目及结果
左后减振器悬挂	修复：□是　□否 变形：□是　□否 更换：□是　□否 结果描述：_____ _____
右后减振器悬挂	修复：□是　□否 变形：□是　□否 更换：□是　□否 结果描述：_____ _____

（续表）

	指导教师检查作业结果：			
质量检查	序号	检查项目	检查结果是否与实车实际相符	
			相符	不相符
	1	左 A 柱内侧		
	2	左 B 柱内侧		
	3	左 C 柱内侧		
	4	左 D 柱内侧		
	5	左底边梁		
	6	左后翼子板		
	7	左后翼子板内骨架		
	8	左后减振器座		
	9	左后纵梁		
	10	后围板		
	11	右后纵梁		
	12	右后减振器座		
	13	右后翼子板内骨架		
	14	右后翼子板		
	15	右底边梁		
	16	右 D 柱内侧		
	17	右 C 柱内侧		
	18	右 B 柱内侧		
	19	右 A 柱内侧		
	20	车顶		
	21	不可拆水箱框架		
	22	左前翼子板内骨架		
	23	左前纵梁		
	24	左前减振器座		
	25	前围板		
	26	右前减振器座		
	27	右前纵梁		
	28	右前翼子板内骨架		
	29	车身底板		

(续表)

评价标准	请根据学生在本次任务中的实际表现评价：			
	序号	评分标准	评分分值	得分
	1	明确工作任务，理解任务在企业工作中的重要程度	5	
	2	掌握工作相关知识及检测要点	10	
	3	能够对车辆左右对称性进行检查	15	
	4	能够对车辆左侧进行检查	35	
	5	能够对车辆右侧进行检查		
	6	能够对车辆前面部位进行检查	35	
	7	能够对车辆后面部位进行检查		
任务评价	教师评语：(根据工作单填写情况、语言表达、态度及沟通技巧等方面，按等级制给出成绩) 实训记录成绩： 教师签字： 日　　期：			

任务 2　动　态　检　查

学习目标

知识目标
1. 掌握二手车动态检查的主要内容；
2. 掌握二手车动态检查的程序和方法。

能力目标
具有独立完成二手车动态检查的能力。

思政目标
通过二手车动态检查，培养学生精益求精、严谨的工作作风。

情境导入

鉴定二手车时，路试是必不可少的环节，通过启动、怠速、起步、加速、匀速、滑行、强制减速、紧急制动，以及从低挡位到高挡位，再从高挡位到低挡位等操作，检查车辆的动力性能、操控性能、制动性能、滑行性能、舒适性及排放情况等。

任务描述

王先生想买一辆二手车，他听说有的二手车表面看起来很新，漆面无刮擦，但真实的车辆状况如何，还需要通过操控车辆判断。动态检查是二手车鉴定评估工作的基础和关键。

任务准备

问题 1　什么是二手车动态检查？

动态检查是指车辆路试检查。路试检查的主要目的是，在一定条件下，通过车辆各种工况，如启动、怠速、起步、加速、匀速、滑行、强制减速、紧急制动，从低速挡到高速挡、从高速挡到低速挡等，检查汽车的操纵性能、制动性能、滑行性能、加速性能、噪声和废气排放等情况，以鉴定二手车的技术状况。

问题 2　二手车动态检查的要领是什么？

① 路试时间最好为 10~15 min。可选二手车市场以外的道路。因为路试时间长，可以反映出车辆在不同行驶状态时的性能。

② 原地起步加速行驶，猛踩加速踏板，看提速是否敏感。车辆使用时间较长，磨损严重，都会损失功率。在坡路上检查车辆提速是否有劲，如果表现不佳，则说明发动机功率不足。最好检查高速行驶时，最高车速和车辆基本参数的差别，差距不应过大。

③ 手动挡汽车离合器应该接合平稳，分离彻底。离合器常出现的故障是打滑和分离不彻底，造成挂挡困难、行驶无力、爬坡无力、变速器齿轮发出撞击声、起步抖动等。

④ 在宽敞路面上，以 15 km/h 速度行驶，向左、右转动转向盘，看是否灵活，能否自动回

正。放开转向盘不应跑偏。

⑤ 以 20 km/h 车速行驶,急踩制动踏板然后松开,不应有跑偏迹象。以 50 km/h 车速紧急制动,车辆应能立即减速,不应有跑偏现象。同时检查驻车制动器。

⑥ 以 30 km/h 速度行驶,挂空挡后,检查滑行距离,一般轿车不应少于 150 m。

⑦ 以 40 km/h 速度行驶,突然松开加速踏板,接着猛踩加速踏板,看主减速器是否发出较大的声响。

⑧ 以 50 km/h 速度行驶,挂空挡滑行,根据滑行距离估计车辆的传动效率。不应有明显的阻滞情况。

⑨ 检查减振系统时,应把车辆开到不平整路面或多弯的路面。如果有强烈的颠簸感觉,甚至发出沉闷的响声,说明减振系统有问题。

⑩ 使用一定年限的车辆球笼会磨损。在过弯时注意听底盘有无异响。

⑪ 把车开到有减速带的地方,过减速带时注意倾听底盘的上下冲击声音。如果有特别硬的冲击声,有可能是下摆臂平衡杆胶套磨损、破裂引起的。一般合资品牌的轿车 6 年以上就会出现下摆臂破裂的故障。

问题 3 传统汽车应如何完成动态检查?

对汽车静态检查之后再进行动态检查。其目的是进一步检查发动机、底盘、电气设备的工作状况及汽车的使用性能。检查的内容包括 4 个方面:路试前检查、发动机工作性能检查、路试检查和路试后检查。

1. 路试前检查

在路试之前,先检查机油油位、冷却液液位、制动液液位、转向油液位、踏板自由行程、转向盘自由行程、轮胎胎压和各警示灯,各个项目正常后方可完成后续检查。

(1) 检查机油油位　检查之前应将车停放在平坦的场地上。将启动开关钥匙拧到关闭位置,把驻车制动放到制动位置,变速杆放到空挡位置。打开发动机舱盖,抽出机油尺,将机油尺用抹布擦净油迹后,插入机油尺导孔,拔出查看。油位在上下刻线之间即为合适。如果超出上刻线,应放出机油;如果低于下刻线,可从加油口处添加机油,10 min 之后,再次检查油位。补充时应严格注意清洁并检查是否有渗漏现象。

(2) 检查冷却液液位　对于没有膨胀水箱的冷却系,可以打开散热器盖检查,要求液面不低于排气孔 10 mm。如果使用防冻液,要求液面低于排气孔 50~70 mm,这是为了防止防冻液因温度升高而溢出;对于装有膨胀水箱的冷却系,应检查膨胀水箱的冷却液量是否在规定刻线之间。应在冷车状态下检查水量,检查后应扣紧散热器盖。补充冷却液时,应尽量使用软水或同种防冻液。在添加前要检查冷却系是否有渗漏现象。

(3) 检查制动液液位　正常制动液量位应在贮液的上限(MAX)与下限(MIN)刻线之间或标定位置处,如图 4-2-1 所示。当液位低于标定刻线或下限位置时,应把新的制动液补充到标定刻线或上限位置。由于常用的制动液(醇醚类)具有一定的吸湿性。因此,在向贮液罐内补充制动液时,一方面,要使用装在密封容器内的新制动液;另一方面,要避免长时间开放贮液罐的加液口盖。因为制动液吸收水分后,其沸点会显著降低,容易引起气阻,造成制动失灵。

(4) 检查动力转向液压油的油量　首先,将动力转向贮油罐的外表擦干净,然后再将加油口盖从贮油罐上取下。用干净的布块将油标尺上的油擦干净,重新将油标尺装上(检查时,不要拧紧加油口盖),然后取下油标尺,检查油平面。油尺所示的刻度和意义与机油尺相同,如图 4-2-2 所示。如果油平面低于油尺下限刻度,则需要添加同种的转向液压油,直到上限刻度(F)为止。在添加之前应检查动力管路是否有渗漏现象。在检查或添加转向液压油时,应检查油质的污染情况,发现变质或污染应及时更换。

图 4-2-1 制动液液面

图 4-2-2 动力转向液压油液面

(5) 检查燃油箱的油量 打开点火开关,观察燃油表,了解油箱大致储油量,如图 4-2-3 所示。也可打开油箱盖,观察或用清洁量尺测量。但要注意油箱盖的清洁,避免尘土、脏物等落入。

(6) 检查冷却风扇传动带 检查冷却风扇传动带的紧度,用拇指以 90~100 N 的力按压传动带中间部位,挠度应为 10~15 mm,如图 4-2-4 所示。如果不符合要求,按需要调节发动机支架固定螺栓的位置。

图 4-2-3 燃油表

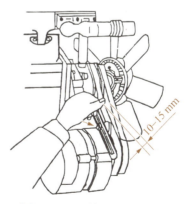

图 4-2-4 传动带挠度检查

(7) 检查制动踏板行程并确保制动灯工作 路试二手车前,要检查制动系统并确保制动灯工作良好。如果只有一个制动灯或没有制动灯,会被罚款。感受踩踏制动踏板的感觉,踩下制动路板 25~50 mm,即自由行程压缩至有效行程,如图 4-2-5 所示,应感到坚实而没有松软感,即使踩下 30 s 踏板也不会下移。如果制动踏板有松软感,踩下 30 s 不动,还会下移,可能制动管路中有空气,制动系统中某处可能有泄漏,需要将制动系统修好,再继续路试或进一步检查。另外,还要检查驻车制动是否工作正常。

(8) 检查轮胎气压　轮胎气压过高或过低均不宜路试。拧开轮胎气嘴的防尘帽,用轮胎气压表测量轮胎气压,轮胎的气压应符合规定,如图 4-2-6 所示。气压不足应充气,气压过高应放出部分气体。

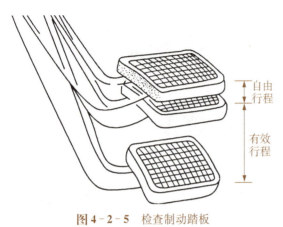
图 4-2-5　检查制动踏板

图 4-2-6　检查轮胎气压

2. 发动机工作性能检查

发动机工作性能检查主要是检查发动机的启动性能、怠速、异响、急加速性、曲轴箱窜气量及排气颜色等项目。

(1) 检查发动机启动性　正常情况下,应在 3 次内启动发动机成功。每次时间不超过 5 s,再次启动时间要间隔 15 s 以上。若发动机不能正常启动,说明发动机的启动性能不好。影响发动机启动性的原因有很多,主要体现在油路、电路、气路、机械 4 个方面,如供油不畅、电动汽油泵无保压、点火系漏电、蓄电池电极锈蚀、空气滤清器堵塞、汽缸磨损致使汽缸压力过低、气门关闭不严等。发动机启动困难应综合分析各种原因。虽然有很多原因引起发动机启动困难,但对汽车价格影响很大。

(2) 检查发动机怠速　发动机启动后,怠速运转,打开发动机盖,观察怠速运转情况。怠速应平稳,发动机振动很小。观察仪表盘上的发动机转速表,怠速应在 (700+50) r/min。不同发动机的怠速可能有一定的差别。若开空调,发动机转速应上升,其转速应在 1 000 r/min 左右。

发动机怠速时,若出现转速过高、过低、发动机抖动严重等现象,均表明发动机怠速不良。引起发动机怠速不良的原因多达几十种,如点火正时、气门间隙、进气系统、点火系、供油系统、线束等均可能引起怠速不良。

(3) 检查发动机异响　发动机怠速运转,听发动机有无异响及响声大小。然后,用手拨动节气门,适当增加发动机转速,倾听发动机的异响是否加大,或是否有新的异响出现。正常情况下,发动机各部件配合间隙适当,润滑良好,工作温度正常,燃油供给充分,点火正时准确,这时无论转速和负荷怎样变化,都是一种平稳而有节奏,协调而又圆滑的轰鸣声。

在额定转速内,除正时齿轮、机油泵齿轮、喷油泵齿轮、喷油泵传动齿轮及气门有轻微均匀的响声以外,若发动机发出敲击声、咔嗒声、爆燃声、咯咯声、尖叫声等,均是不正常的响声。如果有来自发动机底部的低频隆隆声或爆燃声,则说明发动机严重损坏,发动机需要大修。发动机异响是很难排除的,尤其是发生在发动机内部,鉴定评估人员应高度重视。

(4) 检查发动机急加速性　发动机运转正常后,发动机温度达到 80℃以上,用手拨动节气门,从怠速到急加速,然后迅速松开节气门。注意发动机怠速是否熄火或工作不稳。通常急加速时,发动机发出强劲且有节奏的轰鸣声。

(5) 检查发动机曲轴箱窜气量　打开发动机曲轴箱通风出口,用手拨动节气门,逐渐加大发动机转速,观察曲轴箱窜气量。正常发动机曲轴箱的窜气较少,无明显油气味,四缸发动机一般在 10~20 L/min。若曲轴箱气量大于 60 L/min,则曲轴箱通风系统不能保证曲轴箱的气体完全排出,通风系统可能结胶堵塞,曲轴箱气体压力将增大,曲轴箱前后油封可能漏油,表明此发动机需要大修。

(6) 检查排气颜色　正常的汽油发动机排出的气体是无色的,在严寒的冬季可见白色的水汽。柴油发动机带负荷运转时,发动机排出气体一般是灰色的,负荷加重时,排气颜色会深一些。汽车排气常有黑烟、蓝烟和白烟 3 种不正常的烟雾。

① 冒黑烟:意味着混合气过浓,不能完全燃烧。当发动机运行在浓混合气时,排气中的燃油会使催化转换器变成催化反应炉。混合气过浓情况是由于几个火花塞不点火,还是由于几个喷油器漏油引起的,很难区分。无论哪种情况,燃油都会被送进催化转化器中,转化器的工作温度升高到了一个危险水平。经过一段时间后,更高温度的工作可能导致催化转化器破裂或熔化。

② 冒蓝烟:发动机烧机油,即机油窜入燃烧室。若机油油面不高,最常见的原因是汽缸与活塞密封出现问题,即活塞、活塞环因磨损导致与汽缸的间隙过大。如果肉眼能看到冒蓝烟,表明发动机已经到了绝境。

③ 冒白烟:发动机燃烧冷却系统中的冷却液(防冻液和水)。原因可能是汽缸垫烧坏,使冷却液从冷却液通道渗到燃烧室中;也可能是缸体有裂纹,冷却液进入汽缸内。这种发动机的价值很小。白烟的另一个解释是非常冷和潮湿的外界空气引起。这种现象类似于在非常寒冷的天气中呼吸时的凝结,当呼出的气体比外界空气热得多,而与外界冷空气混杂在一起时热气凝结,产生水蒸气。以同样的方式,热排气与又冷又湿的大气混杂在一起产生白色烟雾。但是当汽车热起来后,因为热排气湿度含量低,蒸气应当消失。当然,如果在非常寒冷的气候条件下检查一辆汽车,即使在发动机热起来后,它的排气可能继续冷凝,此时要靠鉴定评估人员的判断力。如果在暖和的天气看到冒白烟,可能表明有某种机械问题。除此之外,如果是自动挡汽车,汽车行驶时排出大量白烟可能是自动变速器有问题,而不是由冷却液引起。许多自动变速器有一根通向发动机的真空管,如果这根变速器真空管末端的密封垫或薄膜泄漏,自动变速器油液可能被吸入发动机中,造成排气冒白烟。

(7) 排气气流是否平稳　将手放在距排气管的排气口 10 cm 左右处,感受发动机怠速时排气气流的冲击。正常排气气流有很小的脉冲感。若排气气流有周期性的打嗝或不平稳的喷溅,表明气门、点火或燃油系统有问题而引起间断性失火。

将一张白纸悬挂在靠近排气口 10 m 左右,如果纸不断地被排气气流吹开,则表明发动机运转正常。如果纸偶尔被吸向排气口,则发动机排气机构可能有很大问题。

3. 路试检查

汽车路试一般行驶 20 km 左右。

(1) 检查离合器的工作状况　按正常汽车起步方法操纵汽车,挂挡平稳起步,检查离合器工作情况。正常情况下,离合器应该接合平稳,分离彻底,工作时无异响、无抖动和不正常打滑现象。踏板自由行程符合汽车技术条件的有关规定,一般为 30~45 mm。自由行程太小,说明离合器摩擦片磨损严重。离合器的检测踏板力应与该型号汽车的踏板力相适应,各种汽车的离合器踏板力不应大于 300N。如果离合器发抖或有异响,说明离合器内部有零件损坏,应立即结束路试。

(2) 检查变速器的工作状况　从起步加速到高速挡,再由高速挡降至低速挡,检查变速器换挡是否轻便灵活,是否有异响,互锁和自锁装置是否有效,是否有乱挡或掉挡。换挡时变速杆不得与其他部件干涉。

换挡时,变速器齿轮异响,表明变速器换挡困难。这是变速器常见的故障现象。一般是由于换挡联动机构失调、换挡拨叉变形、换挡拨叉生锈或同步器损坏所致。若同步器损坏,则需要更换同步器,费用较高。

在汽车行驶过程中,急速踩下加速踏板或汽车受到冲击时,变速杆自行回到空挡,即为掉挡。变速器出现掉挡,说明变速器内部磨损严重,需要更换磨损的零件,才能恢复正常的性能。

在换挡后出现变速杆发抖现象,表明汽车变速器使用时间过长,变速器换挡机构的各个铰链处磨损松旷,使变速杆处的间隙过大。

(3) 检查汽车动力性　汽车动力性能最常用的指标是从静态加速至 100 km/h 时所需的时间和最高车速,前者是最具意义的动力性能指标和国际流行的小客车动力性能指标。

汽车起步后,加速行驶,猛踩加速踏板,检查汽车的加速性能。通常急加速时,发动机发出强劲的轰鸣声,车速迅速提升。各种汽车设计时的加速性能不尽相同。就轿车而言,一般发动机排量越大,加速性能就越好。有经验的汽车评估人员了解各种常见车型的加速性能,通过路试能够检查出被检汽车的加速性能与正常的该型号汽车加速性能的差距。

检查汽车的爬坡性能,即检查汽车在相应的坡道上,使用相应挡位时的动力性能是否与经验值相近,感觉是否正常。

检查汽车是否能够达到原设计车速,如果达不到,估计差距大小。如果汽车提速慢,最高车速与原车设计值差距较大,上坡无力,则说明车辆动力性能差。

(4) 检查汽车制动性能　汽车起步后,先点一下制动,检查是否有制动;将车加速至 20 km/h 时紧急制动,检查制动是否可靠,有无跑偏、甩尾现象;再加速至 50 km/h,先用点刹的方法检查汽车是否立即减速、是否跑偏,再用紧急制动的方法检查。汽车的制动距离见表 4-2-1。

表 4-2-1 制动距离和制动稳定性要求

机动车类型		制动初速度 /(km/h)	制动距离/m		试车道宽度/m
			满载	空载	
三轮汽车		20	≤5.0		2.5
乘用车		50	≤20.0	≤19.0	2.5
总质量 ≤3 500 kg	低速汽车	30	≤9.0	≤8.0	2.5
	一般汽车	50	≤22.0	≤21.0	2.5

(续表)

机动车类型	制动初速度/(km/h)	制动距离/m 满载	制动距离/m 空载	试车道宽度/m
其他汽车、汽车列车	30	≤10.0	≤9.0	3.0
轮式拖拉机运输机组	20	≤6.5	≤6.0	3.0
手扶变型运输机	20	≤6.5		2.3

4. 路试后检查

路试后,需要对车辆进行路试后的检查。检查冷却液温度、机油温度是否在合理范围内。还要检查车辆是否有四漏,即是否有漏水、漏油、漏气、漏电现象。

(1)检查各部件温度　正常冷却液温度不应超过90℃,机油温度不应高于90℃,齿轮油温不应高于85℃。查看制动鼓、轮毂、变速器壳、传动轴、中间轴轴承、驱动桥壳(特别是减速器壳)等,不应有过热现象。检查自动恒温控制系统是否有余热,采暖功能是否正常。

(2)检查四漏现象　发动机运转及停车时,散热器、水泵、汽缸、缸盖、暖风装置及所有连接部位均应无明显渗漏现象。机动车连续行驶距离不小于10 km,停车5 min后观察,应没有明显渗漏油现象。检查机油、变速器油、主减速器油、转向液压油、制动液、离合器油、液压悬架油等处有无泄漏。检查汽车的进气系统、排气系统有无漏气现象。检查发动机点火系统有无漏电现象。

● 任务实施

班级		组名	
组员及任务分工	姓名	学号	组内工作任务
接受任务	王先生想买一辆二手车,他听说有的二手车表面看起来很新,漆面无刮擦,但真实的车辆状况如何,还需要通过操纵车辆观察。动态检查是二手车鉴定评估工作的基础和关键。如何对车辆进行动态检查?		
信息收集	1. 离合器踏板自由行程符合汽车技术条件的有关规定,一般为(　　)mm。 2. 二手车完成路试后,冷却液温度正常不应超过(　　),机油温度不应高于(　　),齿轮油温不应高于(　　)。 3. 四漏是指(　　)、(　　)、(　　)、(　　)		
任务计划	根据车辆动态检查要点,制订车辆动态检查的工作计划:		
任务实施	请完成车辆动态检查作业,并记录信息(车辆动态检查也可在二手车鉴定评估仿真实训系统中操作): 1. 制动踏板的检查		

		检查项目及结果
	车辆未启动,踩下制动踏板,保持5~10 s	踏板是否无向下移动: □是　□否 结果描述:_____ _____ _____

(续表)

	检查项目及结果 (续表)
启动发动机,踩住制动踏板启动发动机,踏板是否向下移动	踏板是否向下移动: □是 □否 结果描述:_____ _____ _____

2. 发动机运转、加速的检查

	检查项目及结果
启动车辆,平稳踩住加速踏板	发动机状态:□正常 □异常 车速变化:□正常 □异常 结果描述:_____ _____ _____

3. 变速箱工作的检查

	检查项目及结果
启动发动机,换挡杆在倒挡、空挡、前进挡不同挡位之间切换	变速箱工作是否正常: □是 □否 变速箱是否异响:□是 □否 结果描述:_____ _____ _____
自动挡车型切入D挡,加速前进至60 km/h	发动机转速:□正常 □异常 有无缺挡:□有 □无 无法进挡:□有 □无 结果描述:_____ _____

(续表)

4. 车辆底盘传动系统检查

 启动车辆，自动挡车型切入D挡，匀速行驶车辆	检查项目及结果
	底盘异响：□有 □无 结果描述：_____ _____ _____

5. 车辆转向部位检查

 启动车辆，自动挡车型切入D挡，车速不要太快，进行转向极限操作	检查项目及结果
	转向盘转向一侧极限 车头异响：□有 □无 转向盘振动、抖动： □有 □无 转向盘转向另一侧极限 车头异响：□有 □无 转向盘振动、抖动： □有 □无 结果描述：_____ _____ _____

6. 检查行驶是否跑偏

 启动车辆，自动挡车型切入D挡，松手刹，踩下油门踏板，直线行驶，双手短暂放离转向盘	检查项目及结果
	车辆跑偏：□有 □无 结果描述：_____ _____ _____

（续表）

7. 行车制动的检查

<table>
<tr><td rowspan="2"></td><td colspan="2">检查项目及结果</td></tr>
<tr><td>启动车辆，自动挡车型切入D挡，松手刹，踩下油门踏板，直线行驶稳定后，踩下制动踏板</td><td>行车制动系最大制动效能在踏板全行程的4/5以内达到：
□是　□否
结果描述：_____
_____
_____</td></tr>
<tr><td></td><td>大约车速40km/h时，紧急制动</td><td>制动距离：□正常　□异常
ABS工作状态：□正常　□异常
制动跑偏：□是　□否
结果描述：_____
_____</td></tr>
</table>

质量检查

指导教师检查作业结果：

序号	检查项目	检查结果是否与实车实际相符	
		相符	不相符
1	车辆启动前踩下制动踏板，保持5～10 s，踏板是否无向下移动的现象		
2	踩住制动踏板启动发动机，踏板是否向下移动		
3	发动机运转、加速是否正常		
4	变速器工作是否正常、无异响		
5	行驶中车辆底盘部位是否无异响		
6	行驶过程中车辆转向机构是否无异响		
7	行驶是否跑偏		
8	行车制动系最大制动效能在踏板全行程的4/5以内达到		
9	制动系统工作是否正常有效、制动不跑偏		

(续表)

	评分标准	好	一般	有待改良
评价标准	实训准备 （10分）	小组分工明确，能够事先精心准备任务内容	能够做必要的准备，但不够充分	分工不够明确，事先无准备
	知识运用 （10分）	能够熟练、自如地运用所学知识分析，且分析卓有成效	小组讨论认真，所学知识运用得不是很准确，个别组员不积极	不能运用所学知识分析实际问题
	成果质量 （10分）	能够准确检查，描述正确	能够准确检查，描述基本正确	未在规定时间完成检查
	学习态度 （10分）	热情高，干劲足，态度认真，能够出色地完成任务	有一定热情，基本能够完成任务	敷衍了事，不能完成任务
任务评价	教师评语：(根据工作单填写情况、语言表达，态度及沟通技巧等方面、按等级制给出成绩) 实训记录成绩：　　　　　　　　　　　　　　　　　　　教师签字： 　　　　　　　　　　　　　　　　　　　　　　　　　　日　　期：			

任务 3　新能源二手车鉴定

学习目标

知识目标

1. 掌握新能源二手车检查项目。

能力目标

1. 具有独立完成新能源二手车检查的能力；
2. 能够完成作业表记录；
3. 能根据检查结果判断新能源二手车技术状态。

思政目标

通过技术状况检查各项作业的学习与操作，掌握行业规范标准，培养科学素养，体验职业规范操作重要性与准确性，深化二手车鉴定评估师职业素养体系。

情境导入

近年来，随着环境保护意识的提高和国家的大力支持，新能源汽车的产销量逐年上涨。截至2023年底，全国新能源汽车保有量达2 041万辆，其中纯电动汽车保有量为1 552万辆，占比76.04%。纯电动二手车交易量也在逐渐上升。纯电动汽车与传统的燃油汽车在结构和原理上有很大的差异，对纯电动二手车的技术鉴定和价值评估不能直接使用传统燃油汽车评估的标准。目前，纯电动二手车的鉴定和评估还没有规范的可行性好的评估方法，研究纯电动二手车的价值评估方法对纯电动二手车市场的健康发展有重要意义。

任务描述

王先生计划购置一辆纯电动车。考察二手车交易市场后，锁定一台吉利纯电动汽车。作为二手车评估师，你能为王先生讲解纯电动汽车应从哪些方面鉴定吗？

任务准备

问题 1　新能源纯电二手车重要概念有哪些？

新能源纯电动二手车是指从办理完注册登记手续到符合国家强制报废标准之前交易并转移所有权的新能源纯电动汽车，以下简称**新能源二手车**。

新能源纯电动车用动力电池是指采用燃油发动机以外的能源方式驱动在路面行驶的车辆所使用的用于存储驱动车辆行驶电能的电池。

新能源二手车鉴定评估是指对新能源二手车进行技术状况检测、鉴定，确定某一时点价值的过程。

荷电状态(SOC)是指当前蓄电池中按照规定放电条件可以释放的容量占可用容量的百分比。

问题 2 新能源二手车鉴定评估作业流程是什么？

新能源二手车鉴定评估作业流程如图 4-3-1。

图 4-3-1 新能源二手车鉴定评估作业流程

问题 3 新能源纯电二手车鉴定的安全操作规范有哪些？

1. 维修高压车辆人员的资质要求

电动汽车维修人员需要具备一定的资质，遵守安全操作规范，且满足以下条件：

① 必须参加过厂家电气技术培训，经授权可以检修具有高压系统的车辆，且能做标识维护工作现场；

② 获得电工作业资格，参加过电动汽车（电动汽车、燃料电池车）高压系统维修的资格培训，在经销商内部认可后，方可执行车辆高压系统维修工作。

2. 高压技术人员的主要工作

高压技术人员需要做好自身防护，穿戴好绝缘防护用品，如绝缘防护服、绝缘鞋、绝缘手套和护目镜，如图 4-3-2 所示。

高压技术人员的主要工作有：

① 断开高压系统供电并检查是否已经可靠绝缘；

② 严防高压系统重新合闸；

图 4-3-2　绝缘防护用品

③ 将高压系统接通，重新投入使用；
④ 对高压系统上所有作业负责；
⑤ 培训和指导经销商内部所有与高压系统相关的人员。

3. 车辆标识与工作区安全

在鉴定评估车间内，配备有高压装置的车辆必须做标识，使用专用的警示标牌，如图 4-3-3 所示。工作区域内必须防止其他人员进入。

4. 安全操作规程

在检查或维修高压系统时，务必遵循以下安全操作规范：

① 关掉电动汽车点火开关，并妥善保管钥匙；
② 断开低压电池负极端子，拆除维修开关，等待 15 min 或更长时间，让高压电器内部电容放电，用绝缘乙烯胶带包裹被断开的高压线路插接器。

图 4-3-3　电动汽车鉴定评估工作区域标识

5. 注意事项

所有橙色的线路均带高压，可能危及生命；不得将喷水软管和高压清洗装置直接对准高压部件；高压插头上不可使用润滑油、润滑脂和触点清洗剂等；在高压导电部件附近执行检修工作时，必须先将系统断电；在焊接、用切削工具加工以及用尖锐工具操作时，必须先将系统断电。

所有松开的高压插头必须严防进水和污物；损坏的导线必须更换；佩戴有电子/医学生命和健康维持装置的人（如心脏起搏器）不得检修高压系统（包括点火系统）；必须使用合适的测量仪器；检修进水的高压系统时，要非常小心，特别是潮湿的部件是非常危险的。

6. 恢复系统运行

电动汽车检修维修完毕后，要由高级技师恢复系统运行。恢复系统运行应注意以下事项：

① 要目视检查所有的高压连接以及高压系统的接插口和螺孔连接都正确锁止；
② 要目视检查所有的高压电缆都无法触碰到；
③ 要目视检查电压平衡、电缆清洁且无法触碰到，插入维修开关并锁闭；
④ 打开点火开关，读取所有系统的故障码，把"高压系统已关闭"的警示标签从车辆上

移除;

⑤ 要在车辆显眼的位置贴上"高压已经激活"的警示标签。

问题 4 新能源纯电二手车静态检查包括哪些项?

静态检查项目绝大多数与传统汽车一致,只多出电池、电机及控制器、电控及仪表 3 个项目。在车身外观检查时,检查充电接口及护盖;底盘检查时,检查电池箱外防护装置有无变形;功能性零部件检查时,检查充电线缆或便携式随车充电器。

1. 电池系统

通过以下步骤检查电池:

① 采用目视方法检查电池系统外观,并确认动力电池系统基本数据(电池厂家、型号、额定电压、额定容量/能量)与原汽车生产厂家数据一致;

② 评估前需检查车辆充电功能,确保可正常进行交流、直流充电;

③ 采用电脑解码器(整车诊断仪)读取电池系统数据,检查电池系统基本性能,无电池系统的电压、温度、绝缘等故障报警;

④ 采用电量评估法测量动力电池系统可充入电量,或者采用容量评估法测量动力电池系统实际容量,并确认电池管理系统功能;

⑤ 依据车辆使用者出具的经过认定的或者车辆生产厂家、第三方监控平台提供的历史数据,从驾驶行为、充电行为和环境因素等方面辅助评估电池系统;

⑥ 在评估过程中还需考虑电池系统质保年限、质保里程等相关因素。

电池系统共计 30 分。其中,外观检查 5 分,综合性能评价 20 分,电池质保评价 5 分。

(1) 外观检查 按表 4-3-1 要求检查序号 107~118 共 12 个项目,选择 A 不扣分、107~111 项选择 C 扣 5 分,112~117 项选择 C 扣 1 分。共计 5 分,扣完为止。

表 4-3-1 电池系统外观检查项目

序号	检查项目	A	C
107	电池铭牌与出厂的基本数据一致	是	否
108	无起火痕迹	是	否
109	无腐蚀痕迹	是	否
110	无浸水痕迹	是	否
111	电池箱是原厂配件	是	否
112	电池箱固定件无松动、破损	是	否
113	电池冷却系统无渗漏、损坏	是	否
114	电池系统插接件无异常(松动、脱落、变形、腐蚀)	是	否
115	直流充电插座无异常(松动、脱落、变形、腐蚀)	是	否
116	交流充电插座无异常(松动、脱落、变形、腐蚀)	是	否
117	电池高低压线束及防护无破损腐蚀	是	否
118	其他(只描述缺陷,不扣分)		

(2) 综合性能评价　综合性能评价包括电池当前**电量(容量)状态**及**历史行为**评估两部分。

① 电量(容量)可用状态：评分表见表 4-3-2，计算公式为

$$电量可用状态\quad E_s=(E_c-E_{end})/(E_r-E_{end})。$$
$$E_c\geqslant E_r,E_s=1;E_c\leqslant E_{end},E_s=0。$$
$$容量可用状态\quad C_s=(C_c-C_{end})/(C_r-C_{end})。$$
$$C_c\geqslant C_r,C_s=1;C_c\leqslant C_{end},C_s=0。$$

其中，实际电量(容量)$E_c(C_c)$为实际测试电量(容量)或通过历史数据估算值；额定电量(容量)$E_r(C_r)$为新车公告的电量(容量)；电池寿命终止电量(容量)$E_{end}(C_{end})$为达到电池寿命终止的电量(容量)，按国家标准或厂家电池质保的电量(容量)。

表 4-3-2　电量(容量)可用状态评分

序号	检查项目	分值
119	电量(容量)可用状态 $E_s(C_s)$	

实际电量 E_c 测量方法：在室温(25±5)℃下，将动力蓄电池系统调整至车辆所能达到的最低 SOC；将动力蓄电池系统充电至满电状态，记录充入的电量 E；采用交流充电时，计算充入实际电量需考虑车载充电机的转换效率。实际电量 E_c 的计算公式为

$$E_c=E\times 车载充电机的转换效率。$$

实际容量 C_c 测量方法：在室温(25±5)℃下按照以下顺序测试充放电。

第一步**放电**：将动力蓄电池系统调整至车辆所能达到的最低电池荷电状态(SOC)；或者使用放电设备以 1C(倍率)或按照制造商推荐的放电机制至制造商规定的放电截止条件，静置 30 min；

第二步**充电**：使用充电设备以 1C 充电至制造商规定的充电截止条件或按照制造商推荐的充电机制充满电，充电电量为 C_c。

基于历史数据的电量(E_c)、容量(C_c)估算法　评估机构优选实际测量方法，如果实际测量有难度，可委托有相关技术能力和资质的第三方机构测量，或者采用估算方法得到 E_c 或 C_c。评估机构采用历史数据估算电量、容量，应取得车辆所有者授权，并在报告上注明数据来源、数据周期、评估方法、估算结果、估算结果置信度等信息。

② 历史使用影响因素系数：根据驾驶行为、充电行为和运行环境等因素，评估所得的比例系数；依据车辆使用者出具的经过认定的电池数据，或者车辆生产厂家、第三方监控平台等提供的电池运行数据求得，包括日均使用时间系数(L_1)、次均充电 SOC 系数(L_2)、快慢充比系数(L_3)、运行温度在 10~45℃ 的频次占比系数(L_4)。最大值为 1。如果不能提供该历史数据，系数应取 0.9。

日均使用时间系数(L_1) 见表 4-3-3。

$$日均使用时间=车辆每日使用时间的平均值(T_{day})。$$

表 4-3-3 日均使用时间因素系数

序号	日均使用时间	$T_{day}<1\,h$	$1\,h \leqslant T_{day} \leqslant 4\,h$	$T_{day}>4\,h$
120	系数(L_1)	0.98	1.0	0.97

次均充电 SOC 系数(L_2)参比最佳电池放电深度,见表 4-3-4。

次均充电 SOC=所有充电结束 SOC 与充电起始 SOC 之差的平均值。

表 4-3-4 次均充电 SOC 系数

序号	次均充电 SOC	次均充电 SOC<70%	次均充电 SOC≥70%
121	系数(L_2)	1.0	0.98

快慢充比系数(L_3)参比电池最佳充电倍率,见表 4-3-5。

快慢充比=快充次数/慢充次数。

表 4-3-5 快慢充比系数

序号	快慢充比	快慢充比<0.5	0.5≤快慢充比<1	快慢充比≥1
122	系数(L_3)	1.0	0.98	0.95

运行温度在 10~45℃ 的频次占比系数(L_4)参比电池最佳运行温度,见表 4-3-6。

运行温度在 10~45℃ 的频次占比=温度在 10~45℃ 的运行时间/总的运行时间。

表 4-3-6 运行温度频次占比系数

序号	运行温度在 10~45℃ 的频次占比	占比>60%	40%≤占比<60%	占比<40%
123	系数(L_4)	1.0	0.98	0.95

历史运行数据影响因素系数为

$$L=L_1 \times L_2 \times L_3 \times L_4 。$$

③ 综合性能评价值:计算方法为

$$R=E_s(C_s) \times L 。$$

按照表 4-3-7,根据性能综合评价值 R 对电池系统评分,总计 20 分。

表 4-3-7 电池系统综合性能评价值评分表

序号	性能综合评价值 R	$R<0.1$	$0.1 \leqslant R <0.2$	$0.2 \leqslant R <0.3$	$0.3 \leqslant R <0.4$	$0.4 \leqslant R <0.5$	$0.5 \leqslant R <0.6$	$0.6 \leqslant R <0.7$	$0.7 \leqslant R <0.8$	$0.8 \leqslant R <0.9$	$R \geqslant 0.9$
124	综合性能评价值	0	3	6	8	10	12	14	16	18	20

(3)电池质保评价 计算电池的剩余质保时间比和剩余质保里程比,取二者最小值作为评分依据。电池质保评分 A 见表 4-3-8,计算公式为

$$A = A_s \times 5 (保留1位小数)。$$

其中,电池质保评分系数 $A_s = \text{Min}(T_s, D_s)$,即 A_s 取值为 T_s 和 D_s 中的较小值;剩余质保时间比 $T_s = (T_{max} - T_c)/T_{max}$,$T_c \geqslant T_{max}$,则 $T_s = 0$;剩余质保里程比 $D_s = (D_{max} - D_c)/D_{max}$,$D_c \geqslant D_{max}$,则 $D_s = 0$;行驶里程(D_c)为车辆当前的行驶公里数;电池质保里程(D_{max})为厂家提供电池质保公里数;电池使用时间(T_c)为车辆注册登记后的累计使用时间;电池质保时间(T_{max})为厂家提供电池质保时间。

表 4-3-8 电池质保评分

序号	检查项目	分值
125	电池质保评价 A	

2. 电机及控制器

对电机的检查需要通过以下步骤:

① 采用目视方法检查电机、控制器外观,并确认电机、控制器基本数据与原车辆生产厂家数据相一致,电机系统外观及高低压连接正常,电机无异响;

② 采用电脑解码器(整车诊断仪)读取电机系统数据,无电机系统故障报警。

按表 4-3-9 检查电机系统外观,检查序号 126~135 共 10 个项目,选择 A 不扣分。其中,126~129 项选择 C 扣 5 分,130~134 项选择 C 扣 1 分。共计 5 分,扣完为止。

表 4-3-9 电机及控制器检查项目表

序号	检查项目	A	C
126	铭牌字迹和内容清楚,与出厂的基本数据一致	是	否
127	无起火痕迹	是	否
128	无腐蚀痕迹	是	否
129	无浸水痕迹	是	否
130	电机和控制器表面无碰伤、划痕	是	否
131	电机冷却系统无渗漏、损坏	是	否
132	电机系统插接件无异常(松动、脱落、变形、腐蚀)	是	否
133	电机系统高低压线束及防护无破损腐蚀	是	否
134	驱动电机和控制器安全接地检查合格	是	否
135	其他(只描述缺陷,不扣分)		

3. 电控及仪表

按表 4-3-10 要求,检查序号 159~170 共 12 个项目。选择 A 不扣分,第 159、160 项选择 C 扣 1 分;第 161 项选择 C 扣 0.5 分;第 162~165 项选择 C 扣 0.3 分;第 168~169 项选择 C 扣 5 分。共计 10 分,扣完为止。

优先选用汽车解码器检测车辆技术状况。

表 4-3-10　电控及仪表检查项目表

序号	检查项目	A	C
159	车辆可正常上电(中控大屏和仪表点亮)	是	否
160	仪表板指示灯显示正常,无故障报警	是	否
161	各类灯光和调节功能正常	是	否
162	泊车辅助系统工作正常	是	否
163	制动防抱死系统(ABS)及各种扩展功能工作正常	是	否
164	空调系统风量、方向调节、分区控制、自动控制、制冷工作正常	是	否
165	车载摄像头能够正常识别并显示	是	否
166	车载电话/音响系统可连接,可工作	是	否
167	车载智能系统(中控大屏)开启正常,无死机、黑屏等故障	是	否
168	电机启动正常(需要使用举升机或将车轮架起)	是	否
169	电机无异响,空挡状态下逐渐增加电机转速,声音过渡无异响(需要使用举升机或将车轮架起)	是	否
170	其他(只描述缺陷,不扣分)		

4. 驾驶舱

按照表 4-3-11 的要求检查序号 136~158 共 23 个项目,选择 A 不扣分。第 136 项选择 C 扣 1.5 分;第 137、138、144 项选择 C 扣 0.5 分;其余项目选择 C 扣 1 分。共计 12 分,扣完为止。

表 4-3-11　驾驶舱检查项目表

序号	检查项目	A	C
136	车内无水泡痕迹	是	否
137	车内后视镜完整、无破损	是	否
138	座椅完整、无破损	是	否
139	座椅调节功能正常	是	否
140	座椅加热和通风正常	是	否
141	中控物理按钮正常	是	否
142	中控显示屏及触控外观正常	是	否
143	出风口无裂痕,配件无缺失	是	否
144	车内整洁、无异味	是	否
145	方向盘自由行程转角小于 15°	是	否
146	车顶及周边内饰无破损、松动及裂缝和污迹	是	否
147	仪表台无划痕,配件无缺失	是	否

(续表)

序号	检查项目	A	C
148	排挡把手柄及护罩完好、无破损	是	否
149	储物盒无裂痕,配件无缺失	是	否
150	天窗移动灵活,关闭正常	是	否
151	门窗密封条完整,功能正常	是	否
152	安全带结构完整,功能正常	是	否
153	驻车制动系统灵活有效	是	否
154	玻璃窗升降器、门窗工作正常	是	否
155	左、右后视镜折叠装置工作正常	是	否
156	气囊完整,功能正常	是	否
157	头枕完整、无破损	是	否
158	其他(只描述缺陷,不扣分)		

问题 5 新能源纯电二手车如何做动态检查?

1. 路试要求

静态检查之后,再做动态检查。检查的主要内容包括路试前的准备工作、新能源汽车的动力性能检查、车辆能耗和续驶里程检测 3 个方面。新能源汽车路试需要 20 min 以上测试,在 5 km 以上行驶里程中,分别完成新能源二手车的起步、加速、匀速、减速、紧急制动等各种工况的检测,通过从低速到高速、从高速到低速的行驶,检查新能源二手车的操控性能、制动性能、减振性能、加速性能、电机噪声、底盘噪声等情况,以鉴定新能源二手车的技术状况。

2. 检查项目

按表 4-3-12 要求检查序号 171~180 共 10 个项目,选择 A 不扣分,选择 C 扣 2 分。共计 15 分,扣完为止。如果检查第 171 项时发现动力系统故障,第 175 项制动系统出现刹车距离长、跑偏等不正常现象,则应在新能源二手车鉴定评估报告或新能源二手车技术状况表的技术缺陷描述中予以注明,并提示修复前不宜使用。

表 4-3-12 路试检查项目表

序号	检查项目	A	C
171	动力系统正常,无报警无故障	是	否
172	加速、动能回收工作正常	是	否
173	行车制动系最大制动效能在踏板全行程的 4/5 以内达到(装有自动调整间隙装置)	是	否
174	行驶无跑偏	是	否
175	制动系统工作正常有效,制动不跑偏	是	否
176	行驶过程中车辆底盘部位无异响	是	否

(续表)

序号	检查项目	A	C
177	行驶过程中车辆转向部位无异响	是	否
178	行驶过程中车辆电机部位无异响	是	否
179	行驶过程中电池电量和剩余里程正常递减无异常	是	否
180	其他(只描述缺陷,不扣分)		

3. 路试前的准备工作

在路试之前,先检查冷却系统、制动系统、转向系统等项目,各个项目正常后方可启动汽车,进行路试检查。

(1)冷却系统检查　检查膨胀罐冷却液液位是否低于下限(MIN)刻度线或高于上限(MAX)刻度线,检查冷却系统管路、冷却软管接散热器盖有无冷却液泄漏。

(2)漏气、漏油等渗漏情况检查　检查制动系统真空泵、转向器、驱动桥主减速器等有无渗漏现象。

(3)主要部件连接部分紧固情况检查　按照规定的力矩值检查转向、制动、传动、悬架以及轮胎等主要部件连接螺栓的紧固情况。

(4)转向、制动系统检查　检查转向盘的自由行程,检查制动踏板的自由行程,检查并确保制动灯正常工作。

(5)轮胎检查　检查轮胎气压是否符合标准,剔除嵌入轮胎花纹的渣石、铁钉等杂物。

4. 新能源汽车的动力性能检测

新能源汽车(电动汽车)的动力性能要求与检测方法根据国标《电动汽车　动力性能试验方法》(GB/T 18385—2005)确定。纯电动汽车的动力性能要求主要包括最高车速、加速性能和爬坡性能等5项指标,详见《电动汽车动力性能试验方法》。纯电动汽车动力性能的检测方法详见《电动汽车动力性能试验方法》。

5. 车辆能耗和续驶里程检测

电动汽车的车辆能耗和续驶里程试验条件和检测方法根据国标《电动汽车　能量消耗率和续驶里程试验方法》(GB/T 18386—2017)确定。

(1)电动汽车能量消耗率和续驶里程　电动汽车的能量消耗率是指电动汽车经过规定的试验循环后,动力蓄电池重新充电至试验前的容量,从电网上得到的电能除以里程所得的值。

电动汽车的续驶里程是指电动汽车在动力蓄电池完全充电状态下,以一定的行驶工况,能连续行驶的最大距离。如何提高电动汽车的续驶里程,是目前电动汽车发展中必须解决的重大课题

(2)电动汽车续驶里程的测试方法　《电动汽车　能量消耗率和续驶里程试验方法》规定,M1、N1类电动汽车(包括驾驶人在内,座位数不超过9座的载客车辆以及最大设计总质量不超过3 500 kg的载货车辆)可以采用等速法测试其续驶里程。具体试验方法是:在一般道路上,以(60±2)km/h的等速行驶,中间允许停车两次,每次停车时间不大于2 min,记录停车次数、停车时间和行驶距离。当车载仪器发出停车指示或车速不大于54 km/h时,必须停止实验。

(3) 续驶里程的标准要求值　采用工况法的续驶里程大于 80 km。2019 版《EV-TEST 电动汽车测评管理规则》(中国汽车技术研究中心有限公司发布)关于续驶里程的规定是续驶里程大于 100 km。

6. 其他路试检查项目、方法与要求

与传统二手车相同,二手电动汽车路试检查包括汽车制动性能检查、汽车行驶平顺性检查、汽车行驶稳定性检查、汽车滑行能力检查、高速行驶时汽车风噪声的检测、汽车驻车制动检查。

二手电动汽车路试后的检查也与传统二手车相同,包括各部件温度情况的检查、四漏现象的检查。

注意　随时观察各警告灯的工况;若路试中发现底盘与传动系统发生严重异响,应立即停车检查并排除故障;路试总里程不得小于 20 km,且其中的连续行驶里程应在 10 km 以上。

任务实施

班级			组名	
组员及任务分工	姓名		学号	组内工作任务
接受任务	王先生计划购置一辆纯电动车。考察二手车交易市场后,锁定吉利纯电动汽车。作为二手车评估师,你能为王先生讲解纯电动汽车应从哪些方面鉴定吗?			
信息收集	1. 荷电状态(SOC)是指当前蓄电池中按照规定放电条件(　　)占(　　)的百分比。 2. 动态检查主要包括(　　)、(　　)、(　　)3个方面。 3. 电动汽车的续驶里程是指电动汽车在动力蓄电池(　　)状态下,以一定的行驶工况,能连续行驶的(　　)。 4. 新能源汽车路试需要(　　)min 以上测试,至少在(　　)km 以上行驶里程			
任务计划	根据纯电二手车的检测要点,制订检测的工作计划:			

任务实施

1. 三电系统检测

代码	检测项目	结论		代码	检测项目	结论	
		是	否			是	否
45	电池额定电压是否一致			51	电池冷却管路是否存在冷却液渗漏痕迹		
46	电池额定容量是否一致			52	驱动电机悬置支架接触点是否存在损伤、裂纹痕迹		
47	驱动电机型号是否一致			53	驱动电机冷却管路是否存在冷却液渗漏痕迹		
48	驱动电机峰值功率是否一致			54	高压线束是否存在破损、断裂痕迹		
49	电池箱体是否存在变形、电解液渗漏痕迹			55	高压线束是否存在烟熏火蚀等起火痕迹		
50	电池箱体是否存在烟熏火烧等起火痕迹			56	外接充电接口是否存在变形、烧蚀等痕迹		

(续表)

(续表)

代码	检测项目	结论
57	电池健康状态 SOH[a,b]	测量值:____% 计算值:____%(X,单位:%)
58	电池温度一致性[b]	测量值:____% 计算值:____%(X,单位:%)
59	电池单体电压一致性[b]	测量值:____% 计算值:____%(X,单位:%)
60	直流欧姆内阻[b]	测量值:____% 计算值:____%(X,单位:%)
61	电池单体升压异常	□否 □是
62	电池单体升温异常	□否 □是

异常描述:

[a] 电池健康状态参考阈值为 SOH≥70%
[b] 表内"测量值"取检测设备测量结果,"计算值"取大数据分析计算结果

2. 智驾系统技术状况鉴定

代码	检查项目	加分	代码	检查项目	加分
63	车辆上电后,仪表显示屏无智驾系统报警、故障信息		72	车载摄像头盖板完整、无破裂	
64	车辆中控大屏无黑屏状况		73	车载摄像头无浸水、火烧痕迹	
65	毫米波雷达支架无断裂、损坏		74	超声波雷达外观完好,无损坏,无松动、晃动现象	
66	毫米波雷达无浸水、火烧痕迹		75	超声波雷达无浸水、火烧痕迹	
67	毫米波雷达线束包裹完整、无断裂		76	超声波雷达线束包裹完整、无断裂	
68	毫米波雷达插接口无损坏、接口针脚无断折损坏		77	360°环视摄像头无破损,无污物覆盖	
			78	方向盘按键 ACC 激活	
69	毫米波雷达牢固安装于雷达支架上,无松动、晃动现象		79	方向盘按键 TJA 激活	
			80	方向盘按键跟车时距检查	
70	车载摄像头镜头完整无破损,无污物覆盖		81	方向盘按键失效检查	
71	车载摄像头总成牢固安装于摄像头支架上,无松动、晃动现象		82	中控大屏正常开启、关闭及调节智能驾驶功能	
			83	ACC 跟车能力	

(续表)

(续表)

代码	检查项目	加分	代码	检查项目	加分
84	ACC 功能关闭		89	LKA 成功激活率≥标准值	
85	ACC 识别切入场景				
86	ACC 识别切出场景		90	APA 平行车位泊车	
87	TJA/TA 横纵向控制		91	APA 垂直车位泊车	
88	LDW 成功激活率≥标准值		92	TSR 识别准确率≥准确值	

缺陷描述：

分值(仅供参考)：

注：二手新能源汽车智驾系统鉴定评估结果采用加分制，仅供市场交易参考

	评分标准	好	一般	有待改良
评价标准	实训准备(10分)	小组分工明确，能够事先精心准备任务内容	能够做必要的准备，但不够充分	分工不够明确，事先无准备
	知识运用(10分)	能够熟练、自如地运用所学知识进行分析，且分析卓有成效	小组讨论认真，所学知识运用得不是很准确，个别组员不积极	不能运用所学知识分析实际问题
	成果质量(10分)	能够准确检查，描述正确	能够准确检查，描述基本正确	未在规定时间完成检查
	学习态度(10分)	热情高，干劲足，态度认真，能够出色地完成任务	有一定热情，基本能够完成任务	敷衍了事，不能完成任务
任务评价	教师评语：(根据工作单填写情况、语言表达、态度及沟通技巧等方面，按等级制给出成绩)			
	实训记录成绩：		教师签字： 日　　期：	

项目五

【二手车鉴定评估】

车辆价值评估

项目说明

汽车是一种资产,如何对其进行价格评估？影响二手车价格的因素又有哪些？通过本项目知识的学习,可以掌握二手车价格评估方法,包括重置成本法、现行市价法、收益现值法、清算价格法等。鉴定评估师需掌握二手车价格评估4种方法的基本原理、影响因素、应用前提和适用范围,通过价格估算为买卖双方提供合理的参考交易价格。

学习导航

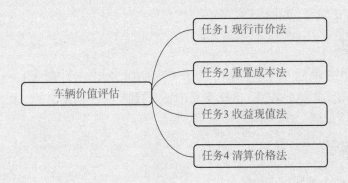

任务1　现行市价法

学习目标

知识目标

掌握二手车现行市价法评估的方法。

能力目标

具有独立使用二手车现行市价法评估二手车的能力。

思政目标

合格的二手车鉴定评估师应严谨求实,积极增强职业道德和法治意识,掌握相关政策法规,不断丰富评估经验和评估技巧。

情境导入

美国针对二手车编制了一本《价格总目录》,该目录包括汽车出厂的年代、品牌、型号、行驶里程等。销售人员在确定二手车价值的时候只需翻查目录就可大致给出比较合理的价格。日本评估协会每月也会发行一本《价格指导手册》,俗称银皮书,刊登各地区(全国分为3个地区)的零售价格。目前,我国的大多数二手车评估网站可以帮助车主在网上评估,只需输入车辆大概信息,在很短的时间内即可得出估价。可以通过网站查询大概的评估值,利用《二手车蓝本》查询二手车市场实际价格数据。只要将二手车经纪公司收购及出售的二手车价格数据进行加工整理,就可得到二手车评估价格。

任务描述

刘女士于2015年12月买进一辆丰田卡罗拉2014款1.6L CVT GL-i,至2021年6月已行驶87 000 km。刘女士来到二手车交易市场,找到交易经验丰富的二手车鉴定评估师李先生,请他估值该车辆。

任务准备

问题1　什么是现行市价法?

现行市价法是指通过比较被评估车辆与最近成交类似的车辆,在类似车辆的成交价格的基础上调整,从而确定被评估车辆价值的一种评估方法。现行市价法又称为市价法、市场价格比较法和销售对比法。现行市价法是以现行市场直接的交易案例为参照,基于市场调查,对交易案例与被评估车辆之间的差异进行比较量化,并对交易案例的交易价格进行调整而得到的评估结果。该方法根植于市场,所有的信息直接来源于现行市场,可比因素多而复杂,对信息资料的数量和质量要求较高。

从理论上讲,市场价格是假定在一个公开竞争的市场价格上的协商价格,是买卖双方在某一时间认可并已经成交的价格。买卖双方都有了解其他市场的机会,也都有时间为鉴定做准备。因此,市场价值能够被认可。

问题 2 现行市价法有什么优缺点？

现行市价法的优点：

① 能够客观反映当前的二手车市场情况，评估的参数、指标直接从市场获得，所得评估值能反映市场的现实价格；

② 评估结果易于被各方理解和接受。

现行市价法的缺点：

① 需要公开及活跃的市场作为基础，而我国二手车市场仍处于起步阶段，发展不完善，寻找适合的参照物有一定困难；

② 可比因素多而复杂，即使是同一个生产厂家生产的同一型号的产品，同一天登记，由不同的车主使用，使用强度、使用条件、维护水平等多种因素不同，其实体损耗、新旧程度都各不相同。

问题 3 现行市价法评估的使用条件是什么？

有一个经过充分发展并且持续活跃的二手车公开交易市场，能保证有充分的参照物可取。在这个市场上有众多买卖者，交易平等，可以排除交易的偶然性和特殊性，成交车辆的价格也能准确地反映市场行情，评估结果更趋于公平公正，双方都易接受。

参考车辆与被评估车辆有可比较的指标，并且技术参数等资料是可收集到的，并且价值影响因素明确，可以量化。

要能够找到与被评估车辆相同或相类似的参照物，并且参照物是近期的、可比较的。所谓近期，指的是参考车辆交易时间与车辆评估基准日相差 90 天内。所谓可比性，指车辆在规格、型号、功能、性能、内部结构、新旧程度及交易条件等方面不相上下。按照市价法的通常做法，参照车辆一般要在 2 个及以上。参考车辆还受买卖双方交易地理位置、交易动机、交易时限等因素影响。因此，在评估中除了要求参照物与评估对象在功能、交易条件和成交时间上有可比性，还要考虑参照物的数量。

问题 4 现行市价法评估的步骤是什么？

1. 收集被评估车辆的资料

收集评估对象的资料，包括车辆的类别、名称、型号和性能、生产厂家及出产日期，了解车辆目前使用情况、实际技术状况以及尚可使用的年限等。

2. 按照可比性原则选取参照物

选定的参考车辆必须具有可比性。可比性因素有车辆型号、车辆制造厂家和车辆来源等。

（1）车辆型号 类比车辆的类型和主要参数应当与被评估车辆一致。如果无法找到型号一致的车辆，也要找到公认的可对比车辆。比如，最受关注的中级车中，凯美瑞、雅阁、天籁等可以互为参考车型；紧凑型车中，轩逸、卡罗拉、朗逸可以互为参考车型；宝马 325Li、奔驰 C200L、奥迪 A4L 也可以互为参考车型。

（2）车辆制造厂家 类比车辆最好是同一制造厂家生产的产品。如无法找到同一个厂家的车辆，也要找到公认的同级厂家车辆做参考车型。比如，大众对应丰田，奥迪对应奔驰、宝马等。

(3) 车辆来源　类比车辆的来源应当与被评估车辆相似。例如,同是私用、公务、商务车辆,或同是营运出租车辆等。

(4) 车辆使用年限和行驶里程　使用年限、行驶里程数应当相同或接近。

(5) 车辆实际技术状况　实际技术状况应当相同或接近。

(6) 市场状况　市场状况应当类似。例如,同处于衰退、萧条或是复苏、繁荣市场状况,以及供求关系是买方市场还是卖方市场等。

(7) 交易动机和目的　如车辆出售是以清偿为目的或是以淘汰转让为目的,买方是为了获利转手倒卖或是自用,交易日不同,交易价格往往有较大的差别。

(8) 车辆所处的地理位置　不同地区的交易市场,同样车辆的价格有较大的差别。

(9) 成交数量　单台交易与成批交易的价格会有一定差别。

(10) 成交时间　应尽量采用近期成交的车辆做类比对象。市场随时间的变化往往受通货膨胀及市场供求关系变化的影响,价格有时波动很大。

3. 比较、量化和调整被评估车辆和参照物之间的差异

综合上述可比性因素,对待评估的车辆与选定的类比对象进行认真的分析、比较、量化和调整。综合被评估车辆与参照物之间的各种可比性因素,确定其作用程度,并尽可能地量化、调整。

(1) 销售时间差异的量化　在选择参照物时,应尽可能选择评估基准日的成交案例,可免去销售时间差异的量化步骤。若参照物的交易时间在评估基准日之前,可采用价格指数法量化并调整销售时间差异:

销售时间差异量=被评估车辆的物价指数/参照车辆的物价指数。

(2) 车辆性能差异的量化　具体表现是车辆营运成本的差异。可以通过测算超额营运成本的方法,量化性能方面的差异:

车辆性能差异量=被评估车辆与参照车辆的结构性能价格差×被评估车辆成新率。

(3) 新旧程度的差异及量化　被评估车辆与参照车辆在新旧程度上不一定完全一致,这就要求评估人员对被评估车辆与参照车辆的新旧程度作出基本判断。取得被评估车辆和参照车辆成新率后,以参照车辆价格乘以被评估车辆与参照车辆成新率之差,即可得到两个机动车新旧程度的差异额:

新旧程度差异额=参照车辆价格×(被评估车辆成新率－参照车辆成新率)。

(4) 销售数量的差异及量化　销售量会对汽车成交单价产生影响。对这个因素在被评估机动车与参照物之间的差异应先了解清楚,然后根据具体情况做出必要的调整。一般来说,卖主充分考虑货币的时间价值,会以较低的单价吸引购买者多买二手车,因为尽管价格比零售价低,但可提前回笼资金。因此,销售数量的不同会造成成交价格的差异,必须分析此差异,适当调整被评估机动车的价值。

(5) 付款方式的差异及量化　在二手车交易中,绝大多数为现款交易。在我国,一些经济较活跃的地区已出现了二手车的银行按揭销售。银行按揭的二手车与一次性付款的二手车的价格差异由两部分组成,一是银行的贷款利息,贷款利息按贷款的年限确定;二是汽车按揭保险费,各保险公司的机动车按揭保险费率不完全相同,会有一些差异。找出主要差异后,对其作用程度要加以确定且予以量化,做出相应的调整。

问题 5 现行市价法评估的主要计算方法有哪几种？

现行市价法评估的主要计算方法可分为直接法和类比法。

(1) 直接法　**直接法**评估有两种情况。一种是，在市场上能找到与被评估车辆完全相同的车辆的现行市价，直接作为被评估车辆的评估价格。所谓完全相同是指车辆型号、使用条件和技术状况基本相同，生产和交易时间相近。这样的参照车辆常见于市场保有量大、交易比较频繁的畅销车型。另一种是，如果参考车辆与被评估车辆类别相同、主参数相同、结构性能相同，只是生产序号不同，并只做局部改动，交易时间也相近，可作为直接评估过程中的参考车辆。

案例　被评估车辆是本田飞度 2016 款 1.5L LXS CVT 舒适天窗版，2016 年 5 月登记上牌，自用车辆，2024 年 3 月评估其价值。

查找以往交易记录，有 3 辆 2016 年 4~6 月登记上牌的该款车辆，其使用年限、使用性质、配置等完全一致，评估基准日等与被评估车辆接近。这 3 辆车的市价分别为 39 870 元、41 980 元、45 700 元。

被评估车辆的价值=(39 870+41 980+45 700)÷3=42 516(元)。

(2) 类比法　**类比法**是指在公开市场上找不到与之完全相同的车辆，但找到与之类似的车辆，以此为参考车辆，对比分析车辆技术状况和交易条件的差异，在参照车辆成交价格的基础上调整，进而确定被评估车辆价格。所选参照车辆的交易时间与评估基准在时间上越近越好，若确实无近期的参照物，也可以选择相对远期的参照物，再做日期修正。评估公式为

$$P_e = P_o + \sum P_{eo}(i) - \sum P_{eo}(j),$$

式中，P_e 为评估价格；

P_o 为参考车辆价格；

$P_{eo}(i)$ 为被评估对象比参考车辆优异的价格差额；

$P_{eo}(j)$ 为被评估对象比参照车辆低劣的价格差额。

或者

$$P_e = P_o \times (1 \pm k),$$

式中，P_o 为参考车辆价格；k 为差异调整系数。

用现行市价法评估，需要全面了解市场交易情况，这是现行市价评估的关键。对市场情况了解越多，评估的准确性越高。考虑到了被评估车辆的各种贬值因素，如有形损耗的贬值、功能性贬值和经济性贬值。由于市场价格是综合反映车辆的各种因素的体现，所以由车辆的有形损耗及功能陈旧而造成的贬值，自然会在市场价格中有所体现。在具体计算过程中，采用的方法有以下几种：

① 市场售价类比法。以参照物的成交价格为基础，考虑参照物与评估对象在功能、市场条件和销售时间等方面的差异，通过对比分析和量化差异，调整估算出评估对象价格：

评估值 = 参照物成交价 + 功能差异值 + 市场差异值 + 时间差异值 + …… + 交易差异值；

评估值 = 参照物成交价 × 功能差异值系数 × 市场差异值系数 × …… × 交易差异值系数。

② 功能价值法。以参照物的成交价格为基础,考虑参照物与评估对象之间的功能差异,调整估算被评估二手车价格:

$$评估值 = 参照物成交价 \times 功能价值系数。$$

③ 价格指数法。以参照物成交价格为基础,考虑参照物成交时间与评估对象的评估基准日之间的间隔对评估对象的价格影响,利用价格指数,调整估算被评估二手车价格:

$$评估值 = 参照物成交价 \times (1 + 物价变动指数)。$$

④ 成新率价格法。以参照物的成交价格为基础,考虑参照物与评估对象在新旧程度上的差异,通过成新率调整估算被评估二手车价格:

$$评估值 = 参照物成交价 \times (评估对象成新率 / 参照物成新率)。$$

成新率是反映二手车新旧程度的指标,是二手车的功能或使用价值占全新机动车的功能或使用价值的比率,也可以理解为二手车的现时状态与机动车全新状态的比率。它与有形损耗共同反映了同一车辆的两方面。车辆的**有形损耗**也称为车辆的**实体性贬值**,是由于使用磨损和自然损耗形成的。成新率和有形损耗率的关系是

$$成新率 = 1 - 有形损耗率。$$

⑤ 市价折扣法。以参照物成交价格为基础,考虑到评估对象在销售条件、销售时限等方面的不利因素,凭评估人员执业经验或有关规定,设定一个价格折扣率,估算评估对象价格:

$$评估值 = 参照物成交价 \times (1 - 折扣率)。$$

⑥ 成本市价法。以评估对象的现行合理成本为基础,利用参照物的成本市价比率来估算被评估二手车价格。有人把该方法归类为成本法范畴。成本市价法在二手车的评估实践中很少使用,一般用于特种改装车、定制专用车等。

问题6 估算实例

2015年12月买进的丰田卡罗拉2014款1.6L CVT GL-i,至2021年6月已行驶87 000 km。

二手车评估师李先生选择了近期成交的3辆车,与被评估车辆类别、结构基本相同、技术经济参数相近。被评估车辆及参考车辆的技术经济参数见表5-1-1。

表5-1-1 被评估车辆与参照车辆的对比数据

技术参数	参考车辆1	参考车辆2	参考车辆3	被评估车辆
车辆型号	丰田卡罗拉2014款1.6L CVT GL-i	丰田卡罗拉2014款1.8L CVT GLX-i	丰田卡罗拉2014款1.6L CVT GL	丰田卡罗拉2014款1.6L CVT GL-i
销售市场	公开	公开	公开	公开
交易时间	2020.12	2021.06	2020.10	2021.06

(续表)

规定使用年限	15	15	15	15
登记时间	2014.12	2015.12	2014.10	2015.12
已使用年限	73个月	67个月	73个月	67个月
成新率	53%	48%	55%	50%
交易数量	1	1	1	1
付款方式	现款	现款	现款	现款
交易地点	哈尔滨	哈尔滨	哈尔滨	哈尔滨
物价指数	1	1.01	1	1.01
价格(万元)	6	7	5.8	待评估

根据被评估二手车与参照车辆之间差异的量化结果，确定车辆的评估值。

1. 比较和量化被评估车辆与参照车辆之间的差异

（1）结构性能的差异

① 参照车辆1与被评估车辆型号一致，无差异，不用调整。

② 参照车辆2排量为1.8L，被评估车辆排量为1.6L。评估基准点，该项结构价格差异为0.8万元。结构性能量化调整为

$$\Delta P_1 = 0.8 \times 50\% (成新率) = 0.4 (万元)。$$

③ 参照车辆3为标配版，被评估车辆为豪华版。评估基准点，该项结构价格差异为1万元。结构性能量化调整为

$$\Delta P_1 = 1 \times 50\% = 0.5 (万元)。$$

（2）销售时间的差异

① 参照车辆1成交时物价指数为1，被评估车辆鉴定评估时物价指数为1.01。销售时间差异量化的调整以物价指数调整值为准，其比值为

$$SS_0 = 1.01/1 = 1.01。$$

② 参照车辆2成交时间与被评估车辆鉴定评估时间一致，不用调整。

③ 参照车辆3成交时物价指数为1，被评估车辆鉴定评估时物价指数为1.01。销售时间差异量化的调整以物价指数调整值为准，其比值为

$$SS_0 = 1.01/1 = 1.01。$$

（3）成新率的差异　观察成新率，估算新旧程度量化调整值。

① 参照车辆1该项调整值为

$$\Delta P_2 = 6 \times (50\% - 53\%) = -0.18 (万元)。$$

② 参照车辆 2 该项调整值为

$$\Delta P_2 = 7 \times (50\% - 48\%) = 0.14(万元)。$$

③ 参照车辆 3 该项调整值为

$$\Delta P_2 = 5.8 \times (50\% - 55\%) = -0.29(万元)。$$

(4) 销售数量和付款方式　无差异,不用调整。

2. 车辆的评估值

根据被评估车辆与参照车辆之间差异的量化结果,确定车辆的评估值。

(1) 初步确定被评估车辆的评估值

① 以丰田卡罗拉 2014 款 1.6L CVT GL-i 为参照车辆时,被评估二手车的评估值为

$$P_1 = P_0 + \Delta P_1 + \Delta P_2 \times SS_0 = (6 - 0.18) \times 1.01 = 5.8782(万元)。$$

② 以丰田卡罗拉 2014 款 1.8L CVT GLX-i 为参照车辆时,被评估二手车的评估值为

$$P_2 = P_0 + \Delta P_1 + \Delta P_2 \times SS_0 = 7 + 0.4 + 0.14 = 7.54(万元)。$$

③ 以丰田卡罗拉 2014 款 1.6L CVT GL 为参照车辆时,被评估二手车的评估值为

$$P_3 = P_0 + \Delta P_1 + \Delta P_2 \times SS_0 = (5.8 + 0.5 - 0.29) \times 1.01 = 6.0701(万元)。$$

(2) 确定被评估车辆的评估值

从上述初步估算的结果可知,按 3 个不同的参考车辆比较测算,初步评估结果最多可相差 16 618 元。其主要原因是 3 个参照车辆的成新率不同。另外,在选取有关的技术经济参数时也可能存在误差。由于 3 辆参考车辆与被评估车辆的交易地点相同,且成新率、已使用年限、交易时间等参数均接近,为减小误差,结合考虑被评估车辆与参考车辆的相似程度,可采用算术平均法(各占 33.3% 权重)计算估值:

$$P = (P_1 + P_2 + P_3) \div 3 = (5.8782 + 7.54 + 6.0701) \div 3 = 6.4961(万元)。$$

任务实施

班级			组名	
组员及任务分工	姓名		学号	组内工作任务
接受任务	刘女士于 2015 年 12 月买进一辆丰田卡罗拉 2014 款 1.6L CVT GL-i, 至 2021 年 6 月已行驶 87 000 km。刘女士来到二手车交易市场, 找到交易经验丰富的二手车鉴定评估师李先生, 请他估值			
信息收集	1. 现行市价法又叫(　　)、(　　)和(　　)。 2. 现行市价法计算的方法分为两种(　　)、(　　)。 3. 二手车公平市场是指(　　)、(　　), 双方的交易行为都是自愿的, 并且有足够的时间与能力了解市场行情。 4. 现行市价法具体的计算方法有(　　)、(　　)、(　　)和(　　)。 5. 现行市价法的评估步骤为(　　)、(　　)、(　　)。 6. 采用现行市价法这种评估方法需要有一个公平公开的二手车市场。(　　) 7. 我国二手车市场已经发展非常成熟。(　　) 8. 现行市价法一般通过实际市场调查, 选择一辆或几辆与被评估车辆相同或类似的车辆作为参考。(　　) 9. 现行市价法是从卖方的角度考虑被评估二手车的变现价值的。(　　) 10. 运用现行市价法评估, 参照物成交价仅仅是参照物功能自身市场价值的体现。(　　) 11. 收集评估对象的资料, 不包括车辆的(　　)。 　A. 类别、名称、型号和性能 　B. 生产厂家及出厂年月 　C. 车辆可使用的年限 　D. 拥有人的个人信息 12. 价格指数法是利用(　　)调整估算二手车价值的方法。 　A. 时间指数　　　　　　　　B. 市场指数 　C. 价格指数　　　　　　　　D. 以上都不对 13. 利用现行市价法计算时, 要对被评估二手车与参照车辆之间的差异进行比较和量化, 下列(　　)不属于差异中的一种。 　A. 销售时间的差异 　C. 成新率的差异 　B. 车辆性能的差异 　D. 销售市场的差异 14. 剩余经济寿命期指从(　　)至车辆到达报废的年限。 　A. 购买日　　　　　　　　　C. 成交日 　B. 评估基准日　　　　　　　D. 以上都不对			

(续表)

	根据表中所给条件,计算被评估车辆的价值:				
	序号	技术经济参数	参考车辆1	参考车辆2	被评估车辆
	1	销售市场	公开市场	公开市场	公开市场
	2	交易时间	2020年12月	2021年6月	2021年7月
	3	使用年限	15年	15年	15年
任务实施	4	已使用年限	5个月	36个月	30个月
	5	排量	2.0	1.6	1.6
	6	变速箱	手动	自动	手动
	7	成新率	70%	78%	78%
	8	交易数量	1辆	1辆	1辆
	9	付款方式	现款	现款	现款
	10	地点	哈尔滨	哈尔滨	哈尔滨
	11	物价指数	1	1.03	1.03
	12	价格/万元	8	10	待定

	评分标准	好	一般	有待改良
	实训准备 (10分)	小组分工明确,能够事先精心准备任务内容	能够做必要的准备,但不够充分	分工不够明确,事先无准备
评价标准	知识运用 (10分)	能够熟练、自如地运用所学知识进行分析,且分析卓有成效	小组讨论认真,所学知识运用得不是很准确,个别组员不积极	不能运用所学知识分析实际问题
	成果质量 (10分)	能够准确检查,描述正确	能够准确检查,描述基本正确	未在规定时间完成检查
	学习态度 (10分)	热情高,干劲足,态度认真,能够出色地完成任务	有一定热情,基本能够完成任务	敷衍了事,不能完成任务

任务评价	教师评语:(根据工作单填写情况、语言表达、态度及沟通技巧等方面,按等级制给出成绩) 实训记录成绩: 教师签字: 日　　期:

任务 2　重 置 成 本 法

学习目标

知识目标
1. 理解重置成本的概念与定义；
2. 熟悉重置成本法适合对象；
3. 掌握重置成本法；
4. 知道并熟悉计算二手车成新率的多种方法和技巧。

能力目标
具有独立使用重置成本法计算二手车价格的能力。

思政目标
本着对客户负责的态度，依据事实准确记录车辆信息，准确评估车辆。发展才是硬道理，能够在学习过程中与时俱进，及时总结反馈，并将知识应用到下一步工作中。

情境导入

由于使用、保养程度不同，同种车型价格也会有差异。二手车价格与汽车使用状况以及重新购买同样或同档次一款新车支付的成本有很大的关联。新车上市以及新车价格波动都使得二手车行情迅速变化。评估价格精确度最多维持一周；最少 3 天，一款热销车型的评估价格就可能发生变化。那么，影响二手车价格的因素主要有哪些？

任务描述

刘女士 2017 年 9 月购买并注册登记了一辆大众迈腾 B7 2.0T 家用，购买花费了 18.5 万元，到 2022 年 8 月累计行驶里程为 10 万千米。如何使用重置成本法求出该车在评估基准日的评估价格？

任务准备

问题 1　什么是重置成本法？

《乘用车鉴定评估技术规范》T/CADA 18—2021 定义重置成本法是按照相同车型市场现行价格重新购置一个全新状态的评估对象，用所需的全部成本减去评估对象的实体性、功能性和经济性陈旧贬值后的差额，作为评估对象现时价值。重置成本是指在评估基准日，重新购置或构建与被评估车辆完全相同或相似的全新车辆所需的成本。重置成本又称为完全重置成本，简称重置全价，是评估基准日重新购置具有同等效用的新汽车的完全价值。重置成本应以现行市场裸车价以及车辆购置税为基础，购买一辆全新的与被评估车辆相同的车辆所支付的最低金额。换言之，再好的二手车估价也不应该高于同种车型新车的最低价。

问题 2 重置成本法有几种类型?

重置成本有复原重置成本和更新重置成本两种类型。复原重置成本指用与被评估车辆相同的材料、制造标准、设计结构和技术条件等,以现时价格复原相同的全新车辆所需的全部成本。更新重置成本指利用新型材料、新技术标准、新设计等,以现时价格购置相同或相似功能的全新车辆所支付的全部成本。

一般来说,复原重置成本大于更新重置成本,复原重置成本的功能性损耗也较大。选择重置成本时,在获得复原重置成本和更新重置成本的情况下,应选择更新重置成本。选择更新重置成本的原因有两个:一方面,随着科学技术的进步和劳动生产率的提高,新工艺、新设计被社会所普遍接受;另一方面,新型设计、工艺制造的车辆无论从其使用性能,还是成本耗用方面,都会优于旧的机动车辆。

更新重置成本和复原重置成本的共同点在于采用的都是车辆现时价格,不同点在于技术、设计、标准方面。某些车辆由于设计、耗费、型式几十年不变,因此更新重置成本与复原重置成本是一样的。无论更新重置成本还是复原重置成本,汽车的功能、型号等要与被评估的二手车一致。计算某车辆的复原重置成本是比较困难的,一般用更新重置成本(即目前市场价)作为待评估车辆的重置成本。

问题 3 重置成本法的特点是什么?

作为一种二手车鉴定评估的方法,重置成本法是从重新取得被评估二手车的角度来反映二手车的交换价值的,即通过被评估二手车的重置成本反映二手车的交换价值。重置成本法主要适用于继续使用前提下的二手车鉴定评估。

1. 重置成本法的优点

重置成本法比较充分地考虑了车辆的各方面损耗,反映了车辆市场价格的变化,评估结果更公平合理,广泛应用于不易估算车辆未来收益或难以在市场上找到可类比对象的情况。可采用综合分析法确定成新率,将车况和配置以及车辆使用情况用适当的调整系数表征出来,比较清晰地解析了车辆残值的构成,使整个评估过程显得有理有据,有助于增强交易双方对评估结果的信任,可广泛应用于价值较高的中高档车辆评估。

2. 重置成本法的缺点

评估工作量较大,确定成新率时主观因素影响较大。极少数的进口车辆不易查询到现时市场报价;一些已停产或是国内自然淘汰的车型,由于不可能查询到相同车型新车的市场报价,难于准确地确定出重置成本或重置成本全价。

问题 4 影响重置成本法的因素有哪些?

1. 汽车保值率

汽车保值率是指某款车型在使用一段时期后,其卖出的价格与先前购买价格的比值。保值率高的车型受降价影响较小,车主承受较小的因产品贬值而带来的经济损失。汽车保值率是汽车性价比的重要组成部分,它取决于汽车的性能、价格变动幅度、可靠性、配件价格及维修便捷程度等多项因素,是汽车综合水平的体现。保值率高的车型的优势在于价格受降价风潮的影响不大。

在欧美发达国家,由于汽车消费理念已经十分成熟,二手车交易量巨大,汽车保值率已被视为选购汽车的重要因素之一。多种购车指导刊物也把汽车保值率视为关键性的车型推荐理由。

我国的厂商和经销商为提升自身车型的保值率，在产品研发、销售政策及售后服务维修等方面做了很多努力。消费者在购买新车时也越来越重视该款车型的保值情况，保值率已经成为准车主认购车辆的重要参考指标。除了厂商和消费者外，保险公司、二手车商、租赁公司等也对车辆的保值情况有强烈的了解需求。影响汽车保值率的主要因素如下。

（1）汽车品牌占有率　汽车产品同其他产品一样，知名度和市场占有率高将大大提高本身的价值。一般消费者在购买二手车的时候大多会考虑到该品牌的认可度和在行业、市场中的影响力。如果这个品牌有着良好的口碑，那么它的品牌价值就会得到提升。由此可见，选对品牌对于二手车保值率的影响不容小视。在中国的旧车交易中，德国、日本品牌车辆的自身价值相对其他产地的品牌要高一些，老百姓认可程度较高。

（2）车辆自身的质量和技术　汽车作为一个综合性使用产品，对于安全性、操纵性、舒适性、技术性、环保节能性都有较高要求。如果车辆本身质量低、技术差，那么使用三五年之后车况就很差了，所以一些小厂家制造的低价位车型，往往保值率很低。同样的，油耗越高的车型保值率越低，日系、德系二手车的保值率普遍高于美系车，正是因为日系、德系车型的油耗比美系车型低。

（3）汽车的使用状况　车辆状况是车辆本身能否保值的最主要决定因素之一。同样的使用时间，不同的车辆使用性能，价格要相差很多。良好的保养维护是车辆获得较高保值率的直接保证。保持良好的车况，在延长车辆的使用寿命、延缓车辆保值率递减的同时，更能在二手车交易时迅速地出手，获得更高的收益。

（4）车辆维修使用费用　车辆的日常使用维护费用对车辆的残值影响也很大。一些大厂家服务网点多，维修质量好，零配件价格便宜，日常保养费用低，油耗低，这几项每年就能为消费者节省数千元甚至上万元的费用。这些车经济实惠，必然会吸引更多的旧车购买用户。

（5）市场供需影响　市场占有率的高低对于二手车保值率有着决定性的影响。通常来说，畅销车型都具有比较高的市场保有量，同时也具有较高的保值率。那些已经停产的二手车一般都卖不了高价，而那些常年畅销的车型更受二手车市场的青睐。多数二手车消费者在购买前，往往会考虑今后的维修是否便捷等后续问题，对于停产滞销车型，通常会有很多顾虑。那些技术比较稳定、维修成本比较低、配件方便的车型的保值率也相应较高。

（6）汽车环保政策的影响　车辆的环保性能在北京、上海等一些大城市也开始影响车辆的保值，低环保水平的车辆至少要多损失15%的残值。另外，那些高保费、高保险的车型也会间接损失价值。中国汽车流通协会从2008年开始编第一本中国二手车市场行业发展报告，即《乘用车保值率白皮书、年鉴、二手车价格指导手册》，目的就是希望在中国二手车市场进一步发展的过程中，提供一个信息交流的平台，提供一个给大家以启迪、指导的刊物，一个信息交互载体。中国汽车流通协会编制的《中国二手车市场白皮书》，在2010年首次发布了中国市场乘用车保值率排名。2013年5月20日，中国二手车网《2012年中国二手车网乘用车保值率白皮书》正式发布。白皮书主要为消费者购买乘用车提供参考，是目前国内汽车保值率研究取样最细致、样本规模最大的。白皮书的排名公正性、客观性和公平性得到消费者的充分认可。

2. 车辆贬值率与成新率

（1）车辆贬值率　车辆实体性贬值与车辆购置成本之比称为实体性贬值率；车辆功能性贬值与车辆购置成本之比称为功能性贬值率；车辆经济性贬值与车辆购置成本之比称为经济性贬值率。车辆陈旧性贬值（实体性贬值、功能性贬值、经济性贬值之和）与车辆购置成本的比值称作车辆贬值率。车辆贬值率反映了汽车使用过程中的价值降低率。

（2）车辆成新率　车辆成新率也是反映二手车新旧程度的指标，是二手车价格计算中重要的数据。成新率是汽车的功能或使用价值占全新机动车的功能或使用价值的比率，或表示为二手车的现时状况与机动车全新状态的比率。

要想准确地评估车辆的价值，成新率的确定是关键。成新率是重置成本法的一项重要指标，如何科学、准确地确定该项指标，是二手车评估的重点和难点。因为，成新率的确定不仅需要根据一定的客观资料和检测手段，而且在很大程度上依靠评估人员的学识和评估经验。

（3）贬值率与成新率的关系　成新率与实体性贬值一起，反映了同一车辆的两个方面。车辆的实体性贬值也称为车辆的有形损耗，是由于汽车使用磨损和自然损耗形成的。二手车鉴定评估时，实体性损耗的估算常用成新率来描述，即有形损耗用实体性贬值率的相对数来表示，即

$$成新率 = 1 - 实体性贬值率， 或 \quad 成新率 + 有形损耗率 = 1。$$

问题5　重置成本是怎样确定的？

重置成本可分为直接成本和间接成本。直接成本为现行市价的购买价格，间接成本指在购车时所支付的购置附加税、注册登记手续费、车船税、保险费等规费。

在二手车的评估中，对间接成本是否计入重置成本全价，有两种不同情况和不同的处置办法。一是属于所有权转让的经济行为，可只将被评估车辆的现行市场成交价格作为被评估车辆的重置成本全价，其他间接成本（各种规费）略去不计。另一种情况是，各种规费即间接成本都计入重置成本全价，如企业合资、合作、联营、合并和兼并等这些经济行为。其重置成本全价的构成，除考虑被评估车辆现行市场购置价格以外，还应考虑上述间接成本，并将其一并计入重置成本全价。

在实际的二手车评估交易中，重置成本全价不包括间接成本的做法，获得了买卖双方的普遍认同。而属于企业产权变动的经济行为的评估是咨询类业务，其重置成本全价就应该把间接成本所包含的各种税费计入其内，这样可防止资产的流失。

在资产评估中，重置成本的估算方法很多，二手车评估定价一般采用直接法、物价指数法和重置成本法3种方法。

1. 直接法

直接法也称为重置核算法，是通过现行市场途径来确定车辆购置成本的最简单、最有效且可信的方法。这种方法是以现行市价为标准，确定被评估车辆重置全价。使用直接法的关键是获得市场价格资料。评估师可直接从市场了解相同或类似车辆现行市场新车销售价格，但要注意车辆的市场价格、制造商和销售商或者不同的销售商价格可能是不同的。按替代性原则，在同等条件下，应选择可能获得的最低市场售价。此外，它是按待评估车辆的成本构成，以现行市价为标准，计算被评估车辆重置全价的一种方法。也就是将车辆按成本构

成分成若干组成部分,先确定各组成部分的现时价格,然后相加得出待评估车辆的重置全价。在获取上述价格资料时,还应注意以下问题。

(1) 价格的时效性 价格资料和市场信息一般只反映一定时间的价格水平。尤其是,机动车价格变化较快、较大,价格稳定期较短。评估时要特别注意价格的时效性,所用资料要看能否反映评估基准日的价格水平,尽可能地避免使用过时的价格资料。

(2) 价格的地域性 机动车销售价格受交易地点的影响也较大,由于市场环境不同,不同的地区消费水平也有差距,交易条件也不尽相同,所以机动车的售价也不完全一样。应该使用评估对象所在地的价格资料。若无法获取当地的价格资料,则可参考邻近地区的价格,但要进行价格差的修正。

(3) 价格的可靠性 评估师有责任判断使用的价格资料的可靠性。一般从网上及其他公共媒体获得的价格资料只能作为参考价格。使用这些资料,应以审慎的态度做必要的核实。从汽车销售市场直接获得的现时价格,可靠性相对较高。

属于所有权转让的经济行为或为司法执法部门提供证据的鉴定行为,评估车辆的重置成本,以被评估车辆的现行市场成交价格作为被评估车辆的重置全价,其他费用略去不计。属于企业产权变动的经济行为,车辆的重置成本除了考虑被评估车辆的现行市场购置价格以外,还应考虑国家和地方政府对车辆加收的其他税费,一并计入重置成本全价。

2. 物价指数法

物价指数法也称为价格指数法或物价指数调整法,是在市场途径无法确定车辆购置成本时,以机动车原始的购买价格为基础,根据同类车价格上涨指数来确定车辆的重置成本。根据已掌握的历年来同类车价格指数,在二手车原始成本的基础上,通过现时同类车的物价指数确定其重置成本。物价指数法计算公式是

$$B = B_0 \times \frac{I}{I_0}, \quad 或 \quad B = B_0 \times (1+\lambda),$$

式中,B 为车辆重置成本,B_0 为车辆原始成本,I 为车辆评估时的物价指数,I_0 为车辆当时购买时的物价指数,λ 为车辆价格变动指数。

3. 重置成本法

以评估基准日的重置成本的数据为依据,减去被评估车辆的各种陈旧性贬值后的差额作为被评估车辆评估价格。评估的具体模型分为3种。

(1) 模型1 被评估车辆的评估值=重置成本-实体性贬值-功能性贬值-经济性贬值。

(2) 模型2 被评估车辆的评估值=更新重置成本×成新率:

$$W = R \times e$$

式中,W 为被评估车辆评估价值;R 为更新重置成本,为相同型号的新车在评估基准日的市场零售价格;e 为综合成新率。

(3) 模型3 被评估车辆的评估值=重置成本×成新率×调整系数。

在模型1中,除了要准确了解二手车的更新重置成本和实体性贬值外,还必须计算其功能性贬值和经济性贬值。这两个贬值因素要求估价人员对未来影响二手车的运营成本、收益乃至经济寿命有较为准确的把握,否则难以评估二手车的市场价值。模型1很难操作。

模型3是在模型2的基础上再减去一定的折扣,从而估算出被估价机动车的价值。

问题6 二手车成新率是怎样估算的?

采用不同的数学模型计算出来的成新率,反映到二手车的最终定价时,会出现较大的差距。目前,成新率的估算方法通常有整车观测法、部件鉴定法、使用年限法、行驶里程法、综合分析法和综合成新率6种方法。实际评估时可根据被评估车辆的客观情况,灵活选用不同的成新率计算方法。

1. 整车观测法

整车观测法是评估人员凭职业经验,靠感觉(视觉、听觉、触觉),对鉴定车辆成新率做出主观判断,需要从业人员长时间的经验积累,主观判断的成分较多。家用轿车可以参考表5-2-1,对成新率作基本判断。

表5-2-1 整车观测法估算成新率

车况	汽车技术状况描述	成新率/%
很新	登记后≤1年,行驶里程数<20 000 km,没有缺陷,没有修理和买卖的经历	90～95
很好	登记后≤3年,行驶里程数≤60 000 km,漆面、车身和内部仅有小瑕疵,没有机械问题	75～85
良好	登记后≤5年,行驶里程数<100 000 km,易损件已更换,在用状态良好	55～65
一般	行驶里程数≤160 000 km,需要修理某些或换一些易损部件,动力性下降,油耗增加	35～50
尚可使用	处于运行状态的旧车,需要较多的维修换件,可靠性很差,使用成本增加,尚可使用	15～30
待报废处理	基本到达或到达使用年限,通过车辆检测检查,能使用,但动力性、油耗、可靠性下降,排放污染和噪声污染达到极限	5～10

使用整车检测法判别成新率的注意事项:

① 应观察、检测或搜集的技术指标主要包括车辆的现时技术状态、车辆的使用时间及行驶里程、车辆的主要故障经历及大修情况、车辆的外观和完整性等;

② 评估人员必须具有一定的专业水平和相当的评估经验,这是运用整车观测法正确判断车辆成新率的基本前提;

③ 判断结果不如部件鉴定法准确,一般用于中、低价值车辆成新率的初步估算,或作为综合分析法确定车辆成新率的参考依据。

2. 部件鉴定法

部件鉴定法也称为技术鉴定法,确定二手车各组成部分对整车的重要性和价值量的大小,加权评分确定成新率。

(1)采用部件鉴定法确定成新率 计算公式为

$$\gamma = \sum_{i=1}^{n} \gamma_i \times \alpha_i \times 100\%。$$

汽车种类繁多,在采用部件鉴定法评估时,各组成部分权重难以掌握,车辆各组成部分权重也不同。虽然这种方法费时费力,但评估值更接近客观实际,可信度高。它既考虑了二手车实体性损耗,同时也考虑了二手车维修换件会增大车辆的价值。部件鉴定法较适合价位较高的高级轿车的评估。

(2) 常见成新率权重数值　国内常见传统汽车(较少电子设备)各主要部件成新率的权重数值见表5-2-2。普通轿车主要部件成新率的权重见表5-2-3。在实际评估时,应根据车辆各部分价值量占整车价值的比重,调整各部分的权重。

表5-2-2　传统汽车各总成价值权重

序号	汽车重要总成部件	权重值α/%		
		小客车	大客车	货车
1	发动机及离合器总成	25	28	25
2	变速器及传动轴总成	12	10	15
3	前桥、转向器及前悬架	9	10	15
4	后桥及后悬架总成	9	10	15
5	制动装置	6	5	5
6	车架装置	0	5	6
7	车身装置	28	22	9
8	电器及仪表装置	7	6	5
9	轮胎	4	4	5

表5-2-3　普通轿车各总成价值权重分值

系统名称	权重/%	系统零部件组成及其权重/%
车身	21.2	车身16.7,乘员保护2.7,车身玻璃1.8
内饰	10.8	车窗保护膜1.5,座椅3.5,仪表5.8
动力总成	29.3	发动机及离合器总成16.2,燃料系统2.7,车身系统1.8,变速器总成8.6
底盘	18.5	车桥、驱动轴5.9,轮毂轮胎2.7,悬挂3.6,转向3.4,制动2.9
电子设备	14.5	电子电器12.2,音响2.3
空调暖风	5.7	空调制冷3.5,暖风2.2

(3) 采用部件鉴定法估算车辆成新率计算步骤

① 确定各总成部分成新率:以全新车辆各部分总成的功能为标准,若某部分功能与全新车辆对应部分的功能相同,则该部分的成新率为100%;若某部分的功能完全丧失,则该部分的成新率为0。

② 用各部分总成的成新率分别与对应的权重相乘,即得出某总成的权分成新率。

③ 将各部分的权分成新率相加,即得到被评估车辆的成新率。

(4) 车辆成新率计算实例　2019年2月1日,评估一辆宝马轿车。该车购买日期为

2011年9月。经技术鉴定,发动机动力下降不大,提速很快,左后轮 ABS 系统工作失灵,后轮轮胎偏磨严重。但车身保养较好,无明显擦伤刮痕,其他和该车的使用时间的新旧程度大体相当。试用部件鉴定法确定其成新率。

该车使用年限为 90 个月,故其基准成新率为 50%。因为发动机动力下降不大,提速很快,所以根据实际情况在基准成新率基础上增加,定为 60%。因为左后轮 ABS 系统工作失灵,所以制动系统的成新率要减少,定为 45%。因为后轮轮胎偏磨严重,故轮胎的成新率减少,定为 40%。因为车身保养较好,无明显擦伤刮痕,所以车身在基准成新率基础上增加,定为 65%。其他采用基准成新率,见表 5-2-4。

表 5-2-4 传统汽车各总成价值权重分值表

序号	汽车重要总成部件	宝马轿车实例		
		权重 α/%	各部分成新率/%	权分成新率/%
1	发动机及离合器总成	25	60	15
2	变速器及传动轴总成	12	50	6
3	前桥、转向器及前悬架	9	50	4.5
4	后桥及后悬架总成	9	50	4.5
5	制动装置	6	45	2.70
6	车身装置	28	65	18.2
7	电器及仪表装置	7	50	3.5
8	轮胎	4	40	1.6

将各个部分的权分成新率相加,得到该年的成新率为

$$\gamma = \sum_{i}^{n} \alpha_i \times \gamma_i \times 100\%$$
$$= (0.25 \times 0.6 + 0.12 \times 0.5 + 0.09 \times 0.5 + 0.09 \times 0.5 + 0.06 \times 0.45$$
$$+ 0.28 \times 0.65 + 0.07 \times 0.5 + 0.04 \times 0.4) \times 100\%$$
$$= 56.00\%。$$

3. 使用年限法

使用年限法是通过确定被评估二手车的剩余使用年限与规定使用年限的比值来确定二手车成新率。二手车规定的使用寿命内,实体性损耗与时间呈线性递增关系,二手车价值的降低与其损耗大小成正比。因此,可利用二手车的实际已使用年限与该车型规定使用年限的比值来判断其实体贬值率,进而估算被评估二手车成新率。

使用年限法的前提条件是车辆在正常使用条件下,按正常使用强度(年平均行驶里程)使用。利用使用年限法计算得到的成新率实际上反映的是车辆的时间损耗及时间折旧率,与车辆的日常使用强度和车况无关。

一般就家庭轿车而言,尽管新标准规定使用年限不限制,但考虑到汽车排放检测标准的日益严格等因素,通常认为其规定使用年限为 15 年较为合适。一般认为,普通家用轿车的年平均行驶里程为 20 000 km 左右。

汽车已使用年限代表汽车运行量和工作量。这种计量以汽车正常使用为前提,包括正常的使用时间和使用强度。已使用年限一般取该车在公安交通管理机关注册登记日起至评估基准日所经历的时间。这个时间可以用年或月为单位计算。实际计算中,评估基准日并不恰好与注册登记日同日,一般以月为单位计算实际已使用年限,即将已使用年限和规定使用年限换算成月数。这样计算简单,结果误差也较小,比较切合实际。使用年限法估算成新率可以分为<u>等速折旧法</u>和<u>加速折旧法</u>两种类型。我国现行财会制度规定允许使用的加速折旧法主要有两种,即<u>年份数求和法</u>和<u>双倍余额递减法</u>。

(1) 等速折旧法　也叫年限平均折旧法,是将二手车的转移价值平均摊配于其使用年限中,特点是计算简单,容易理解,但估值不准。计算公式为

$$\gamma = \left(1 - \frac{T_1}{T}\right) \times 100\%,$$

式中,γ 为二手车成新率,T_1 为汽车已使用年限(或月份),T 为汽车规定使用年限(或月份)。

(2) 加速折旧法　也叫递减折旧法或快速折旧法,是在汽车使用早期多折旧,在使用后期少折旧。每期计提的折旧费用,在前期提得较多,务必使它的成本在使用年限中尽早地得到补偿。

① 年份数求和法:可用车辆现值减去残值的差额乘一个逐年变化的递减系数来确定每年的折旧额(实体性贬值),即

折旧额＝原值×(已使用的年限／使用年限总和)。

成新率可以用以下公式求得:

$$\gamma = \left[1 - \frac{2\sum_{n=1}^{T_1}(T+1-n)}{T(T+1)}\right] \times 100\%,$$

式中,γ 为二手车成新率,n 为汽车在使用期限内某一确定年度,T_1 为汽车已使用年限,T 为汽车规定使用年限。

递减系数的分母是一个年数等差数列的求和,为车辆使用年限历年数字的累计之和(定值),即 $T(T+1)/2$;分子是一个递减的等差数列,其大小等于到当年为止还剩余的使用年数(变数),即 $(T+1-n)$。

② 双倍余额递减法:在不考虑汽车残值的情况下,用直线法折旧率的两倍作为汽车的折旧率乘以逐年递减的汽车年初净值(汽车重置成本减累计折旧额),得出各年应提折旧额。

直线法折旧率是预计使用年限(总折旧年限)的倒数,即 1/汽车预计使用年限,它反映了汽车在整个使用期内具有相同的折旧比率(折旧的百分比)。直线法折旧率的两倍为 2/汽车预计使用年限。

年折旧率＝2/预计折旧年限×100%,
年折旧额＝该年二手车剩余价值×年折旧率。

为使车辆累计折旧额在规定年限内分摊完毕,在汽车使用的最后两年,折旧计算方法改

为平均等年限法，即在汽车规定使用年限的最后两年，将汽车的账面余额减去残值后的金额除以2，作为最后两年的平均折旧，这是双倍余额法的补充变通处理。重置成本为30万元的轿车(规定使用年限为15年)，采用余额递减法估算该车折旧，见表5-2-5。

表5-2-5 双倍余额递减法估算折旧率

年数	重置成本	折旧率	年折旧额	累计折旧额	重置成本的折旧率
第1年	30	2/15	4	4	2/15
第2年	26	2/15	3.467	7.467	$2 \div 15 \times (1-2/15)$
第3年	22.533	2/15	3.004	10.471	$2 \div 15 \times (1-2/15)^2$
第4年	18.5	2/15	2.604	13.075	$2 \div 15 \times (1-2/15)^3$
……	……	2/15	……	……	$2 \div 15 \times (1-2/15)^n$

可以看出，用双倍余额递减法，任何年的折旧额都是用现有车辆价值乘以在车辆整个寿命期内恒定的折旧率，接着用车辆价值再减去该年折旧额作新的车辆价值，下一年重复这一做法，直到折旧总额分摊完毕。

双倍余额递减法计算成新率可以由以下公式求得：

$$\gamma = \left[1 - \frac{2\sum_{n=1}^{T_1}\left(1-\frac{2}{T}\right)^{n-1}}{T}\right] \times 100\%。$$

(3) 使用年限法计算实例　家用奥迪A6轿车，初次登记年月是2016年2月，评估基准时是2021年1月。分别用等速折旧法、加速折旧法中的年份数求和法与双倍余额递减法计算成新率。

等速折旧法　$\gamma = \left(1 - \frac{T_1}{T}\right) \times 100\% = \left(1 - \frac{5}{15}\right) \times 100\% = 66.7\%$。

年份数求和法　$\gamma = \left[1 - \frac{2\sum_{n=1}^{T_1}(T+1-n)}{T(T+1)}\right] \times 100\%$

$= \left[1 - \frac{2}{15(15+1)}\sum_{n=1}^{5}(15+1-n)\right] \times 100\% = 45.8\%$。

双倍余额递减法　$\gamma = \left[1 - \frac{2\sum_{n=1}^{T_1}\left(1-\frac{2}{T}\right)^{n-1}}{T}\right] \times 100\% = \left[1 - \frac{2}{15}\sum_{n=1}^{5}\left(1-\frac{2}{15}\right)^{n-1}\right] \times 100\% = 48.9\%$。

(4) 使用年限法的局限性　使用寿命指标既有规定使用年限，也可以以行驶里程数作为运行量的计量单位。从理论上讲，综合考虑已使用年限和里程数要符合实际，汽车的行驶里程数对应已使用年限应采用折算法，即

折算年限＝总的累计行驶里程／年平均行驶里程。

使用年限法既反映汽车的使用情况(包括管理水平、使用水平和维护保养水平)、使用强

度,也考虑运行条件和停驶时间较长的汽车的自然损耗。但在实践操作中,折算年限中的年平均行驶里程(为地区车辆的统计数据)很难得到准确数据,因此常采用自然使用年限,而不采用折算年限。一般认为,高档汽车采用年份数求和法较好,中档汽车采用双倍余额递减法较好,价值较低的低端汽车采用等速折旧法即可。当然,由于上述评估方法并没有考虑汽车的使用情况,在实际评估中,仍需要结合其他技术数据综合考虑成新率的确定。

4. 行驶里程法

行驶里程法是用尚可行驶里程与规定行驶里程的比值来确定二手车成新率。汽车行驶里程的长短可以较为准确地反映汽车的使用情况,间接地指出了二手车成新率的高低。行驶里程较使用年限更真实地反映了二手车使用强度及实际的物理损耗。它反映了二手车使用强度对其成新率的影响。总的行驶里程越大,车辆的实际有形损耗也越大。行驶里程法估算成新率计算公式为

$$\gamma = \left(1 - \frac{s_1}{s}\right) \times 100\%,$$

式中,γ 为二手车成新率;s_1 为汽车已行驶里程,指被评估二手车从开始使用到评估基准日所行驶的总里程;s 为汽车规定行驶里程,是国家规定的该车型的行驶里程。

行驶里程法计算成新率的前提是车辆里程表的记录必须是实际里程数。在实际应用中,较少直接采用此方法评估,仅作为其他计算方法的参考。

5. 综合分析法

综合分析法是以使用年限法为基础,综合考虑二手车的实际技术状况、维护保养情况、原车制造质量、二手车用途及使用条件等多种因素对二手车价值的影响,以调整系数形式确定成新率。它是目前二手车鉴定评估中确定成新率最常用的方法之一。要综合考虑的因素有车辆的实际运行时间、实际技术状况、车辆使用强度、使用条件、使用和维护保养情况、车辆原始制造质量、车辆大修、重大事故经历和车辆外观质量等。

(1) 综合调整系数(β)界定范围

① 车辆技术状况:在车辆技术状况鉴定的基础上将车辆分级,然后取调整系数来修正车辆的成新率。技术状况调整系数取值范围为 0.3～1.0,技术状况好的取上限,反之取下限。

② 车辆维护保养状态:反映使用者对车辆使用、维护的水平,不同的使用者,对车辆使用、维护的实际执行情况差别较大,因而直接影响到车辆的使用寿命和成新率。使用和维护状态调整系数取值范围为 0.6～1.0,维护保养好的取上限,反之取下限。

③ 车辆原始制造质量:车辆原始制造质量有区别。进口车质量高于国产车质量,名牌汽车质量高于一般汽车质量。应了解车辆品牌价值,慎重确定车辆原始制造质量系数。罚没走私车辆的原始制造质量可视同国产名牌产品。车辆原始制造质量调整系数取值范围为 0.8～1.0。

④ 车辆用途:用途不同,使用强度差异很大。车辆工作性质不同,繁忙程度不同,使用强度也不同。车辆工作性质分为私人工作和生活用车,机关企事业单位的公务和商务用车,从事旅客、货运、城市出租的营运车辆。普通轿车一般为私人工作和生活用车,每年行驶约 25 000 km;公务、商务用车每年不超过 40 000 km;营运出租车每年行驶高达 120 000 km。显

然,工作性质不同,其使用强度差异很大,公车使用强度大于私家车。二手车用途调整系数取值范围为 0.5～1.0,使用强度小的取上限,反之取下限。

⑤ 车辆使用条件:我国地域辽阔,各地自然条件差别很大,车辆的使用条件对其成新率影响很大。车辆工作条件系数代表了车辆工作条件对其成新率的影响。车辆工作条件分为道路条件和特殊使用条件。道路条件可分为好路、中等路和差路 3 类。<u>好路</u>是指国家道路等级中的高速公路和一级、二级、三级道路;<u>中等路</u>是指国家道路等级四级的道路;<u>差路</u>是指国家等级以外的道路。特殊使用条件主要指特殊自然条件,包括寒冷、沿海、风沙、山区等地区。二手车使用条件调整系数取值范围为 0.5～1.0,使用条件好的地区取上限,反之取下限。

(2) 成新率的调整系数　成新率的调整系数参照表 5-2-6。

表 5-2-6　二手车成新率调整系数

序号	影响因素	影响因素分级	分支调整系数	权重/%
1	车辆总体技术状况	好	0.9～1.0	30
		较好	0.7～0.8	
		一般	0.5～0.6	
		较差	0.4	
		差	0.3	
2	车辆维护保养及外观	好	1.0	25
		较好	0.8～0.9	
		一般	0.7	
		较差	0.6	
3	车辆制造质量与国别	进口	1	20
		国产名牌	0.9	
		国产非名牌	0.8	
4	车辆工作性质(用途)	私用	1.0	15
		公务、商务	0.8～0.9	
		营运	0.5～0.6	
5	车辆使用条件(行驶路况)	较好	1.0	10
		一般	0.8～0.9	
		较差	0.5～0.6	

(3) 综合调整系数计算　公式为

$$\beta = \sum_{i=1}^{5} \beta_i \times \alpha_i = \beta_1 \times 30\% + \beta_2 \times 25\% + \beta_3 \times 20\% + \beta_4 \times 15\% + \beta_5 \times 10\%,$$

式中,β_i、α_i 分别表示各影响因素调整系数和权重,β_1 为车辆技术状况调整系数,β_2 为车辆维护保养调整系数，β_3 为车辆制造质量调整系数，β_4 为车辆工作性质调整系数，β_5 为车辆使用条件调整系数。

（4）采用综合分析法确定成新率　公式为

$$\gamma = \gamma_0 \times \beta \times 100\%,$$

式中，γ 为综合分析法确定的成新率，γ_0 为使用年限法确定的二手车成新率（根据车辆档次，选用不同的折旧方法），β 为二手车综合调整系数。

6. 综合成新率

（1）综合成新率计算方法　公式如下：

$$e = y \times \alpha + t \times \beta,$$

式中，e 为综合成新率，y 为年限成新率，t 为技术鉴定成新率，α 为年限成新率系数，β 为技术鉴定成新率系数。$\alpha + \beta = 1$；$t \times \beta$ 相当于实体性陈旧贬值与功能性陈旧贬值后，车辆剩余的价值率；$y \times \alpha$ 相当于经济性陈旧贬值后，车辆剩余的价值率。

（2）年限成新率计算方法　公式如下：

$$y = N/n,$$

式中，y 为年限成新率，N 为预计车辆剩余使用年限，n 为车辆规定使用年限。

（3）技术成新率计算方法　公式如下：

$$t = X/100,$$

式中，t 为技术鉴定成新率，X 为车辆技术状况分值。

问题 7　如何应用重置成本法评估二手车？

1. 重置成本的评估流程

（1）确定重置成本　被评估车辆在评估基准日的全新车辆价格。价格资料、技术资料的准确与否直接关系到评估结论是否正确。

（2）确定成新率　重置成本法的难点。评估人员在现场检查车辆的基础上，选用适当的方法确定成新率。在此基础上综合分析品牌因素、市场热销程度、市场占有率等情况，结合车龄、地区差异、车辆档次和政府的宏观政策等，确定综合成新率。

（3）计算评估值　采用重置成本法的公式计算评估值：

被评估车辆的评估值(P)＝重置成本(R)×成新率(γ)，即 $P = R \times \gamma$。

2. 重置成本法评估实例

2024 年 3 月 5 日，哈尔滨的王先生驾驶私家车（2015 年产、宝来 1.6L）到一汽大众新华专卖店置换二手车。以下是二手车鉴定估价师对该车的检查鉴定情况。

（1）手续检验　手续齐全，主要证件有行驶证、登记证书、车辆购置税本、交强险等，整车为原装德国进口。

（2）车辆使用背景　私家车，长年工作在市区内，工作条件较好，使用强度不大，日常维护保养好。

（3）配置　自动挡、天窗、双气囊、ABS、EBD、电动门窗、中控门锁、电动后视镜、真皮加热座椅、前置6碟CD、倒车雷达、氙气灯、空调、行车自动落锁、超重低音炮、全车4条全新韩泰轮胎等。

(4) 车况检查

① 静态检查：查看车辆外观，全车80%原漆，没有碰撞事故。发动机机舱保持良好，未发现漏油现象。查看挡泥板没有修复痕迹，进入驾驶室查看仪表台、真皮座椅，保持良好，没有乱划老化的痕迹。整体查看此车外况有8.5成新。

② 动态检查：冷车启动发动机（室外气温 −6℃），车辆顺利启动，冷车高怠速在1200 r/min，约5 min后，怠速稳定在800 r/min。发动机运转平稳。脚踏刹车，挂D挡，变速器无冲击感。松开刹车，车辆起步后加速，由于水温低，换挡转速有些高，约为1800 r/min。当水温90℃以后，自动换挡转速在1300 r/min左右。

在平整路面加速到60 km/h，顺利跳到四挡，没有异响和冲击。松开转向盘，无跑偏现象。急刹车制动，可以感到ABS工作时反馈给制动踏板。

(5) 评估车价 用重置成本综合分析法评估该车的价值。

① 重置成本综合分析法计算评估值：

$$P = R \times \gamma = R \times \beta \times (1 - T_1/T) \times 100\%。$$

② 该车初次登记日为2020年3月，评估基准日为2024年2月，则已使用年限为48个月，规定使用年限为15年，即180个月。

③ 确定重置成本。因属交易类，故重置成本为该车2024年2月份新车的市场价，通过市场调查确定重置成本为120 000元。

④ 确定综合调整系数 β。根据技术鉴定情况，该车无须项目修理或换件，参考二手车调整系数，得到以下综合调整系数：

该车技术状况好，车辆技术状况调整系数 $\beta_1 = 1.0$；

整车装备、外观检查调整系数 $\beta_2 = 0.8$；

该车无事故，调整系数 $\beta_3 = 0.9$；

制造质量调整系数 $\beta_4 = 1.0$；

该车主要在市内行驶，使用条件好，使用条件调整系数 $\beta_5 = 1.0$。

根据公式计算：

$$\beta = \beta_1 \times 30\% + \beta_2 \times 25\% + \beta_3 \times 20\% + \beta_4 \times 15\% + \beta_5 \times 10\%$$
$$= 1.0 \times 30\% + 0.8 \times 25\% + 0.9 \times 20\% + 1.0 \times 15\% + 1.0 \times 10\% = 93\%。$$

⑤ 计算成新率：

$$\gamma = (1 - T_1/T) \times \beta \times 100\% = (1 - 48/180) \times 0.93 \times 100\% = 68.2\%。$$

⑥ 计算评估值：

$$P = R \times \gamma = 120\,000 \times 68.2\% = 81\,840(元)。$$

任务实施

班级		组名	
组员及任务分工	姓名	学号	组内工作任务
接受任务	刘女士 2017 年 9 月购买并注册登记了一辆大众迈腾 B7 2.0T 家用,购买花费了 18.5 万元,到 2022 年 8 月累计行驶里程为 10 万千米。如何使用重置成本法求出该车在评估基准日的评估价格?		
信息收集	1. 机动车更新重置成本是指(　　)所需的成本。 　　A. 在现时条件下,购置功能基本相同的车辆 　　B. 在现时条件下,购置采用与原车相同的工艺、标准、设计的功能基本相同的车辆 　　C. 在现时条件下,购置采用新工艺、新标准、新设计的功能基本相同的车辆 　　D. 以上都不是 2. 机动车复原重置成本是指(　　)所需的成本。 　　A. 在现时条件下,购置排量相同的车辆 　　B. 在原来购车时,购置采用新工艺、新标准、新设计的功能基本相同的车辆 　　C. 在现时条件下,购置与原车使用工艺、标准、设计的功能基本相同的车辆 　　D. 以上都不是 3. 一辆二手车的重置成本价是指(　　) 　　A. 二手车的售卖价格　　　　　　　B. 二手车的收购价格 　　C. 现行公开市场上的新车价格　　　D. 二手车拍卖价格 4. 某市规定,排量在 1.0L 以下的出租车使用年限由原来的 8 年减少至 6 年,因而引起车辆的贬值,这种贬值属于(　　)。 　　A. 功能性贬值　　　　　　　　　　B. 实体性和功能性贬值 　　C. 实体性贬值　　　　　　　　　　D. 经济性贬值 5. 有形损耗导致的车辆贬值是(　　)。 　　A. 功能性贬值　　　　　　　　　　B. 实体性和功能性贬值 　　C. 经济性贬值　　　　　　　　　　D. 实体性贬值 6. 市场需求变化引起的车辆贬值是(　　)。 　　A. 经济性贬值　　　　　　　　　　B. 功能性和经济性贬值 　　C. 实体性贬值　　　　　　　　　　D. 功能性贬值 7. 重置成本由(　　)构成。 　　A. 运输成本与使用成本　　　　　　B. 直接成本与间接成本 　　C. 出厂成本与销售成本　　　　　　D. 销售成本与运输成本 8. 直接成本指(　　)。 　　A. 市场的预测价格　　　　　　　　B. 报价和预测价格 　　C. 现行市场的报价　　　　　　　　D. 现行市场的购买价格 9. 间接成本是指(　　)。 　　A. 使用环节的税费　　　　　　　　B. 销售环节的税费 　　C. 生产和销售环节的税费　　　　　D. 生产和使用环节的税费		

(续表)

	10. 国家宏观政策对于二手车评估值产生的影响主要是（　　）。 　　A. 功能性贬值　　　　　　　　B. 各种陈旧性贬值 　　C. 实体性贬值　　　　　　　　D. 经济性贬(升)值
任务实施	顾客甲于 2016 年 11 月花 35 万元购置一辆进口奥迪轿车，作为家庭用车，于 2020 年 10 月在本地二手车交易市场交易。评估人员检查后确认，该车初次登记日期为 2016 年 12 月，基本用于市内交通，累计行驶 129 000 km，维护保养情况一般，路试车况不理想。2020 年该车的市场新车价为 30 万元。请用综合分析法计算成新率，并给出该车的评估值：

	评分标准	好	一般	有待改良
评价标准	实训准备 （10 分）	小组分工明确，能够事先精心准备任务内容	能够做必要的准备，但不够充分	分工不够明确，事先无准备
	知识运用 （10 分）	能够熟练、自如地运用所学知识进行分析，且分析卓有成效	小组讨论认真，所学知识运用得不是很准确，个别组员不积极	不能运用所学知识分析实际问题
	成果质量 （10 分）	能够准确检查，描述正确	能够准确检查，描述基本正确	未在规定时间完成检查
	学习态度 （10 分）	热情高，干劲足，态度认真，能够出色地完成任务	有一定热情，基本能够完成任务	敷衍了事，不能完成任务

任务评价	教师评语：(根据工作单填写情况、语言表达、态度及沟通技巧等方面，按等级制给出成绩) 实训记录成绩：　　　　　　　　　　　　　　　　教师签字： 　　　　　　　　　　　　　　　　　　　　　　　　日　　期：

任务3 收益现值法

学习目标

知识目标
1. 了解收益现值法适合对象；
2. 掌握利用收益现值法，科学准确地评估汽车价值。

能力目标
具有独立使用收益现值法计算二手车价格的能力。

思政目标
本着对客户负责的态度，依据事实准确记录车辆信息，准确评估车辆。发展才是硬道理，能够在学习过程中与时俱进，及时总结反馈，将知识应用到下一步工作中。

情境导入

从生产经营者的角度看，购买车辆的行为是一种投资行为，即购买、使用车辆的目的是获利。车辆就成为具有单独获利能力的整体资产，可以从收益的角度来评估这种用途的车辆的价值。

任务描述

某出租车行拟购置一辆丰田花冠轿车作为出租车使用。要如何估算其价值？

任务准备

问题1 收益现值法的基本原理是什么？

1. 收益现值法概念

<u>收益现值法</u>（简称<u>收益法</u>）是将被评估车辆在剩余使用寿命期内的预期收益，用适用的折现率折现为评估基准日的现值，并以此确定二手车评估价格。收益现值法的计算，实际上就是被评估车辆未来预期收益的折现过程。

2. 收益现值法的计算方法

被评估车辆的评估值等于剩余寿命期内各收益期的收益折现之和，其计算公式为

$$P = \sum_{t=1}^{n} \frac{A_i}{(1+i)^t} = \frac{A_1}{(1+i)^1} + \frac{A_2}{(1+i)^2} + \cdots + \frac{A_n}{(1+i)^n},$$

式中，P 为评估值；A_i 为未来第 i 个收益期的预期收益额；n 为收益年期（二手车剩余使用寿命）；i 为折现率；t 为收益期，一般以年计。

当未来预期收益等值，即 $A_1 = A_2 = \cdots = A_n = A$ 时，则有

$$P = A \cdot \left[\frac{1}{1+i} + \frac{1}{(1+i)^2} + \cdots + \frac{1}{(1+i)^n} \right] = A \cdot \frac{(1+i)^n - 1}{i \cdot (1+i)^n},$$

式中，$\dfrac{1}{(1+i)^n}$ 为第 n 个收益年期的现值系数，$A \cdot \dfrac{(1+i)^n - 1}{i \cdot (1+i)^n}$ 为年金现值系数。

3. 收益现值法评估的程序

① 调查了解营运车辆的经营行情、营运车辆的消费结构；
② 充分调查了解被评估车辆的基本情况和技术状况；
③ 根据调查了解的结果，预测车辆的预期收益，确定折现率；
④ 将预期收益折现处理，确定二手车的评估值。

问题 2 收益现值法的参数如何确定？

1. 确定剩余使用寿命期

剩余使用寿命期（n）指从评估基准日到车辆报废的年限。如果剩余使用寿命期估计长，就会高估车辆价格；反之，则会低估价格。因此，必须根据车辆的实际状况对剩余使用寿命期作出正确的判定。该参数按《汽车报废标准》确定是很方便的。

2. 确定预期收益额

（1）预期收益额（A）定义　在收益法中，收益额的确定是关键。预期收益额是指被评估车辆在其剩余使用寿命期内使用，可能带来的年纯收益。

（2）预期收益额的确定

预期收益额是车辆使用带来的未来收益期望值，是通过预测分析获得的。无论对于所有者还是购买者，判断某车辆是否有价值，首先应判断该车辆是否会带来收益。对其收益的判断，不仅仅是看现在的收益能力，更重要的是预测未来的收益能力。

对于收益额的构成，以企业为例，目前有几种观点：第一，企业所得税后利润；第二，企业所得税后利润与提取折旧额之和扣除投资额；第三，利润总额。为估算方便，推荐选择第一种观点，目的是准确反映预期收益额。

3. 确定折现率

折现是指将预期收益额折现成现值，实际预期收益额的未来时间离现在越远，折算的现值就越少，否则就越多，它是一个时间优先的概念。折现率（i）是将未来预期收益折算成现值的比率，它是一种特定条件下的收益率，说明车辆取得该项收益的收益率水平。收益率越高，单位资产的增值率越高，在收益一定的情况下，所有者拥有资产的价值越低。

在计量折现率时必须考虑风险因素的影响，否则，就可能过高地估计车辆的价值。一般来说，折现率应包括无风险收益率、风险报酬率和通货膨胀率 3 个方面，即

$$\text{折现率} = \text{无风险收益率} + \text{风险报酬率} + \text{通货膨胀率}。$$

无风险收益率是指资产在一般无风险经营条件下的获利水平，风险报酬率是指承担投资风险的投资所获得的超过无风险报酬率以上的部分的投资回报率，一般随投资风险递增概率大。风险收益能够计算，而为承担风险所付出的代价却不好确定。因此，风险收益率不容易计算出来，只要求选择的收益率中包含这一因素即可。每个行业、每个企业都有具体的资金收益率。因此在利用收益法选择折现率时，应该进行企业、行业历年收益率指标的对比分析，但是，最后选择的拆现率应该不低于国家银行存款的利率。

此外，还应该注意，在使用资金收益率这一指标时，要充分考虑年收益率的计算与资金

收益率的口径是否一致,若不一致,将会影响评估值的正确性。

问题 3 收益现值法的优缺点是什么?
(1) 收益现值法的优点
① 与投资决策相结合,容易被交易双方接受;
② 能真实和较准确地反映车辆本金化的价格。
(2) 收益现值法的缺点
① 预期收益额预测难度大,受较强的主观判断和未来不可预见因素的影响;
② 适用范围较窄,一般适用于企业整体资产和可预测未来收益的单项资产评估。

问题 4 收益现值法实例

1. 实例 1

某企业拟转让一辆金杯 10 座旅行车,某个体商户准备将该车用于载客营运。按国家《汽车报废标准》的规定,该车辆剩余年限为 4 年。通过对该地区载客营运市场的分析和预测,得出未来 4 年内各年预期收益数据,见表 5-3-1。

表 5-3-1 各年预期收益数据

年限	收益额/元	折现率/%	收益折现额/元
第一年	10 000	8	9 259
第二年	8 000	8	6 859
第三年	7 000	8	5 557
第四年	6 000	8	4 410

$$P = \frac{A_1}{1+i} + \frac{A_2}{(1+i)^2} + \frac{A_3}{(1+i)^3} + \frac{A_4}{(1+i)^4} = \frac{10\,000}{1+0.08} + \frac{8\,000}{(1+0.08)^2} + \frac{7\,000}{(1+0.08)^3} + \frac{6\,000}{(1+0.08)^4}$$

$$\approx 9\,259 + 6\,859 + 5\,557 + 4\,410 = 26\,085(元)。$$

2. 实例 2

某人拟购置一台普通桑塔纳汽车用作个体出租车经营。经调查得到以下各数据和情况:车辆登记日是 2017 年 4 月 1 日,已行驶公里数为 8.3 万千米,目前车况良好,能正常运行。如用于出租,全年可出勤 300 天,每天平均毛收入为 450 元。评估基准日是 2019 年 3 月 15 日。试用收益现值法估算该车的价值。

从车辆登记之日起至评估基准日止,车辆投入运行已 2 年。根据行驶公里数、车辆外观和发动机等技术状况来看,该车辆原投入出租营运,还算正常使用、维护。根据国家有关规定和车辆状况,车辆剩余使用寿命为 6 年。

预期收益额的确定思路是:将一年的毛收入减去车辆使用的各种税费,包括驾驶人员的劳务费等,以计算其税后纯利润。

根据目前银行储蓄年利率、国家债券、行业收益等情况,确定资金预期收益率为 15%,风险报酬率为 5%,具体计算步骤如下：

步骤 1　确定车辆的剩余使用寿命为 6 年。

步骤 2　估测车辆的预期收益：

① 预计年收入：$450 \times 300 = 13.5$(万元)。

② 预计年支出：每天耗油量 75 元,年耗油量为 $75 \times 300 = 2.25$(万元)；日常维修费 1.2 万元；平均大修费用 0.8 万元；牌照、保险、养路费及各种规费杂费 3.0 万元；人员劳务费 1.5 万元；出租车标付费 0.6 万元。

年毛收入为 $13.5 - 2.25 - 1.2 - 0.8 - 3.0 - 1.5 - 0.6 = 4.15$(万元)。

按《个人所得税条例》规定,年收入在 3 万~5 万元,应缴纳所得税税率为 30%。故车辆的年纯收益额为 $4.15 \times (1 - 30\%) = 2.9$(万元)。

步骤 3　确定车辆的折现率。该车剩余使用寿命为 6 年,预计资金收益率为 15%,再加上风险率为 5%,故折现率为 20%。

步骤 4　计算车辆的评估值。假设每年的纯收入相同,则

评估值 $= A[(1+i)^n - 1]/i(1+i)^n = 2.9[(1+0.2)^5 - 1]/0.2(1+0.2)^5$
≈ 8.67(万元)。

任务实施

班级		组名	
组员及 任务分工	姓名	学号	组内工作任务
接受任务	某出租车行拟购置一辆丰田花冠轿车作为出租车经营,要如何估算其价值?		
信息收集	1. 收益现值法主要缺点是（　　）,受主观判断的影响大。 　　A. 计算公式不准确　　　　　　　　B. 计算复杂 　　C. 剩余使用年限不确定　　　　　　D. 预期收益额预测难度大 2. 折现率应高于（　　）。 　　A. 折旧率　　　B. 折扣率　　　C. 无风险利率　　　D. 成新率 3. 运用收益法评估车辆时,其折现率的选择应该（　　）。 　　A. 与银行存款利率无一定关系　　　B. 为银行存款利率 　　C. 小于银行存款利率　　　　　　　D. 大于银行存款利率		
任务实施	1. 企业拟将一辆全顺11座旅行客车转让,某工商户欲将此车购置做载客营运。按国家规定,该车剩余使用年限为3年,经市场调查及预测,3年内该车各年预期收入为:第一年9 000元,第二年8 000元,第三年6 000元,折现率为10%。试评估该车的价值: 2. 2020年5月,沈阳的王先生打算在二手车市场购置一辆捷达SDI型轿车,用于个体出租车运营。该车的基本信息及经营预测如下:2015年5月购买,并于当月完成车辆登记手续,已行驶里程为20万千米。目前车辆技术状况良好,能正常运行;如用于出租车运营,全年预计可出勤320天。根据沈阳市场调查,该车型每天平均毛收入约550元,每天耗油费用150元,年检、保险及各种应支出费用每年10 000元,年维修保养费用约12 000元,年平均大修费用约1 000元,人员劳务费每年26 000元。根据目前银行储蓄年利率、行业收益等情况,确定资金预期收益率为15%,风险报酬率为5%。试评估该车价值:		

(续表)

	评分标准	好	一般	有待改良
评价标准	实训准备（10分）	小组分工明确,能够事先精心准备任务内容	能够做必要的准备,但不够充分	分工不够明确,事先无准备
	知识运用（10分）	能够熟练、自如地运用所学知识进行分析,且分析卓有成效	小组讨论认真,所学知识运用得不是很准确,个别组员不积极	不能运用所学知识分析实际问题
	成果质量（10分）	能够准确检查,描述正确	能够准确检查,描述基本正确	未在规定时间完成检查
	学习态度（10分）	热情高,干劲足,态度认真,能够出色地完成任务	有一定热情,基本能够完成任务	敷衍了事,不能完成任务
任务评价	教师评语:(根据工作单填写情况、语言表达、态度及沟通技巧等方面,按等级制给出成绩) 实训记录成绩:　　　　　　　　　　　　　　　　　　　教师签字: 　　　　　　　　　　　　　　　　　　　　　　　　　　日　　期:			

任务 4　清算价格法

学习目标

知识目标

1. 了解清算价格法适合对象；
2. 掌握利用清算价格法，科学准确地评估汽车价值。

能力目标

具有独立使用清算价格法计算二手车价格的能力。

思政目标

使用清算价格法得到的价格，通常会大大低于市价。有人说这是"趁人之危""不公平"。绝对的公平是不存在的。公平与否的判定受到个人的知识、修养的影响，再加上社会文化以及评判公平的标准的不同等，人们对公平的观念也不同。在遇到具体事件时，我们必须学会结合事件所处的环境，从多个角度分析，不单一、孤立地看问题。

情境导入

清算价格法原理基本与现行市价法相同，不同的是迫于停业或破产，清算价格往往大大低于现行市场价格。这是由于企业被迫停业或破产，急于将车辆拍卖、出售。因此，从严格意义上讲，清算价格法不能算为一种基本的评估方法，只能算是现行市价法、重置成本法、收益现值法的具体运用。

任务描述

某公司停业进行资产清算，现有一辆 2013 款迈腾（1.8T 手自一体舒适版）需要出售。该车行驶了 5 万千米，日常保养较好，车况良好。此时，在该地二手车市场上也询问到了一辆同款迈腾，且车况相仿，行驶里程相当。试问，两款车型最终评估价格是否一样？为什么？

任务准备

问题 1　什么是清算价格法？

<u>清算价格</u>是指企业由于破产或其他原因，要求在一定期限内将企业或资产变现，在企业清算日预期出卖资产可收回的快速变现价格。<u>清算价格法</u>是根据公司清算时其资产可变现的价值评定重估价值。清算价格法适用于依照《中华人民共和国企业破产法》规定，经人民法院宣告破产的公司。公司在股份制改组中一般不使用这一办法。

问题 2　清算价格法有几种？

二手车评估的清算价格法主要有现行市价折扣法、意向询价法以及竞价法。

1. 现行市价折扣法

<u>现行市价折扣法</u>是指对清算车辆，首先在二手车市场上寻找一个相适应的参照物；然

后，根据快速变现原则估定一个折扣率，据以确定其清算价格。例如，经调查，一辆旧桑塔纳轿车在旧车市场上成交价为4万元。根据销售情况调查，折价20%可以当即出售。则该车辆清算价格为 $4×(1-20\%)=3.2$（万元）。

2. 意向询价法

意向询价法是向被评估车辆的潜在购买者询价，以此获取市场信息，最后经评估人员分析，确定其清算价格。用这种方法确定的清算价格受供需关系影响很大。

例如：一台大型货车，拟评估其拍卖清算价格。评估人员征询3个建筑公司、两家农机公司和3个货车销售商，估价平均值为12.8万元。考虑目前年关将至和其他因素，评估人员确定清算价格为12万元。

3. 竞价法

竞价法是由法院按照法定程序（破产清算），或由卖方根据评估结果，提出一个拍卖底价，在公开市场上由买方竞争出价，谁出的价高，就卖给谁。

问题3 清算价格法的适用范围是什么？

1. 适用范围

（1）企业破产　当企业或个人因经营不善造成严重亏损，不能清偿到期债务时，企业依法宣告破产，法院以其全部财产依法清偿其所欠的债务，不足部分不再清偿。

（2）抵押　以所有者资产作抵押物融资的一种经济行为，是合同当事人一方用自己等定的财产向对方保证履行合同义务的担保形式。提供财产的一方为抵押人，接受抵押财产的一方为抵押权人。抵押人不履行合同时，抵押权人有权将抵押财产在法律允许的范围内变卖，从变卖抵押物价款中优先受偿。

（3）清理　企业由于经营不善导致严重亏损，已临近破产的边缘，或因其他原因无法经营下去，为弄清企业财物现状，清点、整理和查核全部财产，为经营决策（破产清算或继续经营）提供依据，以及因资产损毁、报废而清理、拆除等经济行为。

在这3种经济行为中，若有机动车辆评估，可以清算价格为标准。以清算价法评估车辆价格的前提条件包括：

① 有法律效力的破产处理文件或抵押合同及其他有效文件为依据；
② 车辆在市场上可以快速出售变现；
③ 所卖收入足以补偿出售车辆的附加费总额。

问题4 清算价格法实例

某法院在近期内将拍卖出售扣押的一辆轻型载货汽车，至评估基准日止，该汽车已使用了18个月，车况与其新旧程度相符。试评估该车的清算价格。

1. 分析

据了解，本次评估的目的属于债务清偿，应采用清算价格法。根据被评估车辆的实际情况和所掌握的资料，决定首先利用重置成本法确定在公平市场条件下的评估价格；然后，根据市场调查，按一定的折现率确定车辆的清算价格。

2. 评估步骤

① 根据已知条件，采用重置成本法确定评估价格；

② 确定已使用年限和规定使用年限。该车已使用年限为 18 个月。根据国家规定，被评估车辆的规定使用年限为 10 年，折合为 120 个月。

③ 确定车辆的成新率。被评估车辆的价值不高，且车辆的技术状况与其新旧程度相符，决定采用年限法确定其成新率。被评估车辆的成新率为

成新率 = (1 − 已使用年限 / 规定使用年限) × 100% = (1 − 18/120) × 100% = 85%。

④ 确定重置成本。据市场调查，全新的同类车型目前的售价为 5.5 万。根据相关规定，购置此车型要缴纳 10% 的购置税、3% 的货运附加费，故被评估车辆的重置成本为

重置成本 = 55 000 × (1 + 10% + 3%) = 62 150(元)。

⑤ 确定被评估车辆在公平市场条件下的评估值。根据调查了解，被评估车辆的功能性损耗及经济性损耗均很小，可忽略不计。故在公平市场条件下，该车的评估值为

P = 重置成本 × 成新率 = 62 150 × 85% ≈ 52 828(元)。

⑥ 确定折扣率。根据市场调查，折扣率取 75% 时，可在清算日内出售车辆，故确定折扣率为 75%。

⑦ 被评估车辆的清算价格为 52 828 × 75% = 39 621(元)。

● 任务实施

班级		组名	
组员及 任务分工	姓名	学号	组内工作任务
接受任务	某公司停业进行资产清算,现有一辆2013款迈腾(1.8T手自一体舒适版)需要出售。该车行驶了5万千米,日常保养较好,车况良好。此时,在该地二手车市场上也询问到了一辆同款迈腾,且车况相仿,行驶里程相当。试问,两款车型最终评估价格是否一样?为什么?		
信息收集	1. 二手车在非正常市场上的限制拍卖价格遵守的是(　　)。 　A. 现行市价标准　　　　　　　　B. 清算价格标准 　C. 重置成本标准　　　　　　　　D. 收益现值标准 2. 模拟拍卖法是(　　)。 　A. 先用其他方法获得公平市价,再在公平市价基础上打折 　B. 询问潜在买家来确定被评估车评估价格 　C. 拍卖 　D. 以上都不是		
任务实施	某法院将在近期内出售一辆扣押的国产丰田普拉多4.0AT-CX豪华型轿车,至评估基准日该车已使用了3年6个月,车况与新旧程度相符,试评估该车的清算价格。据了解,本次评估目的是债务清偿,应采用的评估方法为清算价格法。		

评价标准	评分标准	好	一般	有待改良
	实训准备 (10分)	小组分工明确,能够事先精心准备任务内容	能够做必要的准备,但不够充分	分工不够明确,事先无准备
	知识运用 (10分)	能够熟练、自如地运用所学知识进行分析,且分析卓有成效	小组讨论认真,所学知识运用得不是很准确,个别组员不积极	不能运用所学知识分析实际问题
	成果质量 (10分)	能够准确检查,描述正确	能够准确检查,描述基本正确	未在规定时间完成检查
	学习态度 (10分)	热情高,干劲足,态度认真,能够出色地完成任务	有一定热情,基本能够完成任务	敷衍了事,不能完成任务

（续表）

任务评价	教师评语：（根据工作单填写情况、语言表达、态度及沟通技巧等方面，按等级制给出成绩）
	实训记录成绩： 教师签字： 日　　期：

项目六

【二手车鉴定评估】

撰写二手车鉴定评估报告

项目说明

编制二手车鉴定评估报告书是评估工作中的一个重要环节。评估人员要想客观、公正、真实、准确、思路清晰、文字简练准确、格式规范地撰写二手车评估报告,就必须学习二手车鉴定评估报告撰写的相关知识。

学习导航

撰写二手车鉴定评估报告 —— 任务1 撰写二手车鉴定评估报告

任务 1　撰写二手车鉴定评估报告

学习目标

知识目标

1. 掌握二手车鉴定评估报告的主要填写内容；
2. 掌握规范撰写二手车鉴定评估报告的注意事项；
3. 了解二手车鉴定评估报告的相关资料。

能力目标

1. 能够根据二手车鉴定评估流程，独自完成现场鉴定工作，客观、公正、规范地撰写二手车鉴定评估报告；
2. 具有根据报告为委托方解释二手车鉴定评估过程的能力。

思政目标

通过专业知识学习，提高法治观念，树立有法必依、执法必严的坚定信念。

情境导入

黑龙江省电视台《新闻夜航》第十个深度 315 栏目——如此二手车，用 180 min 对整个黑龙江存在的二手车乱象进行了全面系统的曝光。二手车电商在收车、评估、检测等环节，并没有做到高度透明，正是相关漏洞的存在，导致不少用户买到泡水车、碰撞事故车、调表车等。为了确保检测评估报告准确性和公信力，防止卖方出具虚假检测报告，应由第三方机构鉴定评估二手车并撰写评估报告。

任务描述

完成技术鉴定后，需要为委托方提供鉴定评估报告。作为评估师，请你做一份评估报告，并为委托方讲解整个评估过程。

任务准备

问题 1　什么是二手车鉴定评估报告制度？

二手车鉴定评估报告制度是规定二手车鉴定评估机构在完成二手车鉴定评估工作后，应向委托方出具鉴定评估报告的一系列制度，包括二手车鉴定评估报告的编制、二手车鉴定评估报告的确认、二手车鉴定评估报告的复议和管理等相关内容。

1. 鉴定评估报告编制

编制二手车鉴定评估报告是完成评估工作的最后一道"工序"，也是评估工作中一个重要环节。评估报告不仅要真实准确地反映评估工作情况，同时表明评估人员在今后一段时期里对评估的结果和有关附件资料承担相应的法律责任。二手车鉴定评估报告是记述评估成果的文件，是鉴定评估机构向委托方和二手车鉴定评估管理部门提交的主要成果。鉴定评估报告质量的高低，不仅反映鉴定评估人员的业务水平，而且直接关系到各方的利益。这就要求报告思路清晰、文字简练准确、格式规范,取证与调查材料和数据真实可靠。

(1) 评估资料分类整理　被评估车辆的有关背景资料、技术鉴定情况资料及其他可供参考的数据记录等评估资料是编制二手车鉴定评估报告的基础。一个复杂的评估项目由两个或两个以上评估人员合作完成的。需将评估资料分类整理,包括鉴定评估作业表审核、评估依据说明,最后形成评估文字材料。

(2) 鉴定评估资料分析讨论　在完成资料整理工作后,应召集参与评估工作的有关人员,分析讨论评估的情况和初步结论。如果发现有提法不妥、计算错误、作价不合理等问题,特别是涉及车辆配置、维修保养、技术状况,以及汽车品牌影响力,需要及时调整。若采用两种不同评估方法并得出两个结论,则需要在充分讨论的基础上总结出一个正确的结论。

(3) 鉴定评估报告撰写　评估报告编制负责人根据评估资料讨论后的修正意见,汇总编排资料,撰写评估报告;然后,就二手车鉴定评估的基本情况和评估报告初稿的初步结论,与委托方交换意见。听取委托方的反馈意见后,在坚持客观、公正、科学、可行的前提下,认真分析委托方提出的问题和意见,考虑是否修改评估报告。修正报告中存在的疏忽、遗漏和错误后,最后形成正式的二手车鉴定评估报告。

(4) 评估报告审核　先由项目负责人审核评估报告,再报评估机构经理审核签发。二手车鉴定评估人员盖章并加盖评估机构公章。送达客户签收时,要提醒客户签收并填写回执。

2. 二手车鉴定评估报告确认

对于二手车鉴定评估报告,一般情况下由委托方确认,涉及国有资产的,除资产占有方确认外,还必须由上级主管部门认可。因委托方不同和委托目的不同,大致可以分成以下几种情况:

① 交易类二手车鉴定评估由买卖双方和二手车交易机构确认。

② 抵押类二手车鉴定评估由抵押人和银行共同确认。

③ 司法鉴定类二手车鉴定评估经法庭质证后写入判决书或调解书,即表示确认。其中,刑事案件中的二手车鉴定评估须先经公安机关和检察机关确认后,再经法庭质证,最终确认。有些二手车鉴定评估报告还要经过二审程序。按国家有关法律规定,鉴定评估人员还在需要时作为鉴定人或证人上庭,详细叙述鉴定过程和鉴定结论,并回答法官、律师,以及原、被告的提问。因此,司法鉴定类二手车鉴定评估是最为复杂的。

④ 置换类二手车鉴定评估由车主和汽车经销商共同确认。

⑤ 拍卖类二手车鉴定评估要求确定委托拍卖底价,因此由拍卖企业和委托拍卖人共同确认。

⑥ 企业合并、分设等资产重组类二手车鉴定评估由董事会或管理层确认。

3. 二手车鉴定评估报告复议和管理

(1) 二手车鉴定评估报告复议　二手车鉴定评估机构出具二手车鉴定评估报告后,委托方往往对评估结论,即评估报告持有异议。在复议有效期内,委托方可以委托原评估机构对原出具的二手车鉴定评估报告进行复议,也可以委托另一家有资质的二手车鉴定评估机构进行复议或重新评估。

(2) 二手车鉴定评估报告档案管理　与二手车鉴定评估报告相关档案管理制度包括二手车鉴定评估报告归档制度、保管制度、保密制度和借阅利用档案制度。

二手车鉴定评估报告是记录、描述和反映整个二手车鉴定评估过程和结果的各类文件的统称,属于专门业务文书。除二手车鉴定评估报告外,还包括:

(1) 二手车鉴定评估委托书　委托书是一种合同契约文件,由委托方与受托方共同签字。委托书应如实提供标的详细资料,如机动车登记证书、机动车行驶证、购置附加税完税凭证、道路运输证等,将其作为委托书的附件。

(2) 二手车鉴定评估的调查资料

① 以国家有关法律、法规中与该项业务直接或间接相关的条款作为二手车鉴定评估的法律依据。

② 委托标的的详细资料及有关证明材料。对于重要的标的,还应附有照片、图像资料(特别是机动车受损较为严重的部位),必要时要有汽车修理企业或保险公司的修理清单。

③ 与二手车鉴定评估有关的其他资料,如相关车辆的价格行情、价格指数,以及汇率、利率、参照车辆等。

(3) 二手车鉴定评估作业表　作业表记录二手车技术状况鉴定的全过程。

问题 2　二手车鉴定评估报告有什么作用?

1. 二手车鉴定评估报告的概念

二手车鉴定评估报告是指二手车鉴定评估机构按照评估工作制度有关规定,在完成鉴定评估工作后,向委托方和有关方面提交的说明二手车鉴定评估过程和结果的书面报告。它是按照一定格式和内容来反映评估目的、程序、依据、方法、结果等基本情况的报告。广义的报告还是一种工作制度,它规定评估机构在完成二手车鉴定评估工作之后必须按照一定的程序和要求,以书面形式向委托方报告鉴定评估过程和结果。狭义的鉴定评估报告即鉴定评估结果报告,既是二手车鉴定评估机构完成对二手车的作价,提交给委托方的具有公正性的报告,也是二手车鉴定评估机构履行评估合同情况的总结,还是二手车鉴定评估机构为其所完成的鉴定评估结论承担相应法律责任的证明文件。它是反映评估过程和成果的综合性文件,是二手车鉴定评估的成果形态。二手车鉴定评估报告一般根据委托方的要求和二手车鉴定评估业务的具体情况来确定,基本内容包括结论书正文和附件两部分。

2. 二手车鉴定评估报告的作用

二手车鉴定评估报告对管理部门及各类交易市场主体十分重要。涉及国有资产的评估报告资料不仅是一份评估工作的总结,同时是其价格的公证性文件和资产交易双方认定资产价格的依据。由于目的的不同,其作用可从两个方面分析。

(1) 对委托方(客户)的作用

① 作为产权变动交易作价的基础材料。二手车鉴定评估报告的结论可以作为车辆买卖交易谈判底价的依据,或作为按比例出资的投资证明材料。特别是对涉及国有资产的二手车的客观公正的作价,可以有效防止国有资产流失,确保国有资产价格的客观、公正和真实。

② 作为各类企业会计记录的依据。按评估值对会计账目所做的调整必须由相关机关

批准。

③ 作为法庭辩论和裁决时确认财产价格的举证材料。尤其是涉及财产纠纷案件的二手车鉴定评估,其评估结果可作为法庭做出裁决的证明材料。

④ 作为支付评估费用的依据。当委托方(客户)收到评估资料及报告后没有提出异议,也就是说评估的资料和结果符合委托方的条款,委托方应以此为前提和依据向受托方即评估机构付费。

⑤ 二手车鉴定评估报告是反映和体现评估工作情况,明确委托方、受托方及有关方面责任的根据。二手车鉴定评估报告反映和体现了受委托的二手车鉴定评估机构与鉴定评估人员的权利和义务,并以此来明确委托方和受托方的法律责任。写评估结果报告还行使了二手车鉴定评估人员在评估报告上签字的权利。

(2) 对评估机构的作用

① 它是评估机构工作成果的体现,是一种动态管理的信息资料,体现了评估机构的工作情况和工作质量。

② 二手车鉴定评估报告是建立评估档案、归集评估档案资料的重要信息来源。

3. 二手车鉴定评估报告的类型

二手车鉴定评估报告有定型式、自由式和混合式3种。

① 定型式:又称为封闭式二手车鉴定评估报告,采用固定格式。评估人员必须按要求填写,不得随意增减。其优点是通用性好,写作省时省力;缺点是不能根据评估对象的具体情况而深入分析某些特殊事项。如果能针对不同的评估目的和不同类型的机动车做相应的调整,则可以在一定程度上弥补这一缺点。

② 自由式:又称为开放式二手车鉴定评估报告,是由评估人员根据评估对象的情况而自由创作的无一定格式的评估报告。其优点是可深入分析某些特殊事项,但缺点是易遗漏一般事项。

③ 混合式:兼取前两种二手车鉴定评估报告的格式和优点。一般来说,专办案件以自由式二手车鉴定评估报告为优,而例行案件以定型式二手车鉴定评估报告为佳。

不论二手车鉴定评估报告的形式如何,均应客观、公正、翔实地记载评估结果和过程。如果仅以结论告知,必然会使委托评估方或二手车鉴定评估报告的其他使用者心理上的信任度降低。二手车鉴定评估报告的用语要力求准确、肯定,避免模棱两可或易生误解的文字。而对于难以确定的事项,则应在报告中说明,并描述其可能影响二手车价格的情况。

问题3 二手车鉴定评估报告的撰写有什么要求?

1. 撰写二手车鉴定评估报告的基本要求

① 必须遵循客观、公正、实事求是的原则,由二手车鉴定评估机构独立撰写,如实反映鉴定评估的工作情况。

② 应有委托单位(或个人)、二手车鉴定评估机构的名称和印章,二手车鉴定评估机构法人代表或其委托人和二手车鉴定评估师的签字,以及提供报告的日期。

③ 写明评估基准日,并且不得随意更改。所有在估价中采用的税率、费率、利率和其他价格标准,均应采用基准日的标准。

④ 写明估价的目的和范围、二手车的状态和产权归属。

⑤ 说明估价工作遵循的原则和依据的法律法规，简述鉴定评估过程，写明鉴定评估的方法。

⑥ 有明确的鉴定估算价值的结果，鉴定评估结果应有二手车的成新率、原值、重置价值、评估价值等。

⑦ 有齐全的附件。

2. 二手车鉴定评估报告的基本内容

根据撰写基本要求，二手车鉴定评估报告应包括的基本内容如下。

(1) 封面　封面应包含二手车鉴定评估报告名称、二手车鉴定评估机构出具二手车鉴定评估报告的编号、二手车鉴定评估机构全称和二手车鉴定评估报告提交日期等。有服务商标的二手车鉴定评估机构，可以在二手车鉴定评估报告封面载明其图形标志。

(2) 首部　二手车鉴定评估报告正文首部应包括标题和二手车鉴定评估报告序号。标题应简练清晰，含有"××××(评估项目名称)鉴定评估报告"字样，位置居中偏上。

二手车鉴定评估报告序号应符合公文的要求，包括二手车鉴定评估机构特征字、公文种类特征字(例如评报、评咨和评函，二手车鉴定评估正式报告应用"评报"，预报告应用"评预报")、年份、文件序号。例如：<u>××评报(2015)第10号</u>。

(3) 绪言　写明该二手车鉴定评估报告委托方全称、受委托鉴定评估事项及鉴定评估工作整体情况，一般应采用包含下列内容的表达格式：

××(二手车鉴定评估机构)接受×××的委托，根据国家有关资产评估的规定，本着客观、独立、公正、科学的原则，按照公认的资产评估方法，对××××(车辆)进行了鉴定评估。本机构鉴定评估人员按照必要的程序，对委托鉴定评估车辆进行了实地查勘与市场调查，对其在××××年××月××日所表现的市场价值做出了公允反映。现将车辆评估情况及鉴定评估结果报告如下。

(4) 委托方与车辆所有方简介　写明委托方、委托方联系人的名称、联系电话及住址，写明车主的名称。

(5) 鉴定评估目的　写明本次鉴定评估是为了满足委托方的何种需求，及其所对应的经济行为类型。例如：

根据委托方的要求，本项目鉴定评估目的：
□交易　　□拍卖　　□置换　　□抵押　　□担保　　□咨询　　□司法裁决

(6) 鉴定评估对象　简要写明纳入鉴定评估范围车辆的厂牌型号、号牌号码、发动机号、车辆识别代号/车架号、注册登记日期、年审检验合格有效日期、车辆购置税证号码、车船使用税缴纳有效期。

(7) 鉴定评估基准日　写明车辆鉴定评估基准日的具体日期，样式为：<u>鉴定评估基准日：××××年××月××日</u>。

(8) 鉴定评估原则　鉴定评估应严格遵循客观性、独立性、公正性、科学性的原则。

(9) 鉴定评估依据　鉴定评估依据一般包括行为依据、法律法规依据、产权依据、评定及取价依据等。行为依据主要是指二手车鉴定评估委托书、法院的委托书等经济行为文件，如<u>二手车鉴定评估委托书第××号</u>。法律法规依据包括车辆鉴定评估的有关条款、文件，以及涉及车辆评估的有关法律、法规等。产权依据是指被鉴定评估车辆的机动车登记证书或其他能够证明车辆产权的文件等。评定及取价依据包括二手车鉴定评估机构收集的国家有关部门发布的统计资料和技术标准资料,以及二手车鉴定评估机构收集的有关询价资料和参数资料等。技术标准资料如《最新资产评估常用数据与参数手册》《机动车运行安全技术条件》(GB7258—2017)、《道路运输车辆综合性能要求和检验方法》(GB 18565—2016)。技术参数资料如被鉴定评估二手车的技术参数表、装备一览表。技术鉴定资料如车辆检测报告单、现场查勘记录表、某修理厂提供的事故定损修理清单、某保险公司提供的事故理赔清单。其他资料如现场工作底稿、市场询价资料等。

（10）鉴定评估方法及计算过程　简要说明二手车鉴定评估人员在鉴定评估过程中所选择并使用的鉴定评估方法;简要说明选择鉴定评估方法的依据或原因;如果采用一种以上的鉴定评估方法,应适当说明原因并说明资产鉴定评估价值的确定方法;对所选择的特殊鉴定评估方法,应适当介绍其原理与适用范围;简要说明各种鉴定评估方法计算的主要步骤等。

（11）鉴定评估过程　反映二手车鉴定评估机构自接受鉴定评估委托起至提交二手车鉴定评估报告的工作过程,包括接受委托、验证、现场查勘、市场调查与询证、评定估算和提交报告等过程。

（12）鉴定评估结论　给出被鉴定评估车辆的评估价格、金额(小写和大写)。

（13）特别事项说明　二手车鉴定评估报告中陈述的特别事项有:在已确定鉴定评估结果的前提下,二手车鉴定评估人员展示在鉴定评估过程中已发现可能影响鉴定评估结论;提示二手车鉴定评估报告使用者应注意特别事项对鉴定评估结论的影响;揭示二手车鉴定评估人员认为需要说明的其他问题。

（14）二手车鉴定评估报告法律效力　说明二手车鉴定评估报告的有效日期,特别提示评估基准日的后期事项对鉴定评估结论的影响及二手车鉴定评估报告的使用范围等。常见写法如下:

第一种写法:本项鉴定评估结论有效期为90天,自评估基准日至××××年××月××日止。

第二种写法:当鉴定评估目的在有效期内实现时,本鉴定评估结论可以作为作价参考依据。超过90天,需要重新进行鉴定评估。另外,在鉴定评估有效期内若被鉴定评估车辆的市场价格或因交通事故等原因导致车辆的价值发生变化,对车辆鉴定评估结果产生影响,委托方也需要重新委托鉴定评估机构重新鉴定评估。

第三种写法:二手车鉴定评估报告的使用权归委托方所有,其鉴定评估结论仅供委托方为本项目鉴定评估目的使用和送交二手车鉴定评估主管机关审查使用,不适用于其他目的;因使用该二手车鉴定评估报告不当而产生的任何后果与签署本二手车鉴定评估报告的鉴定评估师无关;未经委托方许可,本鉴定评估机构承诺不将本二手车鉴定评估报告的内容向他人提供或公开。

（15）二手车鉴定评估报告提出日期　写明二手车鉴定评估报告提交委托方的具体时间。原则上应在确定的评估基准日后一周内提出。

（16）附件　附件包括二手车鉴定评估委托书、二手车鉴定评估作业表、车辆行驶证复印件、车辆购置税复印件、车辆登记证书复印件、二手车鉴定评估师资格证书影印件、二手车鉴定评估机构营业执照影印件、二手车鉴定评估机构资质影印件和二手车照片等。

(17) 尾部　写明出具二手车鉴定评估报告的二手车鉴定评估机构的名称并盖章；写明二手车鉴定评估机构法定代表人的姓名并签名；初级二手车鉴定评估师盖章并签名；高级二手车鉴定评估师审核签名、盖章；报告日期。

问题 4　撰写二手车鉴定评估报告应注意什么？

撰写二手车鉴定评估报告时应注意3点。

(1) 实事求是，切忌出具虚假报告　必须建立在真实、客观的基础上，不能脱离实际情况。拟定人应是参与鉴定评估并全面了解被评估车辆的主要鉴定评估人员。

(2) 坚持一致性做法，切忌表里不一　内容要前后一致，正文、评估说明、作业表、鉴定工作底稿、格式甚至数据要一致，不能前后矛盾。

(3) 提交报告要及时、齐全和保密　在正式完成撰写工作后，应按委托书约定的时间及时将报告送交委托方。送交报告时，要配套相关文件。

问题 5　二手车鉴定评估如何建档与管理？

二手车鉴定评估工作完成后，鉴定评估机构应将鉴定评估报告和工作底稿归档管理，以便查询和积累经验与信息。归档管理工作主要包括建档、管理和拍摄车辆照片3个方面。

1. 建档

鉴定评估工作全部结束后，工作底稿单独汇编成册，归入该鉴定评估项目档案中。每辆二手车单独建立档案。

2. 管理

二手车鉴定评估机构根据有关规定建立严格的档案管理制度，包括立档、保管使用、销毁等内容。根据评估对象及有关资料的保密要求，确定适宜的建档内容、档案查阅范围和保管期限。注意保护委托方的隐私，维护委托方和本机构的商业利益。真实、全面、清晰地反映评估工作情况，特别是重大事项，明确责任。注意充分利用报告和说明书，总结积累经验，提供数据和处理模式，提高鉴定评估水平。为二手车鉴定评估管理提供扎实可信的档案资料。

二手车鉴定评估档案按项目立档，其内容主要包括二手车鉴定评估委托书、二手车鉴定评估报告、二手车鉴定作业表、工作底稿、用户确认文件。

要根据国家法律法规、有关行业管理规定和鉴定评估项目具体情况来确定档案保管期限。鉴定评估目的涉及财产纠纷的，档案须保存10年以上；其他鉴定评估项目档案保存5年以上；法律法规另有规定的从其规定。以上年限均从评估基准日算起。

3. 拍摄车辆照片

正面、后面、侧面、侧前方、侧后方、车前排座椅、车后排座椅、仪表、发动机舱等5大角度9张照片。通过这5个方位将整个车辆很好地呈现出来。

(1) 正面照　主要展示整车标识、前脸、正面美感，如图6-1-1所示。

(2) 后面照　展示车辆尾部造型、尾灯、排气管，特别是双排气管，如图6-1-2所示。

图 6-1-1　正面照

图 6-1-2　后面照

（3）侧面照　主要展示车辆侧身线条，特别是流线型、运动车型，如图 6-1-3 所示。

图 6-1-3　侧面照

（4）侧前方 45°照　右斜 45°角，停止后向左放置到底，展示左侧车身与轮胎信息，如图 6-1-4 所示。

（5）侧后方 45°角　如图 6-1-5 所示。

图 6-1-4　侧前方 45°照

图 6-1-5　侧后方 45°照

（6）前排座椅　展示车内转向盘、中控台、前排座椅、前排驾驶空间，如图 6-1-6 所示。

（7）仪表　展示仪表信息，重点是里程数，如图 6-1-7 所示。

（8）后排座椅　展示后排座椅、乘坐空间，如图 6-1-8 所示。

（9）发动机舱　展示车辆发动机舱结构、整洁度、规整度，如图 6-1-9 所示。

图6-1-6 前排座椅

图6-1-7 仪表

图6-1-8 后排座椅

图6-1-9 发动机舱

任务实施

班级		组名	
组员及任务分工	姓名	学号	组内工作任务
接受任务	完成技术鉴定后,需要为委托方提供鉴定评估报告。作为评估师,请你做一份评估报告,并为委托方讲解整个评估过程。		

信息收集	1. 二手车鉴定评估4种方法:_____、_____、_____、_____。
	2. 鉴定评估车辆的重置成本法评估值计算公式为_____。
	3. 汽车分类新标准分为_____和_____两大类。
	4. 根据我国政府有关部门颁布的《汽车报废标准》,9座以下(含9座)的私人生活用车,使用年限为( )。
	   A. 15年 B. 12年 C. 10年 D. 8年
	5. 在汽车的布置形式中,发动机前置后轮驱动可表示为( )。
	   A. RR B. FR C. FF D. RF
	6. 二手车评估报告书是反映( )和二手车评估师职业道德、职业能力水平、评估质量高低和机构内部管理机制完善程度的重要依据。
	   A. 中介机构 B. 卖方当事人 C. 买方当事人 D. 评估机构
	7. 某货车的核定最大总质量为10 t,则该货车属于( )。
	   A. 轻型货车 B. 中型货车 C. 微型货车 D. 重型货车
	8. 按照我国规定,不需要具有车辆识别代号的车辆有( )。
	   A. 挂车 B. 汽车 C. 拖拉机 D. 摩托车
	9. 二手车鉴定评估报告的作用有( )。
	   A. 为被委托的车辆提供作价意见
	   B. 二手车评估报告是建立评估档案、归集评估档案资料的重要信息来源
	   C. 对二手车评估报告审核,是管理部门完善汽车评估管理的重要手段
	   D. 明确知道车辆价值
	10. 下列属于二手车鉴定评估报告中的内容有( )。
	   A. 封面 B. 委托方与车辆所有方简介
	   C. 鉴定评估对象 D. 鉴定评估基准日
	11. 根据GB/T 30323—2013《二手车鉴定评估技术规范》,车辆技术状况评分为95分的,技术状况等级属于( )。
	   A. 一级 B. 二级 C. 三级 D. 四级
	12. 根据GB/T 30323—2013《二手车鉴定评估技术规范》,车辆技术状况评分为70分的,技术状况等级属于( );车辆技术状况评分为43分的,技术状况等级属于( )。
	   A. 一级 B. 二级 C. 三级 D. 四级
	13. 根据GB/T 30323—2013《二手车鉴定评估技术规范》,在对车身外观鉴定时,若发动机舱盖有划痕,面积小于等于100 mm×100 mm,应描述为( )。
	   A. 14HH1 B. 14BX2 C. 15HH2 D. 15BX1		

（续表）

	14. 抵押类的二手车鉴定评估报告由（　　）共同确认。 　　A. 车主和汽车经销商　　　　　B. 抵押人和银行 　　C. 拍卖企业和委托拍卖人　　　D. 买卖双方和二手车交易机构 15. 下列关于二手车鉴定评估的目的与任务的叙述不正确的是（　　）。 　　A. 确定二手车交易的成交额　　B. 协助借、贷双方实现抵押贷款 　　C. 法律诉讼咨询服务　　　　　D. 拍卖 16. 二手车鉴定服务估价是指（　　）为委托方提供二手车技术鉴定和估价的一种第三方中介服务。 　　A. 二手车经纪公司　　　　　　B. 二手车鉴定评估机构 　　C. 二手车经销公司　　　　　　D. 二手车市场 17. 如果二手车买卖合同发生争议，（　　）不属于正确的解决方式。 　　A. 仲裁　　　B. 单方处理　　　C. 协商　　　D. 诉讼 18. 在检验有效期届满后连续（　　）个机动车检验周期内未取得机动车检验合格标志的将处以报废。 　　A. 1　　　　B. 2　　　　　　C. 3　　　　　D. 4 19. 机动车号牌是准予机动车上路行驶的法定标志，其号码要与（　　）上的号牌号码完全一致。 　　A. 机动车行驶证　B. 车架号　　C. 发动机编号　　D. 车辆识别码
任务计划	制订撰写二手车鉴定评估报告并为委托人讲解计划：
任务实施	**乘用车鉴定评估报告（示范文本）** 鉴定评估机构评报字（20＿＿＿＿年）第＿＿＿＿号 一、绪言 　　＿＿＿＿＿＿（鉴定评估机构）接受＿＿＿＿＿＿的委托，根据国家有关评估及《乘用车流通管理办法》和《二手车鉴定评估技术规范》（GB/T 30323）的规定，本着客观、独立、公正、科学的原则，按照公认的评估方法，对牌号为＿＿＿＿＿＿的车辆进行了鉴定。本机构鉴定评估人员按照必要的程序，对委托鉴定评估的车辆进行了实地查勘与市场调查，并对其在＿＿＿＿年＿＿＿＿月＿＿＿＿日所表现的市场价值作出了公允反映。现将该车辆鉴定评估结果报告如下： 二、委托方信息 委托方：＿＿＿＿　委托方联系人：＿＿＿＿　联系电话：＿＿＿＿ 车主姓名/名称：＿＿＿＿（填写机动车登记证书所示的名称）＿＿＿＿ 三、鉴定评估基准日＿＿＿＿年＿＿＿＿月＿＿＿＿日 四、鉴定评估车辆信息 厂牌型号：＿＿＿＿　　　　　牌照号码：＿＿＿＿　　发动机号：＿＿＿＿ 车辆VIN码：＿＿＿＿　　　　车身颜色：＿＿＿＿　　表显里程：＿＿＿＿ 初次登记日期：＿＿＿＿　　　年审检验合格至：＿＿＿＿年＿＿＿＿月 交强险截止日期：＿＿＿＿年＿＿＿＿月　车船税截止日期：＿＿＿＿年＿＿＿＿月 是否查封、抵押车辆：□是　□否　车辆购置税（费）证：□有　□无 机动车登记证书：　□有　□无　机动车行驶证：　□有　□无 未接受处理的交通违法记录：□有　□无 使用性质：□公务用车　□家庭用车　□营运用车　□出租车　□其他： 五、事故车、泡水车和火烧车判定描述

（续表）

六、车辆技术工况描述

重要配置及参数信息：

技术工况鉴定等级：_____ 等级描述：_____

七、价值评估
价值估算方法：□现行市价法　□重置成本法　□其他

价值估算结果：车辆鉴定评估价值为人民币_____元，金额大写：_____

八、特别事项说明[1]

九、鉴定评估报告法律效力
本鉴定评估结果可以作为作价参考依据。本项鉴定评估结论有效期为90天，自鉴定评估基准日至_____年_____月_____日止。

十、声明
1. 本鉴定评估机构对该鉴定评估报告承担法律责任。
2. 本报告所提供的车辆评估价值为评估基准日的价值。
3. 该鉴定评估报告的使用权归委托方所有，其鉴定评估结论仅供委托方为本项目鉴定评估目的使用和送交机动车鉴定评估主管机关审查使用，不适用于其他目的。否则，本鉴定评估机构不承担相应法律责任；因使用本报告不当而产生的任何后果与签署本报告书的鉴定评估人员无关。
4. 本鉴定评估机构承诺，未经委托方许可，不向他人提供或公开本报告的内容，否则本鉴定评估机构将承担相应法律责任。

附件：
1. 乘用车鉴定评估委托书
2. 乘用车技术状况鉴定作业表
3. 车辆行驶证、机动车登记证书复印件
4. 被鉴定评估乘用车照片（要求外观清晰，车辆牌照能够辨认）

鉴定评估师（签字、盖章）　　　　　　　　复核人[2]（签字、盖章）
　　　　　　　　　　　　　　　　　　　　（机动车鉴定评估机构盖章）
_____年_____月_____日　　　　　　_____年_____月_____日

[1] 特别事项是指在已确定鉴定评估结果的前提下，鉴定评估人员认为需要说明在鉴定过程中已发现可能影响鉴定评估结论，但非鉴定评估人员执业水平和能力所能鉴定评定估算的有关事项以及其他问题。
[2] 复核人是指具有高级机动车鉴定评估师资格的人员。
备注：
1. 本报告书和作业表一式三份，委托方二份，受托方一份；
2. 鉴定评估基准日即为《乘用车鉴定评估委托书》签订的日期。

(续表)

	评分标准	好	一般	有待改良
评价标准	实训准备（10分）	小组分工明确，能够事先精心准备任务内容	能够做必要的准备，但不够充分	分工不够明确，事先无准备
	知识运用（10分）	能够熟练、自如地运用所学知识进行分析，且分析卓有成效	小组讨论认真，所学知识运用得不是很准确，个别组员不积极	不能运用所学知识分析实际问题
	成果质量（10分）	能够准确检查，描述正确	能够准确检查，描述基本正确	未在规定时间完成检查
	学习态度（10分）	热情高，干劲足，态度认真，能够出色地完成任务	有一定热情，基本能够完成任务	敷衍了事，不能完成任务
任务评价	教师评语：（根据工作单填写情况、语言表达、态度及沟通技巧等方面，按等级制给出成绩） 实训记录成绩： 　　　　　　　　　　　　　　　　　　　　教师签字： 　　　　　　　　　　　　　　　　　　　　　　　　　日　　期：			

附　　录

乘用车鉴定评估作业表（示范文本）

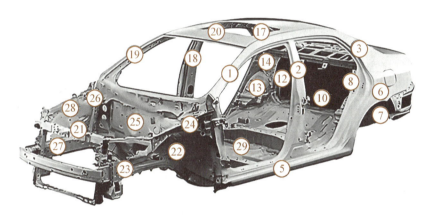

无 D 柱车型

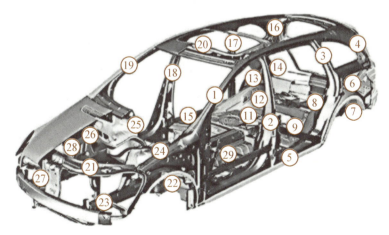

有 D 柱车型

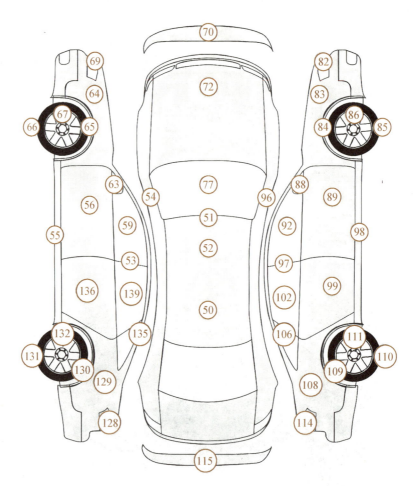

	厂牌与型号		产地		车牌号	
汽车基本信息	车架号(VIN)		汽缸排列方式/数		车身颜色	
	发动机号		排量/L		表显里程/km	
	燃料类别		燃料标号		发动机功率/kW	
	变速器形式		动力方式		车身厢式	
	质保有效期		驱动方式		车辆使用性质	
	行驶证		年检有效期		购置税证	
	登记证		初次登记日期		车船税有效期	
	商业车险有效期		交强险有效期		过户记录	
	发动机更换记录				车架更换记录	
	车主名称				证件号码	
车辆基本状况判定	事故车 □是 □否				损伤位置及损伤参数描述	
	泡水车 □是 □否					
	火烧车 □是 □否					

002

(续表)

事故车判定表							
部件代码	部件名称	缺陷项					
1	左A柱内侧	变形	钣金	褶皱	烧焊	切割	扭曲
2	左B柱内侧	变形	钣金	褶皱	烧焊	切割	扭曲
3	左C柱内侧	变形	钣金	褶皱	烧焊	切割	扭曲
4	左D柱内侧	变形	钣金	褶皱	烧焊	切割	扭曲
5	左底边梁	变形	钣金	褶皱	烧焊	切割	扭曲
6	左后翼子板	切割					
7	左后翼子板内骨架	切割					
8	左后减振器座	变形	钣金	褶皱	烧焊	切割	扭曲
9	左后纵梁	变形	钣金	褶皱	烧焊	切割	扭曲
10	后围板	切割					
11	右后纵梁	变形	钣金	褶皱	烧焊	切割	扭曲
12	右后减振器座	变形	钣金	褶皱	烧焊	切割	扭曲
13	右后翼子板内骨架	切割					
14	右后翼子板	切割					
15	右底边梁	变形	钣金	褶皱	烧焊	切割	扭曲
16	右D柱内侧	变形	钣金	褶皱	烧焊	切割	扭曲
17	右C柱内侧	变形	钣金	褶皱	烧焊	切割	扭曲
18	右B柱内侧	变形	钣金	褶皱	烧焊	切割	扭曲
19	右A柱内侧	变形	钣金	褶皱	烧焊	切割	扭曲
20	车顶	切割					
21	不可拆水箱框架	切割	烧焊				
22	左前翼子板内骨架	切割	钣金	烧焊			
23	左前纵梁	变形	钣金	褶皱	烧焊	切割	扭曲
24	左前减振器座	变形	钣金	褶皱	烧焊	切割	扭曲
25	前围板	变形	钣金	褶皱	烧焊	切割	扭曲
26	右前减振器座	变形	钣金	褶皱	烧焊	切割	扭曲
27	右前纵梁	变形	钣金	褶皱	烧焊	切割	扭曲
28	右前翼子板内骨架	切割	钣金	烧焊			
29	车身底板	切割	烧焊				

(续表)

车损等级判定表

部件代码	部件名称	部件分类	划痕	凹陷	锈蚀	裂纹	破损	色差	修复痕迹	变形	扭曲	褶皱	钣金	烧焊	切割
1	左A柱内侧	结构件								D	D	D	D	D	D
2	左B柱内侧	结构件								D	D	D	D	D	D
3	左C柱内侧	结构件								D	D	D	D	D	D
4	左D柱内侧	结构件								D	D	D	D	D	D
19	右A柱内侧	结构件								D	D	D	D	D	D
18	右B柱内侧	结构件								D	D	D	D	D	D
17	右C柱内侧	结构件								D	D	D	D	D	D
16	右D柱内侧	结构件								D	D	D	D	D	D
23	左前纵梁	结构件								D	D	D	D	D	D
27	右前纵梁	结构件								D	D	D	D	D	D
9	左后纵梁	结构件								D	D	D	D	D	D
11	右后纵梁	结构件								D	D	D	D	D	D
24	左前减振器座	结构件								D	D	D	D	D	D
26	右前减振器座	结构件								D	D	D	D	D	D
8	左后减振器座	结构件								D	D	D	D	D	D
12	右后减振器座	结构件								D	D	D	D	D	D
25	前围板	结构件								D	D	D	D	D	D
29	车身底板	结构件								D	D	D	D	D	D
21	不可拆水箱框架	加强件								C	C	C	C	C	D
22	左前翼子板内骨架	加强件								C	C	C	C	C	D
28	右前翼子板内骨架	加强件								C	C	C	C	C	D
7	左后翼子板内骨架	加强件								C	C	C	C	C	D
13	右后翼子板内骨架	加强件								C	C	C	C	C	D
10	后围板	加强件								C	C	C	C	C	D
5	左底边梁	加强件								D	D	D	D	D	D
15	右底边梁	加强件								D	D	D	D	D	D
20	车顶	加强件	B	B	B	B	B	B		C	C	C	C	C	D
6	左后翼子板	加强件	B	B	B	B	B	B							D

附录

（续表）

车损等级判定表

部件代码	部件名称	部件分类	缺陷描述											
			划痕	凹陷	锈蚀	裂纹	破损	色差	修复痕迹	变形	扭曲	褶皱	钣金	烧焊	切割
14	右后翼子板	加强件	B	B	B	B	B	B	B						D
64	左前翼子板	外观件	B	B	B	B	B	B	B						
83	右前翼子板	外观件	B	B	B	B	B	B	B						
70	前保险杠	外观件	B	B	B	B	B	B	B						
115	后保险杠	外观件	B	B	B	B	B	B	B						
54	左A柱外侧	外观件	B	B	B	B	B	B	B						
53	左B柱外侧	外观件	B	B	B	B	B	B	B						
135	左C柱外侧	外观件	B	B	B	B	B	B	B						
134	左D柱外侧	外观件	B	B	B	B	B	B	B						
96	右A柱外侧	外观件	B	B	B	B	B	B	B						
97	右B柱外侧	外观件	B	B	B	B	B	B	B						
106	右C柱外侧	外观件	B	B	B	B	B	B	B						
107	右D柱外侧	外观件	B	B	B	B	B	B	B						
56	左前车门	外观件	B	B	B	B	B	B	B						
136	左后车门	外观件	B	B	B	B	B	B	B						
89	右前车门	外观件	B	B	B	B	B	B	B						
99	右后车门	外观件	B	B	B	B	B	B	B						
72	前机舱盖	外观件	B	B	B	B	B	B	B						
117	后备箱盖/尾门	外观件	B	B	B	B	B	B	B						
55	左底边梁外侧	外观件	B	B	B	B	B	B	B						
98	右底边梁外侧	外观件	B	B	B	B	B	B	B						

事故车部位代码表

部件代码	部件名称	部件缺陷	部件代码	部件名称	部件缺陷
1	左A柱内侧		6	左后翼子板	
2	左B柱内侧		7	左后翼子板内骨架	
3	左C柱内侧		8	左后减振器座	
4	左D柱内侧		9	左后纵梁	
5	左底边梁		10	后围板	

（续表）

事故车部位代码表					
部件代码	部件名称	部件缺陷	部件代码	部件名称	部件缺陷
11	右后纵梁		21	不可拆水箱框架	
12	右后减振器座		22	左前翼子板内骨架	
13	右后翼子板内骨架		23	左前纵梁	
14	右后翼子板		24	左前减振器座	
15	右底边梁		25	前围板	
16	右D柱内侧		26	右前减振器座	
17	右C柱内侧		27	右前纵梁	
18	右B柱内侧		28	右前翼子板内骨架	
19	右A柱内侧		29	车身底板	
20	车顶				
代表字母	BX	NQ	QG	SH	ZZ	BJ
部件缺陷	变形	扭曲	切割	烧焊	褶皱	钣金
缺陷描述						
事故判定			□事故车	□正常		
泡水车部位代码表						
30	车内地毯		37	后备箱底板	
31	乘客/驾驶舱地板线束及接口		38	驾驶室内熔丝盒	
32	座椅滑轨		39	发动机舱熔丝盒	
33	座椅坐垫下方		40	空调出风口	
34	转向柱		41	发动机线束及接口	
35	点烟器底座		42	车顶棚	
36	安全带				
代表字母	PSXS	PSNS	PSSZ	PSMB	PSXF
部件缺陷	泡水锈蚀	泡水泥沙	泡水水渍	泡水霉斑	泡水修复
缺陷描述					
泡水判定			□泡水车	□正常	
火烧车部位代码表					
43	发动机舱盖隔音棉		46	机舱内管路	
44	防火墙隔音棉		47	仪表台及内饰	
45	机舱内线束		48	车身底板	

(续表)

火烧车部位代码表						
49	后备箱底板					
代表字母	HSXH			HSZK		
部件缺陷	火烧熏黑炭化			火烧炙烤熔化		
缺陷描述						
火烧判定		□火烧车 □正常				

车身外部件代码对应表										
部件代码	部件名称	部件缺陷	扣分			部件代码	部件名称	部件缺陷	扣分		
			一级	二级	三级				一级	二级	三级
50	车顶		2	3	4	73	前机舱盖锁止开关		0.5	0.5	0.5
51	车顶密封条		0.5	0.5	0.5	74	前机舱盖铰链		0.5	0.5	0.5
52	天窗		1	1.5	2	75	前机舱盖密封条		0.5	0.5	0.5
53	左B柱外侧		0.5	1	1.5	76	前机舱盖支撑杆		0.5	0.5	0.5
54	左A柱外侧		1	1.5	2	77	前风窗玻璃		0.5	1	1.5
55	左侧底边梁		1	1.5	2	78	前风窗玻璃密封条/密封胶		0.5	0.5	0.5
56	左前车门		0.5	1	1.5						
57	左前车门外拉手		0.5	0.5	0.5	79	前刮水器片		0.5	0.5	0.5
58	左前门锁		0.5	0.5	0.5	80	前刮水器摆臂		0.5	0.5	0.5
59	左前车窗玻璃		0.5	0.5	0.5	81	直流充电接口及护盖		0.5	0.5	0.5
60	左前车窗玻璃密封条		0.5	0.5	0.5						
						82	右前大灯		0.5	0.5	0.5
61	左前车门密封条		0.5	0.5	0.5	83	右前翼子板		0.5	1	1.5
62	左前车门铰链		0.5	0.5	0.5	84	右前翼子板内衬		0.5	0.5	0.5
63	左后视镜		0.5	0.5	0.5	85	右前轮胎		0.5	0.5	0.5
64	左前翼子板		0.5	1	1.5	86	右前轮辋		0.5	0.5	0.5
65	左前翼子板内衬		0.5	0.5	0.5	87	右前轮毂罩		0.5	0.5	0.5
66	左前轮胎		0.5	0.5	0.5	88	右后视镜		0.5	0.5	0.5
67	左前轮辋		0.5	0.5	0.5	89	右前车门		0.5	1	1.5
68	左前轮毂罩		0.5	0.5	0.5	90	右前车门外拉手		0.5	0.5	0.5
69	左前大灯		0.5	0.5	0.5	91	右前门锁		0.5	0.5	0.5
70	前保险杠		0.5	1	1.5	92	右前车窗玻璃		0.5	0.5	0.5
71	前车标		0.5	0.5	0.5	93	右前车窗玻璃密封条		0.5	0.5	0.5
72	前机舱盖		0.5	1	1.5						

(续表)

部件代码	部件名称	部件缺陷	扣分 一级	扣分 二级	扣分 三级	部件代码	部件名称	部件缺陷	扣分 一级	扣分 二级	扣分 三级
							车身外部件代码对应表				
94	右前车门密封条		0.5	0.5	0.5	120	后备箱盖/尾门外拉手		0.5	0.5	0.5
95	右前车门铰链		0.5	0.5	0.5						
96	右A柱外侧		1	1.5	2	121	后备箱盖/尾门锁		0.5	0.5	0.5
97	右B柱外侧		0.5	1	1.5	122	后风窗玻璃		0.5	1	1.5
98	右侧底边梁		1	1.5	2	123	后风窗玻璃密封条/密封胶		0.5	0.5	0.5
99	右后车门		0.5	1	1.5						
100	右后车门外拉手		0.5	0.5	0.5	124	后刮水器片		0.5	0.5	0.5
101	右后门锁		0.5	0.5	0.5	125	后刮水器摆臂		0.5	0.5	0.5
102	右后车窗玻璃					126	备胎支架				
103	右后车窗玻璃密封条		0.5	0.5	0.5	127	备胎罩		0.5	0.5	0.5
						128	左后尾灯		0.5	0.5	0.5
104	右后车门密封条		0.5	0.5	0.5	129	左后翼子板		0.5	1	1.5
105	右后车门铰链		0.5	0.5	0.5	130	左后翼子板内衬		0.5	1	1.5
106	右C柱外侧		0.5	1	1.5	131	左后轮胎		0.5	0.5	0.5
107	右D柱外侧		0.5	1	1.5	132	左后轮辋		0.5	0.5	0.5
108	右后翼子板		0.5	1	1.5	133	左后轮毂罩		0.5	0.5	0.5
109	右后翼子板内衬		0.5	1	1.5	134	左D柱外侧		0.5	1	1.5
110	右后轮胎		1	1	1	135	左C柱外侧		0.5	1	1.5
111	右后轮辋		0.5	0.5	0.5	136	左后车门		0.5	1	1.5
112	右后轮毂罩		0.5	0.5	0.5	137	左后车门外拉手		0.5	0.5	0.5
113	交流充电接口及护盖		0.5	0.5	0.5	138	左后门锁		0.5	0.5	0.5
						139	左后车窗玻璃		0.5	0.5	0.5
114	右后尾灯		1	1	1	140	左后车窗玻璃密封条		0.5	0.5	0.5
115	后保险杠		0.5	1	1.5	141	左后车门密封条		0.5	0.5	0.5
116	后车标		0.5	0.5	0.5	142	左后车门铰链		0.5	0.5	0.5
117	后备箱盖/尾门		0.5	1	1.5	143	其他(只描述缺陷,不扣分)				
119	后备箱盖密封条		0.5	0.5	0.5						
代表字母	HH	BX		XS		LW		PS	SC		XF
缺陷描述	划痕	变形		锈蚀		裂纹		破损	色差		修复痕迹

(续表)

发动机舱检查			
部件代码	部件名称	部件缺陷	扣分
144	可拆水箱框架破损	是/否	5
145	前防撞梁变形修复或更换	是/否	4
146	缸盖外机油滴漏	是/否	2
147	机油冷却液混入	是/否	5
148	油管、水管老化,有裂痕	是/否	1
149	发动机皮带老化	是/否	0.5
150	线束老化、破损	是/否	1
151	蓄电池电极桩柱腐蚀	是/否	1
152	蓄电池电解液渗漏、缺少	是/否	0.5
缺陷描述	是(Y),否(N)		

驾驶舱检查			
部件代码	部件名称	部件缺陷	扣分
153	车内后视镜、座椅破损,功能异常	是/否	3
154	车内杂乱,有异味	是/否	0.5
155	仪表台划痕,配件缺失	是/否	3
156	储物盒裂痕,配件缺失	是/否	2
157	排挡把手柄及护罩破损	是/否	1
158	门窗密封条老化	是/否	0.5
159	车顶及周边内饰板破损、松动,有裂缝和污迹	是/否	0.5
160	安全带及固定装置结构不完整,功能异常	是/否	3
161	方向盘自由行程转角大于15°	是/否	0.5
162	驻车制动系统不灵活	是/否	2
163	左、右后视镜折叠装置工作异常	是/否	2
164	玻璃窗升降器、门窗工作异常	是/否	1
165	天窗移动不灵活,关闭异常	是/否	1
166	音响按键、触摸屏幕功能工作异常	是/否	2
167	后备箱内饰破损、杂乱,有异味	是/否	0.5
168	其他		
缺陷描述	是(Y),否(N)		

(续表)

启动检查			
部件代码	部件名称	部件缺陷	扣分
169	车辆启动不顺畅(时间大于5 s)	是/否	3
170	仪表板指示灯显异常,出现故障报警	是/否	3
171	各类灯光和调节功能异常	是/否	1
172	泊车辅助系统工作异常	是/否	1
173	制动防抱死系统(ABS)工作异常	是/否	1
174	空调系统风量、方向调节、分区控制、自动控制、制冷工作异常	是/否	1
175	发动机在冷、热车条件下怠速运转不稳定	是/否	1
176	怠速运转时发动机异响,空挡状态下逐渐增加发动机转速,发动机声音过渡异响	是/否	5
177	车辆排气异常	是/否	4
178	其他		
缺陷描述	是(Y),否(N)		

底盘检查			
部件代码	部件名称	部件缺陷	扣分
179	发动机油底壳是否滴漏	是/否	3
180	排气管和底盘护板是否破损	是/否	3
181	变速器壳体是否滴漏	是/否	2
182	分动器、差速器是否渗漏	是/否	2
183	传动轴十字轴是否松旷	是/否	1
184	上下摆臂是否异常	是/否	1
185	减振器是否滴漏	是/否	1
186	减振弹簧是否损坏	是/否	1
187	转向拉杆是否松旷	是/否	1
188	元宝梁有无破损、松动、断裂、更换痕迹	是/否	1
189	后防撞梁是否变形修复更换	是/否	2
190	其他		
缺陷描述	是(Y),否(N)		

(续表)

功能检测		
部件代码	部件名称	部件缺陷
191	前后雨刮器片缺失或损坏	是/否
192	发动机舱盖锁异常	是/否
193	发动机舱盖支撑杆异常	是/否
194	各车门锁异常	是/否
195	立柱密封胶条异常	是/否
196	电动侧滑门异常	是/否
197	后尾门/后备箱盖支撑杆异常	是/否
198	电动尾门异常	是/否
199	车内后视镜异常	是/否
200	座椅调节、加热和通风异常	是/否
201	换挡杆(旋钮)外观及功能异常	是/否
202	仪表板出风管道异常	是/否
203	中央集控异常	是/否
204	备胎或轮胎修补套件缺失	是/否
205	千斤顶缺失	是/否
206	轮胎扳手及随车工具缺失	是/否
207	三角警示牌缺失	是/否
208	灭火器缺失	是/否
209	全套钥匙不全	是/否
210	遥控器及功能异常	是/否
211	喇叭高低音色异常	是/否
212	玻璃加热功能异常	是/否
213	AI语音功能异常	是/否
214	智能互联网功能异常	是/否
215	底盘升降功能异常	是/否
缺陷描述	是(Y),否(N)	

路试检查			
部件代码	部件名称	部件缺陷	扣分
216	车辆启动前踩下制动踏板,保持5~10 s,踏板有向下移动的现象	是/否	3
217	踩住制动踏板启动发动机,踏板有向下移动现象	是/否	3

(续表)

路试检查			
部件代码	部件名称	部件缺陷	扣分
218	行车制动系未在踏板全行程的 4/5 内达到最大制动效能	是/否	2
219	发动机运转、加速异常	是/否	4
220	离合器工作异常	是/否	1
221	变速箱工作异响	是/否	5
222	行驶过程中车辆底盘部位异响	是/否	4
223	行驶跑偏	是/否	1
224	行驶过程中车辆转向部位异响	是/否	3
225	制动系统工作异常、制动跑偏	是/否	1
226	启停功能异常	是/否	2
227	其他		
缺陷描述	是(Y),否(N)		

鉴定评估师(签名/章)：_____

鉴定单位：_____

附 录

乘用车技术状况表（示范文本）

车辆基本信息	厂牌型号				牌照号码		
	发动机号				VIN 码		
	初次登记日期	年　　月　　日			表显里程		万公里
	品牌名称		□国产 □进口		车身颜色		
	年检证明	□有（至＿＿年＿＿月）□无			购置税证书	□有　□无	
	车船税证明	□有（至＿＿年＿＿月）□无			交强险	□有（至＿＿年＿＿月）□无	
	使用性质	□营运用车　□出租车　□公务用车　□家庭用车　□其他					
	其他法定凭证、证明	□机动车号牌　□机动车行驶证　□机动车登记证书　□第三者强制保险单　□其他					
	车主名称/姓名				企业法人证书代码/身份证号码		
重要参数/配置	燃料标号			排量		缸数	
	发动机功率			排放标准		变速器形式	
	驱动方式	□两驱 □四驱		ABS	□有 □无	气囊	
	其他重要配置						
事故车	□是　□否	损伤位置及损伤状况					
泡水车	□是　□否	损伤位置及损伤状况					
火烧车	□是　□否	损伤位置及损伤状况					
鉴定结果	分值				车损等级		
车辆技术状况鉴定缺陷描述	鉴定科目	鉴定结果（得分）			缺陷描述		
	车身检查						
	发动机检查						
	车内检查						
	启动检查						
	路试检查						
	底盘检查						

声明：本乘用车技术状况表所体现的鉴定结果仅为鉴定日期当日被鉴定车辆的技术状况表现与描述，若在当日内被鉴定车辆的市场价值或因交通事故等原因导致车辆的价值发生变化，对车辆鉴定结果产生明显影响时，本技术工况鉴定说明书不作为参考依据。

鉴定评估师(姓名与注册号码)：
鉴定单位:(盖章)　　　　　　　　　　　　鉴定日期：　　年　　月　　日

乘用车鉴定评估委托书(示范文本)

委托书编号：_____

委托方名称：_____　证件名称/号码：_____
委托方地址：_____　邮政编码：_____
手机：_____　电话：_____　邮箱：_____
微信：_____

受委托方名称：_____　证件名称/号码：_____
受委托方地址：_____　邮政编码：_____
手机：_____　电话：_____　公司官网：_____
微信公众号：_____

因　□交易　□典当　□拍卖(起拍价)　□置换　□抵押　□担保　□咨询　□其他委托人与受托人达成委托关系，就《乘用车鉴定评估作业表》中所列车辆进行技术工况检测鉴定评估，具体需求是：
□事故/泡水/火烧车判断　□整车价格评估　□整车检测评估
委托方特殊需求：_____
收款信息：
收款单位名称：_____
开户银行：_____　账号：_____
检测鉴定评估与认证费金额(元/台)：
(含税)(大写)_____元整,(小写)_____(元整)。
劳务费(元/台次)(含税)：
(大写)_____元整,(小写)_____(元整)。
付款时间：____年____月____日

声明：
1. 委托方提供的信息(包括但不限于车辆及车主信息、委托人信息)，应当保证真实性。
2. 受托方系依法成立的机动车辆鉴定评估机构，就所出具的《乘用车技术工况检测质量认证书》承担相应的法律责任。

3. 委托方委托检测鉴定之日为委托基准日,受托方仅对委托基准日车况进行检测鉴定。委托人如有特殊需求,应在委托书中具体说明。

4. 检测鉴定参考借鉴:《中华人民共和国产品质量法》《中华人民共和国消费者权益保护法》《缺陷汽车产品召回管理条例》《家用汽车产品修理、更换、退货责任规定》《机动车运行安全技术条件》《二手车鉴定评估技术规范》等法律法规、行业规范。

5. 本次出具的《乘用车鉴定评估委托书》仅包含汽车生产厂家初始标准的基本信息、委托方委托的事故/泡水/火烧车判断、整车价格评估、整车检测认证项目的技术状况描述,不包含具体的分析过程。

6. 本次出具的《乘用车鉴定评估委托书》仅对本次委托有效且不具他用。

7. 受托方指派的技术人员与本次检测鉴定评估与质量认证无利害关系。

8. 以受托方检测站为起点往返超过_____km(_____km 以内),委托方支付_____元/台次劳务费;超过_____km,委托方支付往来交通费外,还需另外支付劳务费。

9. 委托方对《乘用车鉴定评估委托书》的检测结论有异议的,可以自收到该认证书之日起_____日内申请复检。

备注:若复检结果与原结论一致,委托方应当按照首检定价再行支付一次费用;若复检结果与原结论存在本质差异,受托方不再收取工费。

10. 委托方应当自签订本委托书之日起_____日内向受托方支付本次检测鉴定评估与质量认证费用,受托方于双方约定日期开展检测鉴定工作。

附件:

序号	车主姓名	车牌号	17位车架号(VIN)	发动机号	车辆品牌	车系	车辆使用性质	初次登记日期	表显里程/km	所在地
001										

乘用车鉴定评估基本信息表

委托方:　　　　　　　　　　　　　受委托方:
(签字/章)　　　　　　　　　　　　(签字/章)
　　年　　月　　日　　　　　　　　　　年　　月　　日

乘用车鉴定评估报告(示范文本)

××××鉴定评估机构评报字(20　　年)第××号

一、绪言

_____(鉴定评估机构)接受_____的委托,根据国家《乘用车流通管理办法》和《二手车鉴定评估技术规范》(GB/T 30323)及其他有关评估的规定,本着客观、独立、公正、科学

的原则,按照公认的评估方法,对牌号为_____的车辆进行了鉴定。本机构鉴定评估人员按照必要的程序,对委托鉴定评估的车辆进行了实地查勘与市场调查,并对其在_____年_____月_____日所表现的市场价值作出了公允反映。现将该车辆鉴定评估结果报告如下。

二、委托方信息

委托方:_____ 委托方联系人:_____ 联系电话:_____ 车主姓名/名称:(填写机动车登记证书所示的名称)

三、鉴定评估基准日　_____年_____月_____日

四、鉴定评估车辆信息

厂牌型号:_____　牌照号码:_____

发动机号:_____　车辆VIN码:_____

车身颜色:_____　表显里程:_____　初次登记日期:_____

年审检验合格至:_____年_____月　交强险截止日期:_____年_____月

车船税截止日期:_____年_____月

是否查封、抵押车辆:□是　□否　车辆购置税(费)证:□有　□无

机动车登记证书:　□有　□无　机动车行驶证:　□有　□无

未接受处理的交通违法记录:□有　□无

使用性质:□公务用车　□家庭用车　□营运用车　□出租车　□其他:_____

五、事故车、泡水车和火烧车判定描述

_____

六、车辆技术工况描述

_____

重要配置及参数信息:_____

技术工况鉴定等级:_____　等级描述:_____

七、价值评估

价值估算方法:□现行市价法　□重置成本法　□其他:_____

价值估算结果:车辆鉴定评估价值为人民币_____元,金额大写_____

八、特别事项说明[1]

九、鉴定评估报告法律效力

本鉴定评估结果可以作为作价参考依据。本项鉴定评估结论有效期为90天,自鉴定评估基准日至_____年_____月_____日止。

十、声明

(1)本鉴定评估机构对该鉴定评估报告承担法律责任。

(2)本报告所提供的车辆评估价值为评估基准日的价值。

(3)该鉴定评估报告的使用权归委托方所有,其鉴定评估结论仅供委托方为本项目鉴定评估目的使用和送交机动车鉴定评估主管机关审查使用,不适用于其他目的,否则本鉴定评估机构不承担相应法律责任;因使用本报告不当而产生的任何后果与签署本报告书的鉴定评估人员无关。

(4)本鉴定评估机构承诺,未经委托方许可,不将本报告的内容向他人提供或公开,否

则本鉴定评估机构将承担相应法律责任。

附件：
1. 乘用车鉴定评估委托书
2. 乘用车技术状况鉴定作业表
3. 车辆行驶证、机动车登记证书复印件
4. 被鉴定评估乘用车照片（要求外观清晰，车辆牌照能够辨认）

鉴定评估师（签字、盖章）　　　　　　复核人[2]（签字、盖章）
　年　　月　　日　　　　　　　　　（机动车鉴定评估机构盖章）
　　　　　　　　　　　　　　　　　　　年　　月　　日

[1] 特别事项是指在已确定鉴定评估结果的前提下，鉴定评估人员认为需要说明在鉴定过程中已发现可能影响鉴定评估结论，但非鉴定评估人员执业水平和能力所能鉴定评定估算的有关事项以及其他问题。

[2] 复核人是指具有高级机动车鉴定评估师资格的人员。

备注：
1. 本报告书和作业表一式三份，委托方二份，受托方一份。
2. 鉴定评估基准日即为《乘用车鉴定评估委托书》签订的日期。

新能源纯电动二手车鉴定评估作业表（示范文本）

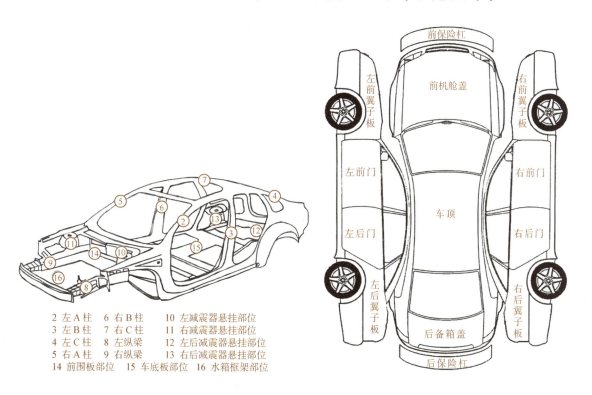

2 左A柱　　6 右B柱　　10 左减震器悬挂部位
3 左B柱　　7 右C柱　　11 右减震器悬挂部位
4 左C柱　　8 左纵梁　　12 左后减震器悬挂部位
5 右A柱　　9 右纵梁　　13 右后减震器悬挂部位
14 前围板部位　15 车底板部位　16 水箱框架部位

流水号：				鉴定评估日：	年 月 日	
品牌型号			行驶里程	表显		km
号牌号码				推定		km
VIN码			车身颜色			
电动机号			车主姓名/名称			
电池类型			电池额定电量			
使用性质		□营运用车 □出租车 □公务用车 □家庭用车 □其他				
车辆生产厂家						
法人代码/身份证号码			注册日期	年 月 日		
			发证日期	年 月 日		
年检证明	□有(至 年 月) □无		车船税证明	□有(至 年 月) □无		
交强险	□有(至 年 月) □无		购置税证书	□有 □无		
其他法定凭证/证书		□号牌号码 □行驶证 □登记证书 □保签单 □其他				
是否为事故车		□否 □是	损伤位置及损伤状况			
车辆主要技术缺陷描述						
总得分						
估价方法						
参考价值						
评估师(签章)						
评估师证号						
审核人(签章)						
二手车鉴定评估结论				评估单位名称(盖章)		

序号		车体骨架检查(17项)				
1		车体左右对称性				
2	左A柱		10	左前减振器悬挂部位		
3	左B柱		11	右前减振器悬挂部位		
4	左C柱		12	左后减振器悬挂部位		
5	右A柱		13	右后减振器悬挂部位		
6	右B柱		14	前围板部位		
7	右C柱		15	车底板部位		
8	左前纵梁		16	水箱框架部位(非拆卸式)		
9	右前纵梁		17	其他(只描述缺陷,不扣分)		
代表字母	BX	NQ		GH	SH	ZZ

(续表)

缺陷描述	变形	扭曲	更换	烧焊	褶皱
车体骨架缺陷描述					
事故判定			□事故车	□正常车	

序号	车身外观检查（89项）	扣分	缺陷描述	序号	车身外观检查（89项）	扣分
18	车顶			46	右前门锁	
19	车顶密封条			47	左后门锁	
20	天窗			48	右后门锁	
21	左侧底大边		划痕　HH	49	左前车门密封条	
22	右侧底大边		变形　BX	50	右前车门密封条	
23	左A柱		锈蚀　XS	51	左后车门密封条	
24	右A柱		裂纹　LW	52	右后车门密封条	
25	左B柱		凹陷　AX	53	左前车窗玻璃密封条	
26	右B柱		修复痕迹　XF	54	右前车窗玻璃密封条	
27	左C柱			55	左后车窗玻璃密封条	
28	右C柱			56	右后车窗玻璃密封条	
29	左前翼子板		缺陷程度	57	左前车门外拉手	
30	右前翼子板			58	右前车门外拉手	
31	左后翼子板			59	左后车门外拉手	
32	右后翼子板			60	右后车门外拉手	
33	左前翼子板内衬			61	左前车门铰链	
34	右前翼子板内衬			62	右前车门铰链	
35	左后翼子板内衬		1. 面积≤100 mm×100 mm；	63	左后车门铰链	
36	右后翼子板内衬		2. 100 mm×100 mm＜面积≤200 mm×300 mm；	64	右后车门铰链	
37	左前车门			65	左前减振器支撑座	
38	右前车门		3. 面积＞200 mm×300 mm；	66	右前减振器支撑座	
39	左后车门		4. 轮胎花纹深度＜1.6 mm	67	左后减振器支撑座	
40	右后车门			68	右后减振器支撑座	
41	左前车窗玻璃			69	前风窗玻璃	
42	右前车窗玻璃			70	后风窗玻璃	
43	左后车窗玻璃			71	前风窗玻璃密封条	
44	右后车窗玻璃			72	后风窗玻璃密封条	
45	左前门锁			73	前雨刷片	

(续表)

序号	车身外观检查 (89项)	扣分	缺陷描述	序号	车身外观检查 (89项)	扣分
74	后雨刷片		划痕　HH 变形　BX 锈蚀　XS 裂纹　LW 凹陷　AX 修复痕迹　XF	91	右后视镜	
75	前雨刷器摆臂			92	左前轮毂	
76	后雨刷器摆臂			93	右前轮毂	
77	前保险杠			94	左后轮毂	
78	后保险杠			95	右后轮毂	
79	车标			96	左前轮毂罩	
80	前机舱盖		缺陷程度	97	右前轮毂罩	
81	前机舱盖锁止开关			98	左后轮毂罩	
82	前机舱盖铰链			99	右后轮毂罩	
83	前机舱盖密封条		1. 面积≤100 mm×100 mm； 2. 100 mm×100 mm<面积≤200 mm×300 mm； 3. 面积＞200 mm×300 mm； 4. 轮胎花纹深度＜1.6 mm	100	左前轮胎	
84	前机舱盖支撑杆			101	右前轮胎	
85	后备箱盖			102	左后轮胎	
86	后备箱盖铰链			103	右后轮胎	
87	后备箱密封条			104	备胎支架	
88	后备箱锁			105	充电接口及护盖	
89	后备箱外拉手			106	其他(只描述缺陷,不扣分)	
90	左后视镜					
小计						

序号	电池系统外观检查(12项)			扣分
107	电池铭牌与出厂的基本数据一致	是	否	
108	无起火痕迹	是	否	
109	无腐蚀痕迹	是	否	
110	无浸水痕迹	是	否	
111	电池箱是原厂配件	是	否	
112	电池箱固定件无松动、破损	是	否	
113	电池冷却系统无渗漏、损坏	是	否	
114	电池系统插接件无异常(松动、脱落、变形、腐蚀)	是	否	
115	直流充电插座无异常(松动、脱落、变形、腐蚀)	是	否	
116	交流充电插座无异常(松动、脱落、变形、腐蚀)	是	否	
117	电池高低压线束及防护无破损腐蚀	是	否	

(续表)

序号	电池系统外观检查(12项)	扣分
118	其他(只描述缺陷,不扣分)	
小计		

序号	电池系统综合性能评价(6项)	分值
119	电量(容量)可用状态(E_s/C_s)	
120	日均使用时间系数(L_1)	
121	次均充电SOC系数(L_2)	
122	快慢充比系数(L_3)	
123	运行温度超过10~45℃的频次占比(L_4)	
124	电池系统综合性能评价值	

序号	电池系统质保评价(1项)	分值
125	电池质保评价	
小计		

序号	电机及控制器检查(10项)			扣分
126	铭牌字迹和内容清楚,与出厂的基本数据一致	是	否	
127	无起火痕迹	是	否	
128	无腐蚀痕迹	是	否	
129	无浸水痕迹	是	否	
130	电机和控制器表面无碰伤、划痕	是	否	
131	电机冷却系统无渗漏、损坏	是	否	
132	电机系统插接件无异常(松动、脱落、变形、腐蚀)	是	否	
133	电机系统高低压线束及防护无破损腐蚀	是	否	
134	铭牌字迹和内容清楚,与出厂的基本数据一致	是	否	
135	其他(只描述缺陷,不扣分)			
小计				

序号	驾驶舱检查(23项)			扣分
136	车内无水泡痕迹	是	否	
137	车内后视镜完整、无破损	是	否	
138	座椅完整、无破损	是	否	
139	座椅调节功能正常	是	否	
140	座椅加热和通风正常	是	否	

(续表)

序号	驾驶舱检查(23项)			扣分
141	中控物理按钮正常	是	否	
142	中控显示屏及触控外观正常	是	否	
143	出风口无裂痕,配件无缺失	是	否	
144	车内整洁、无异味	是	否	
145	方向盘自由行程转角小于15°	是	否	
146	车顶及周边内饰无破损、松动及裂缝和污迹	是	否	
147	仪表台无划痕,配件无缺失	是	否	
148	排挡把手柄及护罩完好、无破损	是	否	
149	储物盒无裂痕,配件无缺失	是	否	
150	天窗移动灵活,关闭正常	是	否	
151	门窗密封条完整,功能正常	是	否	
152	安全带结构完整,功能正常	是	否	
153	驻车制动系统灵活有效	是	否	
154	玻璃窗升降器、门窗工作正常	是	否	
155	左、右后视镜折叠装置工作正常	是	否	
156	气囊完整,功能正常	是	否	
157	头枕完整,无破损	是	否	
158	其他(只描述缺陷,不扣分)			
小计				

序号	电控及仪表检查(12项)			扣分
159	车辆可正常上电(中控大屏和仪表点亮)	是	否	
160	仪表板指示灯显示正常,无故障报警	是	否	
161	各类灯光和调节功能正常	是	否	
162	泊车辅助系统工作正常	是	否	
163	制动防抱死系统(ABS)及各种扩展功能工作正常	是	否	
164	空调系统风量、方向调节、分区控制、自动控制、制冷工作正常	是	否	
165	车载摄像头能够正常识别并显示	是	否	
166	车载电话/音响系统可连接可工作	是	否	
167	车载智能系统(中控大屏)开启正常,无死机、黑屏等故障	是	否	
168	电机启动正常(需要使用举升机或将车轮架起)	是	否	

附 录

(续表)

序号	电控及仪表检查(12项)			扣分
169	电机无异响,空挡状态下逐渐增加电机转速,声音过渡无异响(需要使用举升机或将车轮架起)	是	否	
170	其他(只描述缺陷,不扣分)			
小计				

序号	路试检查(10项)			扣分
171	动力系统正常,无报警无故障	是	否	
172	加速、动能回收工作正常	是	否	
173	行车制动系最大制动效能在踏板全行程的4/5以内达到(装有自动调整间隙装置)	是	否	
174	行驶无跑偏	是	否	
175	制动系统工作正常有效,制动不跑偏	是	否	
176	行驶过程中车辆底盘部位无异响	是	否	
177	行驶过程中车辆转向部位无异响	是	否	
178	行驶过程中车辆电机部位无异响	是	否	
179	行驶过程中电池电量和剩余里程正常递减无异常	是	否	
180	其他(只描述缺陷,不扣分)			
小计				

序号	底盘检查(16项)			扣分
181	转向节臂球销无松动	是	否	
182	三角臂球销无松动	是	否	
183	传动轴防尘套无渗漏、无破损	是	否	
184	转向机无损坏	是	否	
185	万向节球笼无损坏	是	否	
186	减振器无渗漏、无损坏	是	否	
187	减振弹簧无破损	是	否	
188	上摆臂无损坏	是	否	
189	下摆臂无损坏	是	否	
190	后桥缓冲胶套、防尘套无破损	是	否	
191	制动盘无破损,无异常磨损	是	否	
192	制动片无破损,无异常磨损,厚度符合要求	是	否	
193	制动油管路无破损、无渗漏	是	否	

(续表)

序号	底盘检查(16项)			扣分
194	制动鼓无破损,无异常磨损	是	否	
195	电池箱外防护装置无变形	是	否	
196	其他(只描述缺陷,不扣分)			
小计				

序号	功能性零部件检查(14项)			扣分
197	备胎	是	否	
198	千斤顶	是	否	
199	轮胎扳手及随车工具	是	否	
200	三角警示牌	是	否	
201	灭火器	是	否	
202	充电线缆或便携式随车充电器	是	否	
203	反光背心	是	否	
204	机械式钥匙	是	否	
205	遥控钥匙	是	否	
206	后备箱隔板	是	否	
207	汽车空调效果	是	否	
208	汽车音响品质	是	否	
209	制动液含水量	是	否	
210	防冻液冰点	是	否	
小计				

新能源纯电动二手车技术状况表(示范文本)

车辆基本信息	品牌型号			号牌号码		
	电动机号			VIN码		
	注册日期	年 月 日		发证日期	年 月 日	
	总质量/座位			表显里程		万公里
	车辆类型	□国产 □进口		车身颜色		
	年检证明	□有(至___年___月) □无		购置税证书	□有 □无	

(续表)

	车船税证明	□有(至___年___月) □无		交强险	□有(至___年___月) □无
	使用性质	□营运用车 □出租车 □公务用车 □家庭用车 □其他			
	车辆生产厂家				
	其他法定凭证、证明	□机动车号牌 □机动车行驶证 □机动车登记证书 □第三者强制保险单 □其他			
	车主名称/姓名			企业法人证书代码/身份证号码	
重要配置	系统额定电量			剩余最大电量/%	
	电池系统品牌			电机功率	
	安全气囊			ABS	□有 □无
	助力转向			ESP	□有 □无
	其他重要配置				
是否为事故车	□是 □否	损伤位置及损伤状况			
鉴定结果	分值			技术状况等级	
车辆技术状况鉴定缺陷描述	鉴定科目	鉴定结果(得分)		缺陷描述	
	车身外观检查				
	电池系统检查				
	电机及控制器检查				
	驾驶舱检查				
	电控及仪表检查				
	路试检查				
	底盘检查				
	功能性零部件检查				

声明:本新能源二手车技术状况表所体现的鉴定结果仅为鉴定日期当日被鉴定车辆的技术状况表现与描述,若在当日内被鉴定车辆的市场价值或因交通事故等原因导致车辆的价值发生变化,对车辆鉴定结果产生明显影响,本技术状况鉴定说明书不作为参考依据。

新能源二手车(纯电动)鉴定评估师:_____ 鉴定单位:_____(盖章)

鉴定日期:_____年_____月_____日

新能源纯电动二手车鉴定评估委托书(示范文本)

委托书编号:_____

委托方名称(姓名):　　　　　　　法人代码证(身份证)号:

鉴定评估机构名称:　　　　　　　　法人代码证:

委托方地址:　　　　　　　　　　　鉴定评估机构地址:

联系人:　　　　　　　　　　　　　电话:

因 □交易 □典当 □拍卖 □置换 □抵押 □担保 □咨询 □司法裁决需要,委托人与受托人达成委托关系,对号牌号码为_____,车辆类型为_____,车架号(VIN码)为_____,电动机号为_____的车辆进行技术状况鉴定并出具评估报告书,_____年_____月_____日前完成。委托评估车辆基本信息:

车辆情况	品牌型号			使用用途	□营运 □非营运	
	总质量/座位			车身颜色		
	电池类型	□三元 □磷酸铁锂 □其他		电池额定电量		
	注册日期	年　月　日		发证日期	年　月　日	
	使用性质	□营运用车 □出租车 □公务用车 □家庭用车 □其他				
	车辆生产厂家					
	已使用年限	年　个月		累计行驶里程(万千米)		
	大修次数	电池系统(次)		整车(次)		
	维修情况					
	事故情况					
价值反映	购置日期	年　月　日		原始价格(元)		

备注:

委托方:(签字、盖章)　　　　　　受托方:(签字、盖章)
　　　　　　　　　　　　　　　　　(二手车鉴定评估机构盖章)

_____年_____月_____日　　　　　　_____年_____月_____日

备注:
1. 委托方保证所提供的资料客观真实,并负法律责任。
2. 仅对委托车辆进行鉴定评估。
3. 评估结论仅对本次委托有效,不可作其他用途。
4. 鉴定评估人员与有关当事人没有利害关系。
5. 委托方如对评估结论有异议,可于收到《新能源纯电动二手车鉴定评估报告》之日起10日内向受托方提出,受托方应给予解释。

参考文献

[1] 林绪东.二手车鉴定评估彩色图解教程[M].北京:机械工业出版社,2019.
[2] 孙泽涛,王婷,王晓杰.二手车鉴定评估与交易[M].北京:机械工业出版社,2019.
[3] 程曦,赵计平.二手车鉴定评估与交易[M].重庆:重庆大学出版社,2023.
[4] 潘秀艳,张红英.二手车鉴定及评估[M].北京:北京理工大学出版社,2019.
[5] 韩东.二手车鉴定与评估实用技术[M].北京:机械工业出版社,2023.
[6] 朱升高.二手车评估与经营管理[M].北京:机械工业出版社,2022.
[7] 张清郁,田萌,薛姣.二手车鉴定与评估[M].长沙:湖南科学技术出版社,2023.

图书在版编目(CIP)数据

二手车鉴定评估/李亚莉主编. -- 上海:复旦大学出版社,2024.8. -- ISBN 978-7-309-17515-8

Ⅰ.U472.9；F766

中国国家版本馆 CIP 数据核字第 2024JK6675 号

二手车鉴定评估
李亚莉　主编
责任编辑/张志军

复旦大学出版社有限公司出版发行
上海市国权路 579 号　邮编：200433
网址：fupnet@fudanpress.com　　http://www.fudanpress.com
门市零售：86-21-65102580　　团体订购：86-21-65104505
出版部电话：86-21-65642845
上海四维数字图文有限公司

开本 787 毫米×1092 毫米　1/16　印张 16.75　字数 408 千字
2024 年 8 月第 1 版第 1 次印刷

ISBN 978-7-309-17515-8/U·34
定价：50.00 元

如有印装质量问题,请向复旦大学出版社有限公司出版部调换。
版权所有　　侵权必究

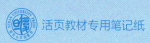

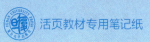

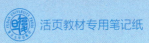

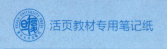

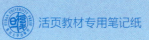